성령의 사람 **리즈 하월즈**의

중보기도

성령의 사람 리즈 하월즈의
중보기도

지은이 | 노만 그럽
옮긴이 | 윤종석
초판 발행 | 2013. 1. 9
65쇄 발행 | 2025. 2.18.
등록번호 | 제3-203호
등록된 곳 | 서울시 용산구 서빙고동 95번지
발행처 | 사단법인 두란노서원
영업부 | 2078-3333 FAX | 080-749-3705
출판부 | 2078-3444

책값은 뒤표지에 있습니다.
ISBN 978-89-531-0785-4 03230

독자의 의견을 기다립니다.
tpress@duranno.com http://www.duranno.com

두란노서원은 바울 사도가 3차 전도 여행 때 에베소에서 성령 받은 제자들을 따로 세워 하나님의 말씀으로 양육
하던 장소입니다. 사도행전 19장 8-20절의 정신에 따라 첫째 목회자를 돕는 사역과 평신도를 훈련시키는 사역,
둘째 세계선교(TIM)와 문서선교(단행본 · 잡지) 사역, 셋째 예수문화 및 경배와 찬양 사역, 그리고 가정 · 상담 사역 등을
감당하고 있습니다. 1980년 12월 22일에 창립된 두란노서원은 주님 오실 때까지 이 사역들을 계속할 것입니다.

성령의 사람 리즈 하월즈의

중보기도

노만 그럽 지음 | 윤종석 옮김

두란노

Chapter 3

성령의 일꾼으로, 충성하는 삶

내가 그리스도와 함께 십자가에 못 박혔나니
그런즉 이제는 내가 산 것이 아니요
오직 내 안에 그리스도께서 사신 것이라
이제 내가 육체 가운데 사는 것은 나를 사랑하사 나를 위하여
자기 몸을 버리신
하나님의 아들을 믿는 믿음 안에서 사는 것이라

I have been crucified with Christ and I no longer live,
but Christ lives in me. The life I live in the body, I live by faith
in the Son of God, who loved me and gave himself for me.

- 갈라디아서 2장 20절

서 문

"세계를 뒤흔든 성령의 사람,
리즈 하월즈 "

나는 리즈 하월즈 Rees Howells 의 이 전기를 준비하는 일에 한몫 가담하게 된 것을 내 인생 최고의 특권 중 하나라고 생각한다. 내가 하월즈를 처음 만난 것은 1928년이다. 나는 그때 선교사로서 휴가를 받아 나와 있었는데, 웨일즈 성경 학교에서 그분과 함께 며칠을 보낼 수 있는 기회가 있었다.

그분은 주께서 자신의 내면을 어떻게 다루어 오셨는지를 차근차근 내게 들려주었는데, 그것을 듣는 내 영혼 속에는 한없는 빛이 쏟아져 들어왔다. 그것은 내 평생 최고의 경험들 가운데 하나였다.

하월즈는 말하는 방식부터가 달랐다. 성령께서 그분을 그렇게 다루어 오셨기 때문이다. 한 젊은 그리스도인이 그분에게 하나님의 목소리를 어떻게 알아듣느냐고 묻던 일이 기억난다.

그때 그분은 이렇게 되물었다. "당신은 어머니의 목소리를 다른 사람들 목소리와 구별할 수 있습니까?" 젊은이가 "물론 구별할 수 있습니다."라고 대답하자, 하월즈는 이렇게 말했다. "바로 그와 똑같이 나도 하나님의 목소리를 알아듣습니다."

그 이후로 나는 하월즈와 친밀한 교제를 나눌 수 있는 많은 기회를 누렸다. 시간이 지나면서 나는 그분의 간증을 책으로 만들어서 세상에 알리고 싶다는 생각이 강하게 드는 것을 느꼈다. 주께서 그 종에게 비추어 주셨던 그 빛, 성령께서 그를 다루어 오신 그 놀라운 다루심들을 모두에게 나누고 싶었던 것이다. 지금 생각해 보니 그것은 비록 당시로서는 알 수 없었지만 차후에 있을 일에 대한 준비가 아니었나 생각된다.

책을 쓰면서 여러 분들의 정보와 도움을 받았다. 나는 책을 펴내되 혼자서 하는 것이 아니라 팀으로 하는 일이 참으로 건강하고 유쾌한 경험이라는 사실을 깨달았다. 우리는 매일 주님의 선하신 손이 우리 위에 머물고 계시다는 사실을 깊이 의식하며 일했다.

다만, 이 책을 통해서 하나님 당신 자신이 드러나게 되기만을 바란다. 하나님께서 인간의 육체의 수건을 통하여, 주의 영으로 말미암아 주와 같은 형상으로 화하여 영광에서 영광으로 이르게 된 고후3:18 한 사람을 통하여 당신 자신을 계시해 주시기를 바란다.

하나님께서 이 책을 쓰는 동안 나를 만나 주셨던 것처럼 앞으로 이 책을 읽게 될 많은 사람들 또한 그렇게 만나 주시기를 기도한다.

_노만 그럽 Norman P. Grubb

성령의 사람으로, 거듭나는 삶

그러므로 형제들아
우리가 예수의 피를 힘입어 성소에 들어갈 담력을 얻었나니

*Therefore, brothers,
since we have confidence to enter the Most Holy Place by the blood of Jesus*

- 히 10:19

주의 임재 안에 거하라

> 우리가 기회를 드리기만 한다면, 얼마든지 평범한 사람을 비범한 사람으로
> 변화시키시는 하나님이 아니시던가!

리즈 하월즈는 1879년 10월 10일, 열한 명의 형제 가운데 여섯째로 태어났다. 그가 나고 자란 작은 오두막집은, 영국 웨일즈 남부에 있는 브리너맨 Brynamman이라는 광산촌의 랜딜로 Llandilo 길가에 아직도 남아 있다. 여기서 토마스 하월즈와 마가렛 하월즈 부부는 8남 3녀를 양육했다. 그 작은 집에 이 많은 사람들이 다 함께 살았다니 참으로 놀라운 일이 아닐 수 없다.

어린 시절에는 고생이 많았다. 리즈의 아버지는 한때 철공소에서 일하다가 후에는 석탄 광산에서 일했다. 그렇게 일해 받아 오는 봉급이 이 가족의 유일한 수입이었는데, 고작 하루 2실링 3페니 혹은 2실링 6페니가 전부였다. 그나마 파업이 있는 날이면 빈손으로 돌아와야 했다. 실업 수당 같은 것은 생각조차 할 수 없었다. 나이가 들자 마을에 작은

구두 가게를 열었다. 그러다 위에 몇몇 아이들이 학교를 마치고 일자리를 잡으면서 그때부터 형편이 조금씩 나아졌다.

그래도 리즈네 집은 행복했다. 경건과 사랑이 온 집안에 가득 넘쳐 흘렀기 때문이다. 어머니는 사랑으로 자식들을 돌보았고, 아버지는 아이들을 늘 자랑스러워했다.

당시 그 마을 아이들은 열세 살이 넘으면 대부분 동네 주석 공장에서 일을 시작했다. 공장은 마을 아래편 계곡 끄트머리에 있었다. 리즈는 좀 더 이른 열두 살에 공장 일을 시작했다. 열세 살이 돼야 가능한 일이었으므로 봉급자 명단에는 이름을 올리지 않았다. 대신 리즈가 일한 대가는 형 모세의 봉급에 더해서 나왔다. 리즈는 그때부터 학업을 중단하고 10년 동안 주석 공장 노동자로 일했다. 하루 열두 시간씩, 아침 6시에 일어나 일터에 나갔다가 저녁 6시가 되어서야 집으로 돌아왔다.

그런 여건 속에서도 리즈와 형제들은 마을 학교에 있는 야간 수업에 참석했다. 또 브리너맨에는 도서관도 없이 작은 신문 가게가 전부였는데, 한 달에 1페니만 주면 가서 신문도 읽고 책도 한 권 빌릴 수 있었다. 이렇게 공부해 리즈의 두 형은 여러 가지 시험에 합격했다. 맏형 존은 철도 회사에 들어갔고, 딕은 광산 탄갱 경영자가 되었다.

한편 리즈는 뚜렷한 비전은 없었다. 그러나 그에게서는 조직하는 데 뛰어난 역량이 엿보였다. 예를 들어 어머니가 여러 가지 허드렛일을 시킬 때면, 다른 형제들은 자기에게 할당된 일을 자기가 직접 했지만, 리즈만큼은 대여섯 명의 친구들을 불러다가 자기를 돕게 하는 것이 예사였다. 일이 끝나면 친구들을 모두 몰고 와 어머니에게 저녁을 준비해 달라고 했다.

관대한 마음, 이것은 이후 리즈의 인생에서 나타나는 가장 두드러진 성품이거니와, 소년 시절부터 벌써 그 싹이 보이고 있었다. 그는 가진 것마다 몽땅 다 내주곤 했다. 한편 리즈는 신체 단련에도 관심이 많아 집에 아령이니 권투 글러브니 하는 것들을 가지고 와서는 형들과 함께 친선 시합을 벌이곤 했다. 그렇게 그는 아주 건장한 청년으로 성장했다.

 ## 경건의 시간을 탁월하게 드리라

리즈의 어린 시절 중에서 가장 손꼽을 만한 것은 뭐니뭐니해도 하나님에 대한 의식이다. 그는 태어날 때부터 보이지 않는 임재에 의해 온통 뒤덮여 있는 것 같았다. 바울처럼 어머니의 태로부터 그를 구별하여 은혜로 부르신, 바로 그분의 임재였다.

리즈의 할머니 할아버지의 영향이 매우 컸다. 그분들의 집은 하얀 칠을 한 작은 오두막으로, 블랙 마운틴 위에 있었다. 사람들은 그 집을 '펜트윈'Pentwyn이라고 불렀다. 리즈는 나중에 말하기를, 그 집 문턱을 넘는 것은 곧 이 땅에서 천국으로 옮겨가는 것이라고 했다.

그분들은 1895년 부흥의 시기에 회심했는데, 리즈는 그들의 축복이 자기에게 내려온 것이라고 언제나 믿었다. 펜트윈에는 리즈를 끌어들이는 뭔가가 있었다. 그 뭔가에 대해 리즈는 "하나님이 바로 그 집의 분위기였다."고 말하곤 했다.

리즈의 집에서 애먼Amman 계곡을 따라 내려가다가 다시 들판을 따라 올라가 마침내 철문을 열고 들어서면 거기 산비탈에 고요한 장소가 있었다. 리즈는 이곳까지 걸어가는 것을 아주 좋아했다. 이후 리즈는 이곳을 하나님과 만나는 장소로 종종 사용하곤 했다.

리즈는 등성이를 넘어 반대편 아래쪽으로 내려가곤 했는데, 그쪽에는 푸른 웨일즈의 계곡이 12킬로미터도 넘게 펼쳐져 있었다. 그가 사랑하던 펜트윈은 그 길을 따라 얼마를 쭉 더 가서 가파른 비탈 위에 자리하고 있었다. 그의 할머니 할아버지는 집 주변 빈 땅에 울타리를 치고 밭을 만들었다. 문간을 들어서면 병으로 몸져누워 있는 딕 삼촌에게 성경을 읽어 주는 할머니의 목소리가 들려오곤 했다.

이 장면을 떠올리다 보면 우리가 이미 알고 있는 한 젊은이가 생각난다. 그 역시 또 다른 블랙 마운틴인 카라-다프Kara-Dagh와 그 구릉에 있던 루스드라에서 많은 시간을 보냈을 것이다. 그곳은 젊은 디모데가 '외조모 로이스와 어머니 유니게'의 경건한 영향 아래서 자라나던 곳이다.

리즈는 요셉이나 다윗처럼 어려서부터 하나님을 경외하고 섬겼던 성경의 젊은이들로부터 많은 영향을 받았다. 리즈의 아버지는 성경 이야기들을 기초로 하여 자녀들을 양육하였다. 리즈는 어른이 되어서도 어릴 적 저녁마다 성경을 읽고 거기서 감명을 받곤 하던 기억이 생생하게 떠올랐다. 그 중에서도 예수님의 이야기, 그분의 탄생과 삶과 죽음의 이야기는 단연 으뜸이었으며, 그것을 알고 있는 한 리즈는 절대 예수님의 이름을 함부로 부를 수 없었고, 그분을 거스르는 죄를 지을 수도 없었다.

리즈에게는 이 세상의 정상적인 즐거움들마저도 아무 흥미가 없었다. 그는 자신을 '하나님의 영향력 아래 두기' 위해서 설교를 들으러 가는 일이라면 아무리 먼 곳이라도 마다하지 않고 기꺼이 걸을 수 있었다.

사도 바울은 하나님을 섬기는 일에 대해 아주 심도 있는 표현을 사용하여, 자기는 열조들이 그러했던 것처럼 아주 순결한 양심으로 그분을 섬겼다고 고백했다. 리즈가 그에 대한 또 하나의 본보기가 아닌가 싶다. 그는 후에 이렇게 말했다.

"나는 죄에 빠져 들지 않았다. 내 머리 위에는 언제나 죄에 빠지지 않게 하는 그 무엇이 머물고 있었다. 사람들 중에는 회심 전이라 할지라도 다른 사람들에 비해 좀 더 민감한 사람이 있는 것 같다. 나는 양심을 속인 적이 한 번 있다. 아버지가 손님에게 구두 갖다 주는 심부름을 시키셨다. 그때 구두 가격이 1실링 9페니였는데, 나는 1실링 10페니를 달라고 했다. 1페니로는 사과를 사 먹었다. 아버지께 잘못을 고백하기는 했지만 내 마음에서는 그 일이 지워지지 않았다. 특히 사과를 볼 때마다 더욱 그랬다. 나는 내 양심을 속였다. 물론 그 일이 내게 상당한 영향력을 발휘해 그 뒤 그보다 더 큰 죄를 짓지 않았다."

그리고 그 일은 그에게 또 하나의 깨달음을 주었다. 즉, 그는 그 일을 통하여 잘못된 환상에서 벗어나야만 했다. "그때까지만 해도 나는 내가 선한 본성을 가지고 태어났다고 생각했다."

그는 열세 살 때 교회의 일원이 되었다. 당시 그는 '이제 주님의 가르침대로만 살겠다.'고 결심했다. 그가 그런 생각을 한 것은 쉘던Sheldon의 책 「예수라면 어떻게 할 것인가 In His Steps」를 읽고 난 뒤였다. 하지만 물론 얼마 되지 않아 리즈는 자기가 그렇게 살 수 없다는 걸 깨달았다.

주석 공장에서 다른 젊은이들을 만나게 되었지만 그것이 리즈의 취향을 바꿔 놓지는 못했다. 서른도 채 못 돼 스완시Swansea라는 도시에 가 있었지만 그는 이렇게 말했다.

"도시 생활, 그 피상적인 생활에 나는 조금도 호감이 가지 않았다. 극장에 가고 안 가고는 내게 전혀 시험 거리가 못 되었다. 나는 그런 곳을 좋아하지 않았다. 나는 교회에 있을 때, 기도회에 참석할 때 마음이 편했다. 자연 또한 나를 끌었다. 산과 계곡과 흐르는 시냇물…, 주일 아침은 나한테는 정말 놀라운 시간이었다. 만물 위에 머무는 그 고요와 평화…, 나는 매일 밤 하나님의 얼굴을 대면하여 볼 수 있을 것만 같았다. 나의 삶이 참으로 깨끗하고 순결한 삶이었기 때문이다. 웨일즈에는 그런 삶을 사는 사람들이 수없이 많았다."

고요하고 선한 삶, 열심히 일하는 삶. 이 웨일즈 청년의 관심을 끌고, 다가올 미래에 영감을 불어넣어 줄 수 있는 것들은 그에게 그리 많지 않았다. 한 가지 더 말하자면 그에게는 탁월한 경건의 시간이 있었다. 경건은 웨일즈 사람들에게는 익숙하지만, 잉글랜드 사람들에게는 좀 이상했을지도 모른다. 하지만 우리가 기회를 드리기만 한다면, 평범한 사람을 비범한 사람으로 변화시키시는 분이 바로 하나님이 아니시던가!

Rees Howells

'진짜 그리스도인'이
되라

사람이 물과 성령으로 나지 아니하면
하나님 나라에 들어갈 수 없느니라 (요 3:5).

리즈는 22세가 될 때까지 안온한 가정 생활을 이어 왔다. 그는
180센티미터 키에 어깨가 떡 벌어진 건장한 청년으로 장성했
다. 이마는 네모 반듯하니 훤하였고, 눈은 살아 움직이는 듯 투명해 마
치 뭔가를 꿰뚫어 보는 듯한 선견자의 눈과도 같았다.

그러나 그 정돈된 겉모습 밑으로는 강한 야망의 물결이 일렁이고 있
었다. 그는 더 먼 곳을 보기를 원했고, 돈도 많이 벌고 싶었다. 이웃 나
라 미국에 대한 호기심 또한 대단했다. 게다가 먼저 미국으로 건너간
동네 젊은이 몇 명이 돈벌이가 괜찮다는 귀에 솔깃한 소식을 보내 왔
다. 웨일즈 남부에서는 꼬박 일주일 동안 일해야 벌 수 있는 돈을 단 하
루 만에 번다고 했다.

이 소식은 리즈의 귀에도 들어갔고, 그는 부모 형제가 아무리 말려

도 막무가내로 떠나겠다고 고집을 부렸다. 형들은 일자리를 잡기 위해 늦은 나이까지 열심히 공부했지만, 그는 '일찍 돈을 벌고 일찍 은퇴하기로' 결정했다. 마침 사촌 에반 루이스가 먼저 미국으로 건너가 피츠버그 근처 철강 공업 지역인 뉴캐슬에서 일하고 있었다. 리즈는 곧 미국으로 가 그를 만나 보고는 주석 공장에 취직하였다.

브리너맨을 떠나기 전에 하나님께서 그에게 말씀을 한 가지 주셨다. 리즈는 그것을 회심 전에 받은 가장 큰 축복이라고 말했다.

배를 타기 한 달 전 어느 주일 저녁의 일이다. 교회에 갔는데 사람들이 너무 많아 복도에 서서 예배를 드렸다. 목사님은 히브리서 12장 1절 말씀을 읽고 있었다.

"이러므로 우리에게 구름같이 둘러싼 허다한 증인들이 있으니…."

목사님은 이어 이렇게 말했다.

"이 증인들은 앞 장에서 언급한 그 믿음의 사람들입니다. 우리는 그들이 우리 주위를 둘러싸고 있다는 사실을 인식해야만 합니다. 우리는 그들이 실존 인물들이라는 것을 잘 알고 있습니다. 모세와 엘리야가 변화산상에서 예수님과 함께 얘기했다는 것만 보아도 알 수 있습니다. 제자들은 그들을 직접 보았습니다."

계속해서 이어지는 목사님의 설교는 마치 목사님이 지금 리즈가 와서 듣고 있는 것을 알고 있기라도 한 것 같았다.

"젊은이여, 당신은 집을 떠날지도 모릅니다. 당신은 부모가 가지 말라고 하는 곳으로 갈지도 모릅니다. 하지만 잊지 마십시오. 구름 같은 증인들과 하나님께서 당신을 보고 있을 것입니다."

리즈는 정신이 번쩍 들었다. 이 말씀은 리즈에게는 전혀 새로운 말씀이었으며, 그 효과는 마치 딴 세상에서 전해져 오는 효과와도 같았다. 리즈는 그때 일에 대하여 이렇게 말했다.

"나는 히브리서 12장 22절에 나오는 그 산을 보았다. 살아 계신 하나님의 도성과 장자들의 총회와 교회를 보았다."

그는 정탐꾼처럼 보지 않았다. 그는 그것을 통하여 격려와 새 힘을 얻었다. 하나님의 손이 이 택함 받은 그릇 위에 다시 한 번 외적인 구속拘束의 힘을 드리운 것이다. 하나님은 리즈에게 당신의 아들을 계시해 주실 때까지 이러한 구속으로 그를 지켜 주셨다. 그 계시의 날까지는 이 구름 같은 증인들이 리즈의 삶에서 '가장 위대한 실체'로 남아 있었다.

이후 리즈는 미국에서도 경건한 삶을 살았다. 교회의 일원이 되었으며 기도회에 한 번도 빠지지 않았다. 한번은 친구가 권투 시합에 함께 가자고 제안해 왔다. 권투를 무척 좋아하는 리즈로서는 큰 유혹이었다. 그러나 구속의 손이 그의 위에 머물고 있었다. 경기 전날이었다. 그때까지 친구에게 대답을 못 주고 있었는데, 불현듯 이런 생각이 들었다.

'아버지나 삼촌이 지금 너와 함께 있다 해도 너는 권투 시합 구경을 갈 것이냐? 구름 같은 증인들 앞에서는 어떠냐?'

리즈는 그 길로 친구를 찾아가서 함께 가지 않겠노라고 말했다. 이렇게 대쪽 같은 삶을 살았으니, 하나님께서 리즈에게 그가 죄 가운데서 태어났으며 참으로 구원이 필요한 상태에 있다는 것을 인식시켜 주기 위해서는 어떻게 하셔야만 했을까?

그가 다니던 교회 목사님마저도 리즈를 '전 교인 가운데 가장 훌륭한 사람'이라고 생각했다. 그 목사님에게도 리즈에게 필요했던 바로 그것이 똑같이 필요했던 것 아닐까? 리즈의 경우는 어찌 보면 바울의 경우와도 비슷했다. 즉 "율법의 의로는 흠이 없는 자"였던 것이다. 먼저 필요를 깨닫기 전에는 변화를 향한 갈망은 있을 수 없다. 그러나 하나님께는 그분의 방법이 있었다.

하나님의 첫 번째 개입은 사촌 에반 루이스를 통해서 찾아왔다. 어느 날 밤 "너는 거듭났니?"하고 에반이 물었다. 그 질문에 리즈는 커다란 충격을 받았다. 그런 표현을 한 번도 들어 본 적이 없었기 때문이다. 리즈는 타격을 입었다고 생각했고, 곧장 에반에게 반격을 가했다.

"무슨 소리야? 나도 너 못지않게 선한 삶을 살고 있다고."

"리즈, 중요한 건 그게 아니야. 그럼 이렇게 바꿔서 말해 봐. 너는 네가 구원받았다는 것을 알고 있니?"

"에반, 나는 그리스도인이야. 그거면 족해."

어떤 말에도 결코 흔들리지 않겠다는 마음으로 이렇게 장담은 했지만 리즈의 안정은 곧 깨지고 말았다.

에반은 매우 신실한 사람이었다. 그래서 언제나 부질없는 논쟁으로 끝나고 마는데도 불구하고 그는 이 문제를 끝까지 그냥 두고 보지 않았다. 마침내 화살이 과녁을 꿰뚫는 날이 찾아왔다. 에반이 리즈에게 이렇게 말했다.

"우리 누나는 죽어 가면서 나에게 말했어. 나한테는 구주 예수님이 필요하다는 거야. 누나의 말을 들으면서 나는 갈보리를 보았어."

리즈는 이때도 에반의 말이 무슨 뜻인지 깨닫지 못했다. 하지만 자기가 지금 거룩한 땅에 서 있다는 것을 본능적으로 느꼈다. 어디선가 더 이상 논쟁하지 말라고 경고하는 소리가 들려오는 듯했다. 그 힘이 어찌나 세던지 리즈는 그곳을 떠나 다른 곳에 가서 일자리를 구하기로 마음먹었다. '금지 구역에서 간섭받지 않기' 위해서였다.

리즈는 거기서 약 150킬로미터 정도 떨어진 마틴스 페리로 이사했다. 그런데 에반은 역에서 리즈를 배웅하는 마지막 순간까지도 리즈의 마음에 더욱더 못을 박는 한마디 말을 남겼다.

"네가 거듭나기만 했다면 네가 어디로 가든 아무런 신경을 쓰지 않겠어. 하지만 네가 하나님과 올바른 관계를 맺지 못한 상태에서 떠나는 걸 보자니 너무 고통스럽다."

에반의 마지막 말까지 냉정하게 뿌리쳤지만, 이후 이 말이 잊혀지지 않았다. 하늘의 은혜로운 추적자가 '흐트러짐 없는 속도, 조급하지 않은 추적, 그러나 끝없이 어디까지고 뒤따라오는 강한 발걸음으로' 리즈의 가는 길을 뒤따라오고 있었다.

어느 날, 리즈는 책을 읽고 있었는데, 그때 드디어 빛이 비치기 시작했다. 헨리 드러먼드 Henry Drummond 교수가 쓴 「영계靈界 속의 자연법 Natural Law in the Spiritual World」이라는 책으로 당시 아주 유명한 책이었다. 그 책에서 드러먼드는, 자기는 인생의 정의를 내리는 일은 절대 불가능하다고 생각했는데, 허버트 스펜서Herbert Spencer의 글에서 드디어 정의를 찾았노라고 얘기했다.

"허버트는 인생이란 환경과의 교류라고 말했다. 아이는 오감과 그 밖의 다양한 신체 기관들을 가지고 세상에 태어난다. 그 각각의 감각이나 기관은 그가 속해 있는 환경 내의 어떤 것 한 가지와 서로 교류한다. 눈은 광경을 본다. 귀는 소리를 듣는다. 그리고 허파는 공기를 빨아들인다. 스펜서는 이렇게 말했다. '내가 나의 환경과 교류를 할 수 있는 한 나는 생명을 가지고 있는 것이다. 그러나 내게 환경과 교류하는 것을 막는 어떤 사건이 일어나면, 나는 죽을 수밖에 없다. 죽음이란 교류의 부재不在를 말한다.'"

리즈는 문득 생각했다. '나는 하나님과 교류하고 있나? 예수님은 우리 어머니에게와 똑같이 나에게도 실제 구주이신가? 내가 아는 하나님은 내 삶 속에 매일매일 임재하고 계시는가? 나는 기도회에 갈 때에만 하나님 생각을 하는 건 아닌가? 만일 내가 죽었다면 나는 지금 또 하나의 환경과 교류를 하고 있는 것인가?'

리즈는 아직 부모님의 분신과도 같았기 때문에, 서로 멀리 떨어져 있다는 사실도 그들 간의 교제를 방해하지 못했다. 그러나 리즈는 부모님과 맺고 있듯이 하나님과 관계를 맺고 있지 못했다. 사촌 에반이 줄곧 인용하던 말씀이 되살아났다.

"사람이 거듭나지 아니하면… 하나님 나라에 들어갈 수 없느니라."

리즈는 이렇게 말했다. "드디어 나는 깨달았다. 이전에도 나는 구주를 믿었다. 그러나 한 가지 분명한 것은 내가 그분으로부터 나지 않았다는 사실이다. 예수께서 살고 계신 영적 영역과의 교류라는 면에서 본다면, 나는 죽은 자였다. 나는 하나님 나라 밖에 있었다. 내가 아무리 선하고 경건하게 살았다 해도 그것이 나를 하나님 나라로 들어가게 해 주지는 못한다. 나는 술주정뱅이나 도둑놈은 아니지만, 나는 외인이었다. 하나님과의 교류가 없었기 때문이다."

리즈의 신앙이 변화의 몸부림을 시작했다. 죄에 대한 깊은 깨달음은 아직 없었지만, 이제 리즈는 자기와 하나님 사이에 커다란 틈이 있음을 깨달았다. 그리고 이생의 어떤 일보다 자신의 영원한 운명에 대해 깊은 관심을 갖게 되었다.

영적 생일을 기억하라

인간은 서로 어울려 살아가야 하지만,
하나님을 만나고 영원을 바라보게 되는 것은 홀로 있을 때다.

"주적은 점점 더 가까워져 왔다." 리즈는 이론적으로 묵상해 오던 것을 마침내 실제로 직면하게 되었다. 느닷없이 장티푸스에 걸려 버린 것이다. 당시 장티푸스는 치명적인 병이었다. 타향의 하숙방에서 혼자 신음하다 결국 죽음의 문턱까지 이르고 말았다. 하지만 이것 역시 하나님의 손길이었다. 후에 리즈는 이렇게 말했다.

"그때 태어나서 처음으로 내 안에 두려움이 있음을 알았다. 이 세상을 떠나 전혀 알지 못하는 세상으로 간다고 생각하니 공포가 엄습했다. 전에는 한 번도 느껴 보지 못한 것이었다. 부모님이 곁에 계시면서 그 고통을 함께 져 주지 않은 것에 대해 나는 하나님께 감사드린다. 일말의 인간의 동정에 기대어 내가 영원에 눈멀지 않게 하신 하나님께 감사드린다. 인간은 사람들과 어울려 살아가야 하지만, 하나님을 만나고 영원을 바라보게 되는 것은 홀로 있을 때이기 때문이다."

그는 홀로 신음하면서 죽지 않게 해 달라고 주께 간절히 부르짖었다. 그 순간, 그때까지 돈 버는 일과 돌아다니며 구경하는 일 등에서 느꼈던 즐거움 같은 것은 깡그리 잊혀졌다. 그는 부르짖었다.

"한 번만 더 기회를 주십시오. 그러면 제 인생을 주님께 드리겠습니다."

그 부르짖음은 서원과 다름없었다. 주님은 응답하시기 전에 그것을 감찰하셨다. 리즈는 자신의 부르짖음이 상달되는 그 순간, 자기가 죽지 않을 것이라는 것을 마음속으로 알았다. 그때부터 리즈는 회복되기 시작했다. 이제 그는 변화된 사람이었다. 그는 이렇게 말했다.

"모든 것을 다 잃어버리고 영원한 어둠 속으로 들어가야 하는 상황에 직면했을 때, 나는 평생 처음으로 참 삶이 무엇인지 손으로 만지듯 느낄 수 있었다. 이 세상이란 내게 기껏해야 영원한 상실喪失밖에 안겨 주지 못한다는 사실을 깨달았다. 그리고 나의 모든 것은 나를 구속하신 하나님으로부터 말미암았다는 사실을 알게 되었다."

이후 리즈는 '영원'을 가볍게 여기지 않았다. 지옥의 실체, 즉 하나님과의 영원한 분리를 직면한 경험이 있기 때문이다.

회복되는 동안 리즈는 자신이 최근에 겪은 중대한 경험을 바탕으로 자신이 지금 어디에 있는 것인지 새로운 차원에서 진지하게 점검했다. 리즈는 죽음에서 구출되었지만, 죽음의 공포로부터는 아직 구출 받지 못했다. 리즈는 성육신과 구속과 부활을 항상 믿어 왔다. 이것들이야말로 그의 삶에서 가장 소중한 진리였다. 그런데도 그 진리들이 그에게 실효를 발휘하지 못하고 있었다. 왜일까? 그리스도가 죽음을 정복하셨는데, 어찌하여 여전히 죽음을 두려워하는가? 그 의문에 대해 리즈는 다음과 같이 답했다.

"나는 내가 가지고 있는 그리스도가 오직 역사 속의 그리스도였을 뿐, 나를 죽음 저편의 세계로 데리고 갈 수 있는 내 개인의 구주는 아니었다는 사실을 깨달았다."

그로부터 다섯 달 동안 그는 날마다 하나님께 나아가는 길을 찾았다. 만약 자신에게 영생을 얻는 길을 가르쳐 줄 사람만 찾는다면, 그에게 가진 돈을 모두 다 줄 것이며, 그 광대한 나라 이쪽 끝에서 저쪽 끝까지라도 가겠노라고 리즈는 말했다. 그러나 그가 생각할 수 있는 곳은 오직 한 곳뿐이었다. 사촌 에반이었다. 리즈는 뉴캐슬로 돌아가 에반을 찾아갔다. 그러나 에반 역시 자신은 그 길을 알고 있었지만, 리즈에게 그것을 명확하게 제시해 주지는 못했다.

당신은 행복하기 위해 태어났다

이즈음 리즈는 펜실베이니아의 코넬스빌Connellsville이라는 곳으로 다시 이사했다. '추적'은 마침내 여기서 끝이 난다. "그 추적의 발걸음이 내 곁에 다가와 멈춰 섰다. 지금까지의 나의 어두움은 결국 나를 향하여 부드럽게 내미신 그분의 손 그늘이 아니었던가!" 불안정한 이동들조차도 먹이를 추적하고 포획하기 위해 밟아 가는 하나하나의 단계들이었다니, 이 얼마나 놀라운 일인가?

새 집으로 이사 오고 얼마 뒤, 회심한 유대인 모리스 르우벤Maurice Reuben이 전도 집회차 피츠버그에 와 있다는 소식을 들었다. 리즈가 모임에 참석한 첫날 밤 르우벤은 자신의 회심과 성령께서 자신에게 계시해 주신 갈보리 이야기를 간증했다. 모임에 대해 리즈는 이렇게 말했다. "그전에도 갈보리에 대한 설교는 수없이 많이 들었고 또 믿었다. 그러나 그날 밤까지 갈보리를 본 적은 없었다." 사촌 에반의 질문에 충격을 받았던 때와 같은 지점에 온 것이었다.

모리스 르우벤은 아주 부유한 가정에서 태어나 가장 좋은 것들만 누리며 자라났다. 그의 삶의 목표는 더 많은 돈을 버는 것이었다. 그는 피츠버그에서 손꼽히는 솔로몬 앤 르우벤 회사 사장이었다. 그런데 바이어 가운데 어떤 한 사람을 보면서 르우벤은 회의에 빠졌다. 어느 날 르우벤은 그에게 이렇게 말했다. "당신은 태어날 때부터 행복했던 사람 같군요."

그러자 바이어는 이렇게 대답했다. "예, 두 번째로 태어났을 때부터 그랬습니다. 나는 주 예수 그리스도를 영접함으로써 하나님으로부터 다시 태어났습니다. 첫 생애에서는 나 역시 사장님보다 조금도 더 행복할 게 없는 사람이었습니다."

그의 말에 감동을 받은 르우벤은 그 길로 신약성경을 한 권 샀다. 그리고 거기서 예수님을 따랐던 사람들이 모두 다 유대인이었다는 사실을 발견하고 다시 한 번 깊은 감명을 받았다. 또한 예수께서 "내가 이 반석 위에 내 교회를 세우리라." 하고 말씀하신 것도 유대인에게 하신 말씀이었다. 이어 르우벤은 부자 청년 이야기를 만났다. 회의에 빠져 있는 20세기의 한 부자 유대인이 1세기의 한 부자 유대인에게 주신 주님의 말씀을 읽는 순간이었다. 정말 극적인 순간이 아닐 수 없었다.

르우벤은 그 말씀을 이렇게 받아들였다. 즉, 예수께서 부자 청년에게 모든 것을 다 팔아 나누어 준 뒤 와서 영생을 얻으라고 말씀하셨다면, 이제 자기 역시 그와 똑같이 하지 않는다면 영생을 상속할 수 없으리라는 것이었다. 그가 지금껏 만난 최고의 시험이었다. 만일 주님의 제자가 되려 한다면, 자기 역시 모든 것을 버려야 한다는 사실을 르우벤은 알고 있었다. 그러나 돌아가기에는 이미 너무 늦었다. 그는 길을 알았고, 이제 따르는 길밖에는 없었다. 르우벤이 그 말을 하는 순간 리즈도 마음속으로 그 말을 그대로 되뇌었다. 리즈 역시 돌아가기에는 이미 너무 늦었다.

르우벤은 그것을 정정당당하게 맞아들였고 값을 따져 보았다. 아내가 떠나갈지도 모른다. 형이 동업을 중단하자고 할 것이다. 단 한 명의 유대인도 그를 따라 주지 않을 것이다. 그러나 르우벤은 과감히 결단했다. 모든 것을 잃는다 할지라도 그것을 받아들이기로 했다. 그러던 어느 날, 출근길에서 한 목소리를 들었다. 그 목소리는 요한복음 14장 6절 말씀을 계속 반복해서 들려주었다.

"나는 길이요 진리요 생명이니 나로 말미암지 않고는 아버지께로 올 자가 없느니라."

진리의 불빛이 비쳐 들어왔다. 르우벤은 그리스도를 영접했다. 그리고 그 순간 생명으로 옮겨졌다.

이후 그는 죄인 취급을 당하며 감옥에도 갇혔고, 가족으로부터도 외면당한 채 정신병원에도 입원했다. 물론 종교를 바꾸었기 때문에 아버지의 유언을 따라 단 한 푼의 유산도 받지 못했다. 아내도 그의 곁을 떠났다.

하나님의 도우심으로 정신병원을 나온 그는, 시카고에서 작은 셋방을 하나 얻어 살면서 많은 사람들을 주님께 돌아오게 했다. 그로부터 1년 뒤, 그의 아내가 찾아와 한 야외 집회에서 그가 나누는 말씀을 듣고 회심하게 되었다. 르우벤은 그때 처음으로 자기 아들을 만났다. 아내가 그를 떠난 뒤에 태어났기 때문이다. 아내는 다시 남편과 함께 가정을 이루어 살기를 원했다. 단, 르우벤이 다른 그리스도인들처럼 생활비를 벌어야 한다는 조건을 붙였다. 르우벤은 어린 아들을 생각했다. 이번 시험은 첫 번째 것보다 훨씬 더 컸다. 게다가 아내의 요구는 아주 합당한 것이었다.

그러나 그는 주께서 자신을 이 세상에서 믿음의 삶으로 불러내셨음을 잘 알았다. 그는 주께 기도했다. 그러나 그가 받은 응답은 "애굽으로 돌아가라"는 것이 전부였다. 그것으로 충분했다. 르우벤은 다시 한 번 십자가를 붙들었다. 그는 아내와 아이를 배웅했다. 그것은 정말 커다란 값을 지불하는 경험이었다. 그러나 기차가 역을 빠져나가는 순간 그는 하나님께서 자기 영혼 속에 하늘의 기쁨을 부어 주시는 것을 느꼈다. 심지어 플랫폼에서 춤까지 추었다.

이후 3년 동안 그는 아내와 아들을 보지 못했다. 그러던 중 또 다른 야외 집회에서 이번에는 그의 아내 역시 십자가의 환상을 보게 되었다. 그녀는 다음과 같이 간증하였다. "지금까지 나는 신자라고 하면서도 남편의 희생적인 삶을 함께 나누어 지려고 하지 않았습니다. 하지만 이제부터는 하나님의 영광을 위한 것이라면 문전걸식이라도 기꺼이 할 수 있습니다." 그들은 재결합했고 그녀는 르우벤의 사역에 놀라운 동역자가 되었다.

사랑의 홍수에 뒤덮이다

리즈 하월즈가 지금까지 거듭나지 못했던 것은 한 가지 장애물이 있었기 때문이다. 바로 거듭났다고 말하는 사람들이 삶으로는 리즈의 삶보다 더 나은 모습을 보여 주지 못하기 때문이었다. 그러니 리즈는 거듭난 사람들이 자기보다 더 낫다고 여길 수 없었던 것이다. 그래서 그는 때때로 주께 이렇게 기도했다. "산상수훈의 가르침대로 살아가는 사람을 단 한 명이라도 본다면 저는 손을 들겠습니다." 르우벤의 간증이 끝나갈 무렵 주님께서는 리즈에게 이렇게 말씀하셨다. "이 사람이 네가 찾던 그 사람이냐?"

그 작은 감리 교회에서 일어났던 체험에 대해서는 리즈 자신의 표현을 통해 직접 들어 보기로 하자.

"모리스 르우벤이 그토록 거룩한 간증을 나누는 사이 나 역시 십자가를 보았다. 나는 마치 주님 발 앞에 엎드려 참으로 오랜 시간을 보낸 듯한 기분이 들었다. 나는 울고 또 울었다. 주께서 오직 나만을 위하여 돌아가신 것 같은 생각이 들었다. 나 자신은 완전히 잃어버렸다. 그동안 나는 죽음의 공포 속에서 살아왔다. 이제 나는 주께서 나 대신 그 죽음을 당하고 계신 모습을 보았다.

나의 부모님은 나를 참으로 극진히 사랑하였다. 그때까지 나에게 부모님과 같은 사람은 아무도 없었다. 그러나 부모님도 나를 위해 대신 죽음을 감당해 주진 않았다. 그러나 주님은 그리하셨다. 나를 향한 주님의 사랑을 우리 부모님의 사랑에 비교한다면, 그것은 하늘이 땅보다 높은 만큼 높은 것이라 할 수 있다. 주님은 나 역시 그분을 사랑하게 만드셨다. 나는 이제 전全 존재로 그분을 사랑한다. 그분은 나를 깨뜨리셨고, 이제 내 안의 모든 것은 그분을 향하여 제자리를 찾게 되었다.

그분은 내게 이렇게 말씀하셨다. '보라, 내가 문 밖에 서서 두드리고 있다. 내가 르우벤에게 들어갔던 것처럼 네 안에도 들어갈 수 있겠느냐? 그리고 거기서 아내의 자리, 아들의 자리, 가정의 자리, 사업의 자리, 그리고 온 세상의 자리를 내가 차지할 수 있겠느냐?' 나는 '네'라고 대답했고, 그분은 내 안에 들어오셨다. 바로 그 순간 나는 변화되었다. 나는 다른 세계로 태어났던 것이다. 나는 하나님 나라 안에 들어와 있었으며, 창조주가 나의 아버지가 되셨다. 그날 밤 나는 영생이라는 선물을 받았다. 그것은 돈을 주고도 살 수 없는 선물이었다.

그날 밤에 나를 따라 그 모임에 함께 갔지만 거기서 아무것도 보지 못하고 돌아온 내 친구 하나가 있었는데, 모임이 끝나고 집에 돌아올 때 그 친구가 나에게는 굉장히 거칠어 보였다. 거듭나지 않은 사람들은 다 거칠어 보였다. 이제 주님께서 나의 모든 것이 되셨다. 그분은 만민 중에 뛰어난 분이실 뿐만 아니라 백만 천만인 중에 뛰어난 분이셨다.

그분의 사랑은 내가 깨닫기 전에 언제나 그 자리에 있었건만, 내 편에서 반응이 전혀 없었다. 그러나 이제부터는 엄청난 반응을 받으시게 되었다. 이 세상 것은 모두가 다 거칠었지만, 그분은 일체가 다 말할 수 없이 거룩하고 순결하고 아름다웠다. 나는 완전히 다른 사람이 되었다. 내가 깨달은 것은 교리의 문제가 아니었다. 그것은 갈보리였다.

주께서 당신의 사랑을 내게 계시하셨다. 계시가 무엇인지 우리는 설명할 수 없다. 나는 나의 주님이시요, 나의 아버지이신 그분께서 내가 당해야 하는 고난을 나 대신 당해 주시는 분이심을 깨달았다. 이 세상 어떤 사랑도 그분의 사랑 같은 사랑은 없다. 세상의 사랑은 그 동기가 자아에 있지만, 주의 사랑은 영원부터 영원까지 언제까지나 변치 않고 지속되는 것이다. 주를 영접하는 순간 우리는 하나님의 사랑을 영접하는 것이다. 그 사랑이 홍수처럼 내 존재를 덮어 버렸다. 이후 지금까지 그 사랑은 늘 그렇게 나를 감싸 안고 있다.

내게 오신 주는 나를 사랑하신 그대로 이제 나를 통하여 다른 죄인들을 사랑하신다는 사실 역시 깨달았다. 그렇다고 내가 강압적으로 다른 사람들을 사랑해야 하는 것은 아니다. 주께서 나를 강압적으로 사랑하지 않으셨듯이 말이다. 이제 내게는 그 어느 누구도 적이 될 수 없다.

주께서 거하시는 곳에서 산다면 이제 내 삶은 자비롭고 친절하며 남을 사랑하는 삶이 될 수밖에 없다. 내 안에 하나님의 사랑이 있는데 어떻게 남을 해칠 수 있겠는가. 나는 이 세상과 그 어리석음을 모두 버리고 오직 하나님의 사랑만이 거하는 그 나라 안에서 다시 태어났다. 그 것은 이 땅 위에서 가장 매력 있는 삶이다."

리즈는 이 영적 생일을 늘 인생 최고의 날로 이야기하곤 했다. 그날 은 또한 그의 미국 생활을 청산하는 날이기도 했다. 리즈는 자기가 주 님을 만난 것이 미국에서 있었던 일이고, 또 유대인을 통해 일어난 일 이라는 사실을 결코 잊지 않았다. 아울러 자기는 하나님의 택함 받은 백성에게 빚을 졌으며 훗날 언젠가는 갚아야만 한다고 생각했다. 그러 나 리즈는 자기 간증의 첫 대상은 자기를 하나님의 분위기 속에서 양육 해 왔던 자기 주변 사람들이어야 한다고 생각했다.

며칠 뒤, 집으로 돌아가야 한다는 생각을 더욱 굳히게 만드는 일이 생겼다. 평소 자신의 약점이었던 돈에 대한 애착 쪽으로 아주 강력한 유혹이 찾아왔다. 리즈를 괜찮게 보아 오던 회사 사장이 리즈에게 일당 2파운드 10실링을 제의해 왔다. 파격적인 조건이었다. 그러나 리즈는 친구에게 자기는 곧 떠날 거라면서 그 이유를 이렇게 설명했다. "우리 사장님이 내게 유혹을 던져 오기 때문이야. 나는 주님께 이제 더 이상 돈을 위해 살지 않겠다고 말씀드렸거든."

새 생활은 재빠르게 옛 생활을 몰아내고 있었다. 자신의 말대로 리 즈는 넓은 세상을 구경하러 바깥으로 나갔다. 그러나 그는 세상에서 가 장 위대한 광경을 목도하게 되었으니 곧 갈보리였다.

기쁨으로
성령의 충만함을 입으라

성령이 역사하자 막을 수 없는 능력이 흘러 나왔다. 천국의 종은 쉬지 않고
울렸으며, 하늘 진영에는 승리의 함성이 울려 퍼졌다.

1904년, 리즈가 웨일즈에 돌아온 그해는 대부흥의 해였다. 또
한 그의 최근 경험도 이 부흥에 동참하기에 딱 들어맞는 것
이었다. 그는 이렇게 말했다.

"순식간에 온 나라가 불길에 휩싸였다. 교회마다 뿌리부터 꿈틀거
렸다. 강심장이라는 사람들이 회개의 눈물을 흘렸고, 여자들은 새로운
열정으로 가득 찼다. 사람들은 오순절날처럼 성령으로 충만하였다. 밖
에서는 이들을 보고 술 취한 사람들이라 하였다. 그들은 예배 때마다
기도했고 찬양했고 간증했다. 이 교회의 부흥을 타고 도처의 그리스도
인들은 '우리는 보고 들은 것을 말하지 아니할 수가 없노라.' 하고 증거
하는 증인들로 변하였다."

교회 안에서의 성령의 임재와 능력은 진정한 신자들이라면 늘 경험

해 왔다. 그러므로 그들이 한 일은 성령께서 임하시도록 구하는 것이 아니라 이미 임하고 계신 그분의 임재를 인정하는 것이며, 곧 그분의 능력을 체험하는 것이었다. 그러나 그 일이 있기 전 종종 그들은 먼저 축복의 방해물들을 제거해 달라는 기도를 드려야 했다. 불순종과 용서하지 않는 마음은 끊임없이 싸워야 할 두 가지 죄였다.

신자들은 성령의 역사에 대해 순종하고 그리스도에 대해 공개적으로 고백함으로써 복을 받았다. 일단 맨 처음 부를 찬송가만 알려 주면, 그 다음부터는 모임이 저절로 찬송을 이끌어 갔다. 인도자도 없었지만 사람들은 보이지 않는 통솔자를 느낄 수 있었다.

설교자들은 말씀을 전하다가도 청중들이 찬송하고 기도를 드리면, 종종 말을 중단해야만 했다. 그래도 어색한 느낌이나 단절 같은 것은 전혀 느껴지지 않았다. 모임에는 언제나 소음과 흥분과 감정이 있었다. 그러나 그것은 죄악의 굴레에서 자유를 얻은 사람들의 자연스러운 결과일 뿐이었다. 몇몇 사람들이 불평을 하자 어떤 나이 드신 설교자는, 자기는 묘지의 침묵보다는 도시의 소음을 더 좋아하노라고 말했다.

오순절날과 같이 한 마음과 한 영이 된 신자들의 공동체를 통하여 성령께서 어떤 일을 하실 수 있는지가 이 대부흥을 통해 다시 입증되었다. 우리는 무디나 피니처럼 하나님께 온전히 드려진 전도자나 목사를 통하여 주님께서 놀라운 일을 행하신다는 사실을 거듭거듭 보아 왔다. 그러나 이번 웨일즈의 부흥에서는 성령의 능력이 전체 교회를 통해 나타났다.

"교회를 굴복시키고 세상을 구원하라."는 것이 이 부흥의 기조였다. 오직 한 가지 목적만이 있었으니 그것은 영혼의 구원이었다. 주님은 일찍이 한 사람의 죄인이 회개하면 하늘에서 천사들이 크게 기뻐한다고 말씀하셨다. 이들이야말로 수많은 회심자들을 인하여 교회 안에 커다란 기쁨이 있음을 간증할 수 있었다. 천국의 종은 쉬지 않고 울렸으며, 진영에는 승리의 함성이 울려 퍼졌다.

성령이 역사하자 막을 수 없는 능력이 흘러 나왔다. 온 회중이 다 깨어졌으며, 사람들은 영혼의 고통 속에서 "우리가 어찌하여야 구원을 얻을꼬?"하며 울부짖었다. 많은 무리가 죄를 정결케 하는 예수 그리스도의 보혈의 능력을 체험하였다.

부흥이 계속되어 교회 식구가 수천 명씩 불어나게 되면서 진짜 문제가 생겨났다. 회심자들을 양육할 교사가 부족했던 것이다. 이 점이 잘 채워지지 않는다면 대부흥의 가장 위험한 약점이 될 게 분명했다. 열기가 점점 식어 가게 되면 이제 하나님의 말씀에 바탕을 두어 믿음을 뿌리내리는 법을 배우지 못한 채 단순히 감정에만 의존하는 사람들이 생겨날 것이었다. 이미 일부는 냉랭하고 무관심한 사람이 되어 가고 있었다.

영적인 전투가 시작되었다. 비록 영적으로 어리기는 하지만, 그래도 이번 대부흥에서 회심한 사람들보다는 조금 앞서 있다고 할 수 있는 리즈 하월즈가 중보자가 되고 교사가 되어, 갓 태어난 아이들의 짐을 져 주고 그들을 위해 기도하며 이끌어 주어야 했다.

그러나 리즈는 영혼의 대적이 얼마나 강력한 존재인지 곧 깨닫게 되었다. 또한 우리의 싸움은 혈과 육에 대한 것이 아니고 이 세상 어두움의 권세 잡은 자에 대한 것이며, 따라서 육신의 무기를 가지고 싸울 수 없음을 알게 되었다.

그들에게는 아직 받지 못한 그 무엇이 필요했다. 바로 성령의 능력이었다. 성령이 부은 바 되어야 교회를 섬길 수가 있는 것이다. 리즈 하월즈는 후에 이렇게 말했다. "성령께서 이 악한 세상을 살고 있는 성도들을 위하여 중보 기도를 하시듯이 성령 충만한 신자들 역시 그 기도에

동참해야 한다."롬 8:26 – 27

아무튼 리즈와 그 밖의 다른 사람들은 누구보다 자신들이 충만해져야 한다고 느꼈다. 리즈는 개인적으로는 주님 안에서 발견한 기쁨과 만족이 조금도 모자람이 없었다. 그러나 그는 남을 섬기는 능력의 비밀에 대해서는 아직 몰랐다. 그는 이렇게 말했다.

"초심자들이 믿음을 저버리면 대부분의 그리스도인은 그들을 비난한다. 하지만 우리는 그 비난의 화살을 자신에게로 돌렸다. 우리부터가 기도를 통하여 그들이 믿음의 승리를 얻을 수 있도록 해 주지 못했기 때문이다. 적이 와서 초심자들을 밀 까부르듯 하는데, 그것을 뻔히 보면서도 손 하나 쓰지 못하고 있다니, 그것은 정말 비극이었다.

우리는 '위로부터 오는 능력을 덧입어야' 했다. 그때 우리 상황은 제자들이 처한 상황과 똑같았다. 주께서는 그들에게 능력이 임할 때까지 머물라고 말씀하셨다. 그 다음 기록은 이렇게 이어진다. '저희가 그에게 경배하고 큰 기쁨으로 예루살렘에 돌아가.' 그들은 능력을 경험하기 전에 이미 기쁨을 누렸다. 그러니까 기쁨은 성령의 능력을 입은 것에 대한 증거가 아니었다. 우리 역시 대부흥을 통하여 그와 똑같은 기쁨을 맛보았다. 부활의 주님을 알고 영생의 확신을 얻게 되자 말할 수 없는 기쁨이 솟아났다. 그러나 그와 동시에 우리는 섬김을 위한 능력이 얼마나 부족한지도 절감하고 있었다."

우리 몸을
성전 삼으신다

성령께서 영원히 거하시고자 내 안에 들어오셨다. 그분이 내 머리 위에
사랑의 기를 들고 나를 데리고 잔칫집으로 들어가는 것 같은 기분이었다.

리즈는 다시 웨일즈의 고향집으로 돌아와 인근 광산에 취업했다.
계곡에서 3킬로미터 정도 떨어진 곳인데, 거기서 지하 갱 속에
들어가 석탄 채굴하는 일을 했다. 워낙 힘들어 남들은 되도록 피하는
일이었다.

여가 시간은 대부흥을 위한 활동으로 보냈다. 그러나 영적 필요에
대한 갈급함은 일터에 있을 때에도 계속해서 커 갔다. 1906년, 많은 무
리의 사람들이 여름 휴가를 특별하게 보내기로 뜻을 모았다. 즉, 랜드
린다드 웰즈 사경회에 참석해 전적으로 주님을 구하는 시간을 갖기로
한 것이다. 이 사경회는 잉글랜드의 케직 사경회에 해당하는 것으로서,
더욱 깊이 있는 영적 생활을 위해 마련되었다. 이 자리는 거듭난 체험
이후 리즈 하월즈의 일생에서 가장 혁신적인 사건이었다.

그곳으로 가기 얼마 전에 브리너맨에서 열린 한 모임에 참석했다. 한 젊은 여성이 로마서 8장 26-30절을 읽고 있었다. 글읽기가 서툰지 그녀는 아주 느리게 한 자 한 자 또박또박 읽었다. 덕분에 단어 하나하나가 마음에 깊이 와 닿았다. "미리 정하시고… 의롭다 하시고… 영화롭게 하셨느니라."

말씀을 들으면서 리즈는 생각했다. '나는 하나님의 예지에 의해 내가 미리 정해졌다는 것과 또 의롭게 되었다는 것은 안다. 그러나 나는 영화롭게 되었는가?' 생각이 복잡해지면서 마음에 계속 의문이 생겨났다. '영화롭게 된다는 것은 무슨 뜻일까?'

이틀 후 리즈는 랜드린다드로 가는 기차에 몸을 실었다. 마음은 아직도 그런 생각으로 가득 차 있었다. 그때 리즈에게 다음과 같이 말하는 목소리가 들려왔다. "돌아올 때는 새사람이 되어 있을 것이다."

"하지만 저는 이미 새사람입니다." 리즈는 항변하듯 말했다.

그러자 대답이 들려왔다. "아니다. 너는 아직 어린아이다."

사경회 첫날 아침 설교자는 에반 홉킨스 목사였다. 본문은 에베소서 2장 1-6절이었다. "허물로 죽은 우리를 그리스도와 함께 살리셨고 또 함께 일으키사 그리스도 예수 안에서 함께 하늘에 앉히시니." 부활 후에 제자들에게 나타나셨던 분은 바로 죽음에서 다시 살아나신 주님이셨다. 또한 성령께서 오셔서 아버지의 오른편으로 높이 들리운 주님을 계시해 주셨다.

이런 이야기를 한 뒤 홉킨스 목사는 다음과 같은 질문을 던졌다. "여러분은 그리스도와 함께 새 생명을 얻었습니까? 여러분은 함께 일으킴을 받아 저 하늘에 그분과 함께 앉아 계십니까?" 리즈는 심중에서 이렇게 대답했다. '그래, 나는 내가 새 생명을 받았다는 것을 알아. 하지만 나는 아직 그리스도와 함께 일으킴을 받아 능력의 자리에 가 있지는 못해.' 그런 생각을 하는 순간 그는 영화롭게 되신 주님을 보았다.

"십자가에 못박히신 그리스도, 그리고 부활하신 그리스도를 볼 때와 마찬가지로 그렇게 분명하게 나는 영화롭게 되신 그리스도를 보았다. 그때 기차 안에서 들었던 그 목소리가 나에게 이렇게 말했다. '너도 저 위에 그분과 함께 앉기를 원하느냐? 거기 네가 있을 자리가 있다.' 이어 나는 그분과 함께 높이 올리워져 있는 나 자신을 보았다. 그제야 비로소 '영화롭게 된다'는 것이 무엇을 뜻하는지 깨달았다.

요한이 밧모섬에서 그분을 뵌 것과 같이 나도 그분을 뵈었다. 나는 사도 바울만큼이나 어리둥절하였다. 그분이 직접 해 주시는 계시는 그야말로 사실 그대로였고 조금도 상상이 아니었다. 온 밤이 지새도록 나는 하나님과 영화롭게 되신 주님의 임재 가운데 그렇게 있었다. 이 세상에 그것을 표현해 줄 수 있는 것은 아무것도 없다. 사람들이 다 걸어 다니는 나무같이 보였다."

🪶 내주하기 위해 오시는 성령을 맞으라

이튿날 아침 홉킨스 목사의 설교 주제는 성령이었다. 그는 성령도 인격이라는 사실을 강조했다. 그분도 예수님과 똑같이, 한 인격의 모든 속성을 다 지닌 분이셨다. 그분께도 지, 정, 의가 있었다. 또한 그분은 인격이시므로, 이 땅에 오셔서 한 인간 안에서 살기 위해서는 먼저 그 사람이 성령께 자기 몸을 온전히 소유하시도록 내어 드려야만 한다. 리즈의 말을 들어 보자.

"말씀을 듣는 동안 성령께서 나를 찾아오셨다. 나는 전날 내게 말씀하셨던 그분, 육안으로는 결코 볼 수 없는 그 영광과 위엄의 자리를 보여 주셨던 그분이 바로 성령님이시라는 사실을 깨달았다. 예수님과 똑같이 성령도 한 인격이시라는 사실을 나는 이날 처음 깨달았다. 그분은 이 땅에 오셔서 우리 몸 안에 거하시는 분이라는 사실도 알게 되었다. 사실 교회는 이 땅에서 33년 동안 살고 가신 주님에 대해서는 많이 알지만, 2천 년 동안이나 우리와 함께 계신 성령님에 대해서는 많이 알지 못한다. 나는 성령을 우리의 모임 중에 임하시는 어떤 영향력인 줄로만 알았고, 대부흥을 겪은 대부분의 사람들 생각도 내 생각과 마찬가지였다. 그리스도께서 몸을 입고 오사 이 땅에 사셨던 것처럼 성령도 우리의 몸을 입으시고 이 땅에 사시는 분이라는 사실은 꿈에도 몰랐다."

리즈 하월즈가 경험한 성령님과의 만남은 주님과의 만남만큼이나 생생했다.

"나는 그분이 혈과 육만 없으시지 하나의 온전한 인격이라는 사실을 알게 되었다. 성령은 내게 말씀하셨다. '구주 예수가 몸 안에 거하였던 것처럼 나 역시 신자들의 깨끗케 된 몸 안에 거한다. 나는 인격이다. 나는 하나님이다. 나는 네 몸을 나의 거처 삼아 그것을 통하여 일하기 위해서 왔다. 나의 성전이 되어 줄 몸이 필요하다.고전 6:19 그러나 그 몸은 절대적으로 나에게만 속한 것이어야 한다. 서로 뜻이 다른 두 사람이 한 몸 안에 사는 일은 불가능하기 때문이다. 이제 네 몸을 내게 주겠느냐?롬 12:1 나는 일단 들어가면 하나님으로서 들어간다. 즉, 네가 나가야 한다는 뜻이다.골 3:2-3 나는 나와 너를 섞지 않을 것이다.' 그분은 당신의 삶과 내 삶이 공존할 수 없음을 명백히 하셨다.

나는 그분이 내 안에 들어와 거하시게 됨으로써 내게 주시려는 영광을 보았다. 하지만 내게는 소중한 것들이 많았다. 그분이 그 가운데 어떤 것 하나도 그대로 용납하시지 않으리라는 것도 알았다. 그분이 찾아오시면 일대 변화가 일어나리라. 나의 타락한 본성을 하나부터 열까지

다 십자가 앞에 내어놓아야만 할 것이다. 그러면 그분은 당신 자신의 삶, 당신 자신의 본성을 심어 주실 것이다."

그것은 무조건적인 복종이었다. 리즈는 모임에서 나와 들판으로 나갔다. 마음의 갈등이 커다란 부르짖음이 되어 터져 나왔다. 그 이유를 그는 이렇게 말했다.

"나는 감옥에 갇힌 죄수와 마찬가지로 사형 선고를 받은 몸이었다. 지난 26년 동안 내 몸을 주장해 온 것은 나였다. 그런데 이제 와서 쉽게 그것을 포기할 수 있을까? 과연 어느 누가 단 한 시간 안에 다른 사람에게 자기 인생을 송두리째 내어 줄 수 있겠는가? 죽는 게 쉬운 일이라면 왜 사람들은 죽음 앞에서 그토록 고통하겠는가? 나는 옛 본성이 가야 할 유일한 장소는 바로 십자가 앞이라는 사실을 알고 있었다. 바울은 로마서 6장에서 그 사실을 분명히 밝혀 놓았다. 그러나 이것은 한번 일어나면 영원히 지속되는 일이다.

나는 아직 그것에 자신이 없었다. 물론 그렇게 하고 싶었지만, 어떤 대가를 지불해야 할는지 두려웠다. 나는 며칠 동안 울었다. 몸무게가 3킬로그램이나 빠졌다. 성령께서 내게 무엇을 제시하셨는지 분명히 알고 있었기 때문이다. 차라리 몰랐으면 좋았을 텐데, 하고 얼마나 원했던가. 성령께서는 내게 계속 이것을 생각나게 해 주셨다. 즉, 지금 그분이 취하시려는 것은 내가 이미 주님께 약속했던 것이라는 사실이다. 단 그분은 부분이 아니라 전부를 원하셨다. 주님이 나를 위해 죽으셨고 내가 또한 그분 안에서 죽었기 때문에, 이제 나의 새 생명은 내 것이 아니라 그분 것이라는 사실을 나는 알고 있었다. 그것은 내가 지난 3년 동안 이미 깨달은 사실이었다. 그러니까 성령은 당신의 것을 당신이 취하러 오신 셈이다. 나는 오직 성령만이 내 안에서 예수님의 삶과 같은 삶을 사실 수 있다는 것을 알고 있었다. 그분이 하신 말씀은 하나같이 다 맞는 말씀이었다. 문제는 그 말씀을 따를 때 생기는 손실을 어떻게 할 것이냐 하는 것이었다. 나는 한순간에 응답을 결정하지 않았다. 그분도 그것을 원하시지 않았다."

결정을 내리는 데는 5일이 걸렸다. 리즈는 그 5일을 하나님하고만 보냈다.

"나도 이사야처럼 하나님의 거룩하심을 보았다. 그분을 뵙는 순간 나는 나의 타락한 본성을 보았다. 타락으로 붕괴되어 버린 죄된 본성이었다. 나는 밑바닥부터 죄악 덩어리였다. 나를 깨끗게 해 주실 분은 오직 하나님 한 분밖에는 없었다. 성령과 나 사이에는 빛과 어두움만큼이나 본질적인 차이가 있었다. 그 주간에 겪었던 일은 이때껏 겪은 그 어떤 일보다 생생했다. 성령께서 계속하여 나를 다루셨다. 그분은 자아로 가득 찬 내 본성의 뿌리를 보여 주셨다. 이제 죄는 용서 받았다. 지금 성령께서 다루시는 것은 죄가 아니었다. 그것은 '자아'였고, 타락이 빚어낸 산물이었다. 성령이 원하시는 것은 피상적인 굴복이 아니었다. 그분은 내 자아의 삶의 모든 부분마다 당신의 손가락을 갖다 대셨다.

나는 냉정하게 결단을 내려야만 했다. 성령은 내가 동의하기 전에는 아무것도 취하실 수 없었다. 마침내 내가 동의하는 그 순간, 불사름의 사건이 일어났다. 사 6:5-7 이제 나는 다시는 돌이킬 수 없게 되었다. 즉, 불사름을 당한 뒤에도 여전히 내가 통제권을 쥐고 있을 수는 없는 것이다. 이제 나의 시대는 끝났다. 성령께서 통제권을 장악하신 것이다. 그렇게 하루하루 성령께서 나를 다루셨다. 그분은 하나님으로서 내 안에 오셨다. 물론 나는 인간으로서 살아왔다. 그런데 그때 그분은 말씀하셨다. '나는 너에게 보통 사람들이 사는 그런 삶을 절대로 허용하지 않을 것이다.'"

이 '랜드린다드의 체험'이 고비가 되어 그 후 리즈에게는 성화의 과정이 찾아왔다. 그 기간 동안 성령은 그의 맨 처음의 굴복을 바탕으로 하여 한걸음 한걸음씩 그의 자아의 본성을 당신 자신, 즉 신의 성품으로 바꾸어 가셨다. 벤후 1:4

맨 먼저 다루신 것은 돈에 대한 사랑이었다. 이것은 '일만 악의 뿌리'이며 전에 리즈로 하여금 미국으로 가게 만들었던 것이다. 주님은 리즈에게, 이제 돈에 구미가 당기는 모든 본성과 소유에 대한 욕망을 완전히 거두어 가겠노라고 말씀하셨다. 리즈는 이렇게 말했다. "나는 그 말의 의미를 생각해야만 했다. 이제 세례 요한이나 우리 주님의 경우와 마찬가지로 나에게도 돈이 더 이상 아무것도 아닌 것이 되어야 한다는 의미였다. 이 문제는 거듭날 당시에도 어느 정도 생각해 본 것이었지만, 이제 성령께서는 완전히 그 뿌리를 뽑으려 하고 계신 것이었다." 이 문제가 처리되기까지는 꼬박 하루가 걸렸다. 드디어 그날 밤, 리즈의 돈에 대한 태도는 완전히 달라져 있었다.

그 다음, 리즈는 가정을 이루는 일에 있어서도 이제 자신에게는 전혀 선택권이 없다는 사실을 받아들였다. "나는 오직 한 사람만을 위하여 사는 것처럼 그 사람에게 내 인생을 얽어매서는 안 된다고 생각했다. 주께서 당신의 생명과 애정을 내어 주신 것은 오직 한 사람만을 위해서였던가? 잃어버린 바 된 이 세상 전부를 위해서가 아니었던가? 성령님 역시 마찬가지 아니신가? 주님은 많은 시간을 들여서 내게 이 말씀이 의미하는 바를 정확히 가르쳐 주셨다. 즉, 그분께서 나를 통해 사시고자 하는 삶은 이 세상을 위한 삶이라는 것이었다. 나는 기꺼이 그에 따를 것인가?"

또 하나 다루어진 문제는 야망이라는 문제였다. '성령께서 들어오셨는데 어떻게 내 야망을 가질 수가 있단 말인가?' 주님은 리즈에게 그것을 이렇게 가르쳐 주셨다. 리즈가 어떤 고장에서 사역을 하고 있다고 하자. 그런데 그 고장에 또 다른 사역 기관이 들어섰다. 만약 이 둘 사이에 갈등이 있고 또 그 고장에는 기관이 하나만 있는 것이 좋다고 한다면, 거기를 떠나야 하는 것은 바로 리즈의 기관이 되어야 한다는 것이다. 또 다른 경우를 생각해 보자. 리즈와 어떤 사람이 나란히 똑같은 일자리를 얻고자 지원을 하고 있다. 그 경우 리즈는 다른 사람에게 그 자리를 양보해야 한다는 것이다. 또한, 만약 리즈가 하루에 12실링을 벌고 있는데 부양 가족이 있는 어떤 다른 사람이 그보다 적은 돈을 벌고 있다면, 성령은 리즈에게 그 일자리를 그 사람에게 내주라고 말씀하실 수도 있다.

리즈는 성령께서 이와 같은 방법으로 다른 사람들의 짐을 대신 져 주시고, 또 대신 고난당하시는 것을 많이 보았다. 그리고 이제 자신도 거기에 따를 마음의 준비가 되어 있었다.

다섯째 날에는 하나님께서 명성의 문제를 꺼내셨다. 성경에 나오는 성령 충만했던 사람들, 그 중에서도 특히 세례 요한에 대해서 묵상을 하는데, 주님께서는 리즈에게 이렇게 말씀하셨다. "내가 요한을 통해서 살았던 그 삶을 너를 통해서도 살게 해다오." 약대 털옷을 입고 광야에서 살았던 이 나실인! 그런 삶을 살려면 그러한 삶이 현대에서는 어떤 모습을 띠게 되는지는 모르지만 단호한 결단이 있어야만 한다. 이에 대한 주님의 말씀은 이것이었다. "만일 내가 네 안에서 내 삶을 산다면, 그리고 요한이 살았던 그러한 삶이 바로 내가 선택하는 삶이라면, 너는 결코 나를 막을 수 없다." 주님께서도 멸시를 받으셨듯이 이제 리즈도 그와 똑같은 길을 기꺼이 받아들여야만 했다.

이렇게 하여 금요일 밤까지 한 가지 한 가지 모두 다 이루어졌다. 리즈는 성령께서 자기에게 제시하신 것이 무엇인지 분명히 알았다. 바로 일시적인 유익과 영원한 유익 중에서 하나를 선택하는 것이었다. 성령께서 이 문제를 다음과 같이 요약해 주셨다. "어떤 경우에도 나는 너에게 단 하나의 자아의 생각이라도 소중히 여기는 것을 절대로 허락하지 않겠다. 내가 네 안에서 살게 될 삶은 100퍼센트 남을 위한 삶이다. 예수님도 이 땅을 사실 때 당신 자신의 목숨을 구하지 않으셨던 것처럼 너도 결코 네 목숨을 구해서는 안 된다. 자, 이제 따르겠느냐?" 이제 리즈는 최종 응답을 드려야만 했다.

그날 밤 한 친구가 리즈에게 이렇게 말했다. "오늘 밤 집회가 끝난 후 우리 몇 명이 너 있는 데로 갈 테니, 우리에게 그리스도 안에서의 너의 위치에 대하여 얘기해 줄 수 있겠니?" 그때 성령께서 리즈에게 도전하셨다. "네가 어떻게 그것을 할 수 있겠느냐? 너는 승리자들이 차지한 위치에 대해서는 잘 알고 있지만, 너 자신은 아직 거기에 들어가지 못했다. 내가 5일 동안 너를 다루어 왔다. 너는 오늘 저녁 6시까지 나에게 네 결정을 알려 주어야만 한다. 잊지 말아라. 너의 의지는 다 버려야 한다는 사실을. 부정적인 대답을 하는 것을 나는 결코 허용하지 않을 것이다. 너는 내가 보내는 곳으로 가게 될 것이며, 내가 하라는 대로 하게 될 것이다." 의지를 두고 벌어진 최종 전투였다.

리즈는 계속하여 이렇게 말했다.

"나는 주님께 시간을 좀 더 달라고 했다. 그러나 그분은 말씀하셨다. '정각 6시에서 1분도 더 주지 않겠다.' 그 말을 듣는 순간 내 안에서는 사나운 야수가 날뛰기 시작하는 듯했다. 나는 대답했다. '주님은 제게 자유 의지를 주셨습니다. 그래 놓고 이제는 그것을 포기하라고 강요하십니다.' 다시 주님이 대답하셨다. '나는 강요하는 것이 아니다.

지난 3년 동안 너는 네 입으로 여러 번 말하지 않았느냐? 너는 더 이상 네 것이 아니라고. 그리고 내가 너에게 내 생명을 온전히 내주었듯이 너도 나에게 네 생명을 온전히 돌려주기를 원한다고.' 나는 잠시 뒤로 물러났다. 나는 그때까지 삼위일체를 욕되게 하는 말을 하고 있었던 것이다.

나는 다시 이렇게 말씀드렸다. '죄송합니다. 그런 뜻이 아니었습니다.' 주님은 다시 말씀하셨다. '너는 지금 네 의지를 포기하라고 강요받고 있는 것이 아니다. 하지만 6시에 나는 너의 결정을 보고받겠다. 그 시간 이후로는 결코 기회가 다시 주어지지 않을 것이다.' 그것은 나에게 주어진 마지막 기회였다. 나는 그 보좌를 보았다.계 3:21 그리고 영원으로 이어지는 나의 모든 미래를 보았다. 나는 말했다. '용서해 주십시오. 그렇게 하겠습니다.'

다시 한 번 질문이 들려왔다. '정말 하겠느냐?' 6시 10분 전이었다. 나는 하기를 원했지만 할 수가 없었다. 시험을 받고 있을 때면 마음이 날카로워지게 마련이다. 그때 섬광과도 같이 이런 생각이 떠올랐다. '어떻게 자아가 자아를 포기할 수 있단 말이냐?' 6시 5분 전이 되었다. 나는 그 마지막 5분이 두려웠다. 초침 움직이는 횟수를 다 셀 수 있을 정도였다.

그때 성령께서 다시 말씀하셨다. '네 힘으로 할 수 없거든 나에게 널 도울 수 있는 기회를 주겠느냐? 너는 정말 나를 따르기를 바라느냐?' 그때 적이 속삭였다. '조심해라. 상대가 너보다 강할 경우에는 원하게 되기를 바라는 것이 바로 원하는 것과 똑같은 것이다.' 그런 생각을 하다가 문득 시계를 보았다. 6시 1분 전이었다. 나는 고개를 숙이고 주께 말씀드렸다. '주님 저는 원합니다.'"

보혈을 힘입으면 가능하다

그 뒤 한 시간여 만에 삼위일체의 제3위이신 성령께서 리즈의 마음에 들어오셨다. 성령은 리즈에게 히브리서 10장 19절 말씀을 주셨다. "그 러므로 형제들아 우리가 예수의 피를 힘입어 성소에 들어갈 담력을 얻 었나니."

리즈의 말을 들어 보자.

"그 즉시 나는 전혀 다른 영역으로 옮겨 갔다. 거룩한 휘장 안, 성부 하나님과 구주 예수님과 성령님이 살고 계신 곳이었다. 거기서 나는 하 나님이 내게 말씀하시는 것을 들었다. 그 이후 지금까지 나는 거기서 살고 있다. 성령님은 한번 들어오시면 '영원히' 거기 거하신다. 주님의 보혈에 영광을 돌린다. 나는 은혜의 하나님께 끝없는 경배를 드렸다.

우리에게 회개를 주시는 분은 하나님이시다. 지난 한 주 동안 하나 님은 계속하여 나에게 뭔가를 요구하셨다. 그것을 드려야 할 사람은 나 였다. 내가 그것들의 원인이었기 때문이다. 그러나 그분께서 나에게 내 자아와 내 의지를 포기할 것을 요구하셨을 때에 나는 내 힘으로는 할 수 없는 자신을 보게 되었다. 끝내 그분께서 하게 해 주셔야만 했다."

당시 그 자리에 있었던 한 사람은 말하기를, 그날 밤 그 집에서 있었 던 작은 집회에 대해서는 어떤 말로도 다 표현할 수 없다고 했다. 하나 님의 영광이 강림했던 것이다. 리즈가 찬송을 시작하자 곧 합창이 되었 다. "주의 보혈 능력 있도다." 그들은 두 시간 동안 찬송을 멈출 줄 몰랐 다. 그리고 나서 밤 9시부터 새벽 2시 반까지 다시 모임을 계속했는데, "이전에는 한 번도 생각조차 못해 본 그런 일들을 성령께서 말씀해 주 셨으며, 그분은 또한 계속하여 예수님을 높이셨다."

이튿날 아침, 잠에서 깨어난 리즈는 이렇게 말했다. "나는 성령께서

1부 성령의 사람으로 거듭나는 삶

'영원히 거하시고자' 내 안에 들어오셨다는 것을 알았다. 그때 든 느낌은 이런 것이었다. 즉, 그분이 내 머리 위에 사랑의 기旗를 들고 나를 데리고 잔칫집으로 들어가시는 것 같은 기분이었다. 그때 넘쳐난 그 기쁨의 홍수란 말로는 표현할 수 없는 것이다."

리즈 하월즈는 사람들 앞에 나가 얘기하는 데는 재주가 없는 사람이었다. 그는 본래가 조용하고 얌전한 사람이었다. 그러나 성령이 들어오시자 곧 그의 혀를 푸셨고 당신의 담대함을 불어넣어 주셨다. 그날 아침 사경회 천막 안에서는 찬양 모임이 있었다. 참석자는 천 명 가량 되었고 그 가운데는 목사님들도 2백 명쯤 있었다. 리즈의 눈에 띈 첫 번째 사람은 바로 그가 다니고 있던 교회 목사님이었다. 자기 목사님이 눈앞에 있다는 사실보다 더 리즈가 앞에 나가 말하는 것을 막을 수 있는 요인은 없었을 것이다.

그러나 그는 당당히 앞에 나가서 침착하고도 분명하게 말했다. '오순절날 사도들에게 임하셨던 그 성령이 이제 내 안에도 들어오셨으며, 또한 그 성령이 그때 빚어 내셨던 결과와 동일한 결과를 빚어 내실 터인데, 이제 간증을 듣는 사람들 모두가 이 사실에 대하여 내 증인이 되어 달라.'고 했다. 그 반향이 어찌나 컸던지 그 다음 주에 있을 유명한 강사의 메시지를 듣기 위해 모인 수많은 사람들 가운데 수백 명이나 되는 사람들이 리즈에게 와서 성령께서 어떻게 그 안에 들어오시게 되었는지 물었다. 예수님은 성령이 내주하시는 자에게는 생수의 강이 흘러나오게 될 것이라고 약속하셨는데, 이 일은 리즈에게서 그 생명의 강물이 흘러나온 첫 번째 사건이었다.

묵은 땅을 기경하라

한 사람을 진정 사랑할 줄 알아야 비로소 많은 사람을 사랑할 수 있다.
그리고 많은 사람을 사랑할 수 있을 때 모든 사람을 사랑할 수 있다.

당신의 재산에 대해 소유권을 행사하실 때 하나님께서는 두 가지 목적이 있다. 하나는 최상의 경작이고 하나는 풍성한 수확이다. 그러나 만일 그 땅이 묵은 땅이라면, 그분은 한 평 한 평 밭갈이 작업을 하실 수밖에 없다.

이제부터 우리는 이 땅의 소유주가 이제 막 새로 획득한 당신의 밭 위에서 친히 일하시는 모습을 보게 될 것이다.

그분께서 리즈 하월즈 안에서 새로 갈아야 했던 맨 처음 한 평의 땅은 곧 기도 생활이라는 땅이었다. 리즈는 일반적인 기도에 대해서는 이미 익숙했다. 그러나 응답에 대한 확신은 없었다. 성령께서 리즈에게 말씀하셨다. "기도란 곧 응답을 말한다. 기도란 곧 내가 너에게 모든 것을 준다는 의미이다. 얻지 못하는 것은 아무것도 없는 것이다." 그분은 또

한 힘있는 기도는 하나님의 인도를 받는 기도라는 사실을 가르쳐 주시면서, 앞으로는 어떤 기도를 하더라도 기분 내키는 대로 혹은 생각나는 대로 하지 말고 오직 성령께서 주시는 기도로 기도하라고 말씀하셨다.

또 하나 앞으로는 기도할 때에 하나님께서 충분히 응답을 보내 달라고 기도해서는 절대로 안 된다는 것이었다. 거기에는 돈 문제도 해당된다. 만약 돈을 위해서 기도했다면 이제 리즈는 자기 돈을 내놓아야 했다. 성령께서는 그 점을 아주 분명히 보여 주셨다.

그가 이런 의미를 알고 난 뒤에 성령께서는 그에게 월 배터리를 위해 기도하라고 말씀하셨다. 그는 몇 년 전 뇌막염을 앓고 나서 몸이 아주 쇠약해진 상태였는데, 날마다 술에 빠져 지냈다. 술취해 다니다 아무 데서나 잠을 잤고, 좀체 씻을 줄도 몰랐다. 양말도 신지 않고 신발 끈이 풀어진 채로 돌아다녔다. 대부흥은 이 구역도 훑고 지나가 수백 명의 사람들이 회심했다. 그러나 이 사람에게 와서 복음을 전한 사람은 아무도 없었다.

리즈는 이 사람이 제정신으로 돌아와 구원을 받게 되도록 쉬지 않고 기도해야 했다. 또 "말과 혀로만이 아니라 행함과 진실함으로 사랑해야만" 했다. 리즈는 이렇게 말했다.

"내 생각으로 했다면 절대 그 사람을 사랑하지 못했을 것이다. 그러나 성령께서 내 안에 들어오실 때 그리스도의 사랑도 함께 가지고 들어오셨다. 나는 그 사람을 위해서 내 목숨도 내어 줄 수 있을 것 같았다. 전에는 알지 못했던 사랑이 내 안에서 흘러나왔다."

리즈는 그와 친구가 되었고, 주일이면 하루 종일 그와 함께 보냈다. 리즈는 교회에서 신자들과 함께 있는 것보다 이 한 사람을 얻기 위해 애쓰는 일이 훨씬 큰 기쁨이었다고 말했다. 심지어 그와 함께 마을길을 걷기도 했다. 그러다 사람들이 이상한 눈길로 쳐다보면 짐짓 당황하기도 했지만 그는 그 일에 대해 "주님께서 나를 강권하셨다."고 말했다.

성탄절이 되기 10일 전쯤에 성령은 리즈에게 무슨 선물을 받고 싶으냐고 물으셨다. 리즈는 서슴없이 선택할 수 있었다. 그것은 윌 배터리가 복을 받는 것이었다. 그러나 바로 그날, 배터리가 사라지는 일이 발생했다. 리즈는 말했다. "나는 꼬박 열흘 동안을 마치 자식을 찾는 어머니처럼 그를 찾아다녔다. 하나님의 뜻이 어디 있는지 전혀 알 수 없었다. 하지만 그분은 내가 당신을 의뢰하기를 원하셨다." 그리고 나서 며칠이 지난 성탄 이브에 배터리가 불쑥 리즈를 찾아왔다.

"나는 이제 발자국 소리만 들어도 그인지 알아챌 수 있었다. 아, 그날의 그 감격. 성령께서 잃어버린 영혼을 그렇게까지 사랑하시는 줄 전에는 미처 몰랐다. 그분이 나를 통해 한 영혼을 사랑하시는 것을 보고서야 비로소 그것을 깨달았다. 그날 밤은 얼마나 놀라운 밤이었던가!

다음날 성령께서 내 안에 들어오신 뒤 첫 번째 맞는 성탄절을 아침 10시부터 저녁 6시까지 주석 공장 안에서 이 젊은이와 함께 보내는 기쁨을 누렸다. 어머니는 둘이 함께 먹으라고 바구니에 저녁을 담아 주셨다. 그러나 나는 너무 기뻐서 먹는 것도 잊어버렸다. 배터리는 드디어 때가 되었다. 저녁 4시쯤에 그는 나에게 내가 나가는 오두막집 모임에 함께 나가도 되느냐고 물었다. 그와 나란히 걸어서 그 모임에 가던 순간의 기쁨이 얼마나 컸던가! 같이 가자고 내가 먼저 얘기한 적은 한 번도 없었다. 그가 당황할까 봐 두려웠기 때문이다."

그러나 배터리의 구원은 몇 주나 몇 달 새에 쉽게 이루어지지 않았다. 그의 변화는 한 단계씩 서서히 이루어졌다. 이제 그는 하숙집을 얻고 광산에 일자리도 구하여 스스로 일하면서 살 수 있게 되었다. 그러나 아직 문제는 있었다. 한번은 그의 하숙집 주인이 화가 잔뜩 나서는 리즈를 다급하게 불렀다. 윌 배터리가 광부복을 입고 장화를 신은 채로 그냥 잠자리에 든다는 것이었다. 리즈는 비용은 자기가 다 치를 터이니 어서 그 침대보를 세탁소에 맡기라고 말했다.

그러나 얼마 안 있어 배터리는 아주 말끔히 차려 입고 예배에 참석했고, 놀란 성도들은 놀라 입을 다물 줄 몰랐다. 그 최후의 승리는 꼬박 3년 만의 일이었다. 그가 하월즈의 설득을 받아들여 자신의 어머니가 사시는 집으로 돌아가게 되었던 것이다. 그의 어머니는 회심한 사람으로, 아들을 위하여 수년 동안 기도해 왔다.

리즈는 이렇게 말했다. "이렇게 하여 나는 밑바닥에서부터 시작하여 한 사람을 사랑하게 되었다. 한 사람을 진정 사랑할 줄 알아야 비로소 많은 사람을 사랑할 수 있다. 그리고 많은 사람을 사랑할 수 있을 때 모든 사람을 사랑할 수 있다."

주는 것이 받는 것보다 복되다

성령께서 리즈를 통하여 하신 두 번째 놀라운 기도는 짐 스테익스Jim Stakes라는 사람을 위한 기도였다. 이 일을 통해 리즈는 '후히 내어 주는 것'에 대해 배웠다.

"이제 나의 돈이 새 주인의 소관에 들어가게 되었다면, 옛 주인은 새 주인이 얼마를 내어 주든지 아무런 군소리도 없어야 한다. 나의 새 주인은 본래부터가 옛 주인보다 훨씬 관대한 분이시다. 옛 주인은 너무나 오랜 시간을 애굽에서 살았고 그 후에는 광야에서 율법 아래 살았다. 준다는 것에 대해서는 기껏해야 십일조밖에 모른다. 이제 새 주인은 내가 후히 내어 주기를 원하신다. 그분은 우선 내가 진실로 그분께 주권을 드렸는지 시험하신다. 그것이 증명이 되면, 앞으로 주께서 더 큰 양量을 요구하시더라도 아무 갈등이 없게 될 것이다.”

　짐 스테익스의 본명은 제임스 토마스로, 참 못돼 먹은 사람이었다. 사람들은 그를 두고 이렇게들 말했다. “짐 스테익스가 못하는 일은 마귀도 못할 것이다.” 그는 둘째가라면 서러워할 술고래였다. 이런 그가 대부흥 기간 중에 마음이 움직여 구원을 얻기 위해 기도회에 나왔을 때, 주위에는 커다란 파문이 일었다.

　그에게는 아이들이 줄줄이 있었는데, 오랜 주벽 때문에 살림은 찢어지게 가난한 상태였다. 리즈 하월즈는 이 사람을 한 번밖에 만나지 못했지만 이름만큼은 익히 들어 잘 알고 있었다. 하루는 아침에 기도를 하고 있는데 너무나 뜻밖에도 이 사람이 리즈 앞에 서 있는 것이 아닌가! 그때 일을 리즈는 이렇게 말했다.

　“나는 한 영혼을 두고 영계靈界에서 벌어지는 그토록 격렬한 전투를 본 적이 없었다. 꼬박 한 시간 동안을 나는 성령께서 나를 통해서 기도하실 수 있도록 나를 그분께 내어 드렸다. 나는 마귀가 그 사람을 공격하고 있는 것을 보았다. 만약 마귀가 이 사람을 다시 빼앗아간다면, 그것이야말로 마귀가 대부흥의 역사에 역공을 취해 올 수 있는 최고의 기회가 아닐까 싶었다. 나는 이것이 한 영혼을 사이에 두고 벌어지는 하나님과 마귀 사이의 전투라는 것을 알게 되었다. 나는 주님께 말씀드렸다. 그가 주님 안에만 있을 수 있다면 무슨 일이라도 기꺼이 하겠노라고.”

　바로 그날 밤, 짐 스테익스가 리즈를 찾아왔다. 자신을 어떻게 찾아오게 되었는지 짐이 하는 말을 듣고 리즈는 무척 놀랐다. 그날 아침에 탄광에서 일을 하고 있는데, 10시에 리즈 하월즈가 ‘자기 앞에 와 서 있었으며’ 주님께서 자기더러 리즈를 찾아가 만나 보라고 말씀하셨다는 것이다. 그것은 짐 스테익스가 리즈 앞에 와 서 있던, 그리고 리즈의 마음에 기도의 부담이 생겨나던 바로 그 시간이었다. 리즈는 그에게 물었다. "무슨 어려운 일이 있습니까?" 그에게는 과연 어려운 일이 있었다. 방세가 2년치나 밀려 있었던 것이다. 그날 아침 관리인이 찾아와 가구에 딱지를 붙이고 갔다. 곧 차압하러 온다는 것이었다. 2년치 방세라면 엄청난 돈이었다. 하월즈는 잠깐 머뭇거리다가 이렇게 말했다. "제가 1년치를 내 드리겠습니다. 그리고 제 친구 하나가 있는데 아마 나머지는 그 친구가 내줄 것입니다."

리즈는 돈을 가지러 2층으로 올라갔다. 그러나 채 다 올라가기도 전에 성령께서는 리즈에게 이렇게 말씀하셨다. "너는 오늘 아침 나에게 이 사람을 구원할 수만 있다면 모든 것을 다 내놓겠다고 말하지 않았느냐? 그래 놓고서는 왜 반만 주려는 것이냐? 예수께서는 너의 빚을 다 탕감해 주시고 너를 자유케 하시지 않았느냐?"

리즈 하월즈는 다시 계단을 내려와 그 사람에게 이렇게 말했다. "제가 1년치만 내 드리겠다고 말씀드렸죠? 죄송합니다. 2년치를 다 내 드리겠습니다. 그리고 그 밖에도 필요한 게 있다면 말씀하십시오. 당신을 구원할 수만 있다면, 마귀가 이 상황을 이용하여 다시 당신을 탈취해 가지 못하도록 할 수만 있다면 얼마든지 그렇게 하겠습니다." 후에 하월즈는 이렇게 고백했다. "그 말을 하는 순간 하늘의 기쁨이 나에게 임하였다. 내 본성 속에서 뭔가 확 꺾여 나가는 것 같은 기분이 들었다. 과연 주는 것이 받는 것보다 복이 있게 된 것이다. 그때 내가 그에게 준 선물의 액수는 70파운드였다."

그날 밤 하월즈는 곧바로 그를 데리고 친구에게 갔다. 그리고는 함께 기도해 주었다. 돌아오는 길에 그는 짐에게 아내가 회심했느냐고 물어 보았다. 그녀도 남편에게 일어난 변화를 보았고, 또 그것을 기뻐하지 않았던가? 짐은 이렇게 대답했다. "예, 보고 기뻐했습니다. 그러나 아직 구원받지는 못했습니다. 집사람은 교회에 입고 갈 옷이 없습니다." 그 말을 듣는 순간 리즈 하월즈는 능력이 그녀에게로 나가는 것 같은 느낌을 성령 안에서 느낄 수 있었다. 또 그녀도 곧 회심하리라는 것을 알 수 있었다. 다음주 주일, 짐의 집에 갔는데, 짐의 아내는 이미 회심해 있었다. 그녀는 '후히 내어 주는' 모습 앞에 완전히 깨어진 것이다.

사랑이 영혼을 정복했다. 성령이 그녀를 십자가 밑으로 데려오셨다. 거기서 그녀는 자신의 훨씬 더 큰 빚이 탕감되었다는 사실을 깨달았다. 자신을 위해 훨씬 더 큰 값이 지불되었으니, 그것은 곧 그리스도의 보배로운 피였다.

리즈는 이들 부부에게 임한 복을 그 구역의 '새 시대의 여명'이라고 불렀다. 왜냐하면 매주 토요일과 주일 저녁에 리즈와 그의 친구들이 인도하는 오두막집 모임이 그들의 집에서 시작되었기 때문이다. 그 모임에 많은 사람들이 참석했고, 아울러 가장 포악하다는 사람들도 상당수 거기서 주님께 돌아오는 역사가 일어났다.

 깊은 교제를 나눌 동역자를 사귀라

그 즈음 리즈는 평생 깊은 교제를 나누게 되는 한 사람을 만났다. 바로 삼촌 딕Dick이다. 리즈가 랜드린다드에서 돌아오자, 신자들 가운데에는 리즈가 그렇게까지 성령께 자신을 완전히 내어 드릴 필요는 없다고 생각하는 사람들이 있었다. 어떤 사람들은 아예 반대하고 나서기도 했다.

그러나 하나님은 그에게 마음과 뜻이 합한 사람을 하나 주셨다. 바로 그의 삼촌이었다. 하나님을 향한 온전한 헌신의 필요성에 대해서라면, 그 구역 모든 신자들 가운데 딕 삼촌이야말로 가장 그 필요성을 덜 느껴야 할 사람일는지도 모른다. 그는 26년 동안 병자로 살면서 2-3미터 이상 걸을 수 없었고, 한 번에 몇 분 이상은 글을 읽을 수도 없었다. 그는 이런 상태를 하나님의 뜻으로 받아들이고, 날마다 많은 시간을 기도하는 데, 혹은 식구들이 읽어 주는 성경말씀을 듣는 데 보냈다. 대부흥이 있기 전, 그러니까 이 나라의 영적 상태가 아주 낮을 때부터 그는 부흥을 위하여 기도해 왔다. 그 기도가 응답되었을 때 그는 말할 수 없이 기뻐했다.

그러나 그는 자신도 채워져야 할 필요가 있음을 잘 알았다. 대부흥 전에는 교회에서 아주 신앙심이 깊다고 하는 사람들 중에도 영생이 값없이 주어지는 하나님의 선물이라는 사실과 죄 사함의 확신 등에 대해서 제대로 알고 있는 사람이 그리 많지 않았다. 그리고 대부흥 후에도 성령이 신자들 몸 안에 거하시는 거룩한 인격이시라는 사실은 여전히 많은 사람들에게 숨겨진 채였다. 딕 삼촌도 예외는 아니었다. 그는 더 깊은 기도의 능력을 사모하고 있었지만, 그것을 어떻게 얻을 수 있는지 전혀 아는 바가 없었다.

리즈가 회심하자 그는 무척 기뻐했고, 리즈는 삼촌을 가장 소중한 영적 인도자로 여겼다. 자연히 랜드린다드에서 돌아온 리즈가 자신의 새로운 체험을 제일 먼저 전한 사람도 역시 딕 삼촌이었다. 그러나 그 만남은 그리 쉽지만은 않았다. 이제 삼촌에게 가서 성령의 실체를 가르쳐 주라고 하는 주님의 계시가 있었기 때문이다. 그리고 보통은 어린 사람이 연장자를 통하여 복을 받는데, 이번에는 거꾸로 되어야만 했기 때문이다.

그러나 딕 삼촌은 이미 준비되어 있었다. 리즈가 그에게 하나님의 축복을 이야기하고, 그러기 위해서는 자신의 의지를 성령께 완전히 굴복해야 한다고 이야기해 주자, 삼촌은 그것을 하나님의 말씀과 성경의 진리로 받아들였다. 하지만 딕이 그 문제를 자기 삶에 적용하는 데는 3주가 걸렸다.

리즈가 찾아갈 때마다 그는 이렇게 말하곤 했다. "이제 며칠만 있으면 다 정리하게 될 거라고 확신한다." 마침내 다 정리하게 되는 날이 이르자, 그것은 정말이지 영광스러운 승리였다. 그는 사람이 얼마나 헌신되고 경건해질 수 있으며, 그러면서도 여전히 성령을 필요로 하는 존재인가에 대한 산 모델이 되었다. 그는 하나님께 자신을 전폭적으로 내어 드리는 것이 결코 쉽지 않은 일임을 깨달았다.

그때 이후로도 오랫동안 삼촌과 조카는 성령 안에서 깊은 교제를 나누었다. 그것은 영적인 동반자 간의 교제였으며, 딕 삼촌은 리즈의 가장 강력한 기도 동역자가 되어 주었다. 그는 하루에 여덟 시간씩 기도하는 일을 계속했다. 그러나 그전과는 자세가 달랐다. 성령께 온전히 사로잡히기 전에는 아무것이나 마음에 저절로 떠오르는 것이 기도 제목이었다. 그러나 이제는 리즈와 마찬가지로 그 역시 성령의 인도하심을 받아 구체적인 제목들을 놓고 기도하게 되었다. 승리를 얻는 수고, 응답이 분명한 기도를 하게 된 것이다.

Rees Howells

순종이
역사를 만든다

하나님이 당신을 어딘가로 보내려 하신다면,
반드시 그 방편까지도 공급해 주신다.

집 스테익스의 집에서 800미터쯤 떨어진 곳에 그리스도인이라고
는 한 명도 찾아볼 수 없는 마을이 있었다. 그 마을엔 당연히 교
회도 없었다. 물론 이 마을에서도 대부흥 때에는 기도 모임이 시작되었
으나 얼마 안 가 곧 흩어지고 말았다. 짐 스테익스와 그 아내가 복을 받
고 얼마 안 있어 주께서 리즈에게 말씀하셨다.

"두 사람을 돕고 그렇게 큰 기쁨을 얻었으니, 이제 온 마을을 도와
보지 않겠느냐? 하지만 너를 그곳으로 보내는 것은 너에게 또 하나의
교훈을 가르쳐 주기 위해서다. 바로 네가 먼저 고난받는 사람이 되어야
한다는 사실이다."

이 말은 곧 리즈가 한 가정에서 제일 먼저 고생의 짐을 지는 아버지
와 같은 사람, 그리고 양들을 위해 목숨까지도 내놓는 선한 목자와 같

은 사람이 되어야 한다는 의미였다.

성령은 리즈에게 예수님은 죄인의 자리에 대신 서신 분임을 가르쳐 주셨다. 그분은 우리 죄와 질병과 무거운 짐을 대신 짊어지셨다. 이제 리즈가 그 마을에 가면 성령께서는 그를 통하여 좀 특별한 방식으로 주님의 사랑을 드러내실 것이다. 이 사람들은 이미 대부흥 때 좋은 설교는 다 들어 보았다. 그런데 그 설교가 그들을 변화시키지 못하였다. 이제 성령은 당신의 종을 그리로 데리고 가사, 먼저 고난받는 자가 되게 하실 것이다. 뭔가 필요한 이들은 이제 다 그에게로 와서 그 필요를 채워 달라고 요청할 것이다.

리즈는 어느 주일 아침에 그 마을을 찾아갔다. 친구 조니 루이스 Johnny Lewis와 훗날 하월즈의 부인이 되는 엘리자베스 한나 존스 Elizabeth Hannah Johnnes 양, 그리고 다른 젊은 그리스도인 일꾼들이 동행했다. 그들의 눈앞에는 생전 처음 보는 광경이 펼쳐졌다. 커다란 맥주통들이 여기저기 널려 있고, 사람들은 마셔 대고 도박하며 온갖 종류의 오락에 빠져 있었다. 그 지역의 이름은 헬파이어 Hell-fire, 지옥 불 거리였는데, 과연 어울리는 이름이었다. 그러나 하월즈는 후에 이렇게 말했다. "내게는 한 가지 생각밖에 들지 않았다. 성령께서 그곳을 찾아가셔서 그 권능으로써 귀신들을 쫓아내고 그들의 죄를 사해 주셔야만 한다는 것이었다."

리즈 일행이 찾아간 첫 집에서 그 일이 실제로 일어났다. 그 집 여주인은 자기가 일요일에 빵을 굽고 있다는 사실을 손님들에게 알리고 싶지 않아서 빵이 오븐에서 탈 때까지 그냥 내버려 두었다. 이 이야기를 들은 리즈는 다시 그 집으로 돌아가, 자기 때문에 생긴 그 손해를 배상해 주고 싶다고 말했다. 그리고는 식탁 위에 1파운드를 올려놓았다.

이 한 가지 선행이 파문을 몰고 왔다. 마을 사람들은 자기들을 찾아온 젊은이들이 다 광산이나 공장에서 일하는 성실한 사람들이며, 말뿐만이 아닌 뭔가 다른 것을 가지고 온 사람들이라는 사실을 곧 깨달았다. 앞에 말한 그 여자는 자기 집을 모임 장소로 개방했으며, 남편과 함께 나란히 지독스런 술고래였던 이들 부부는 그 마을 최초의 회심자가 되었다.

성령은 리즈에게, 그 사람들 앞에서 '성경말씀과 똑같은 삶'을 살아야만 한다고 분명히 말씀하셨다. 그들이 입는 옷이 리즈가 입는 옷과는 달랐기 때문에, 리즈는 자기만 눈에 띄는 사람이 되지 않기 위하여 좀 더 평범한 옷으로 갈아입었다. 또 미국에서 올 때 금시계를 여러 개 가져와 형제들에게 하나씩 나누어 주고 자기도 하나 차고 다녔는데, 이제 그것도 더 이상 차지 않기로 했다. 주님은 그에게 이렇게 말씀하셨다.

"먼저 고난받는 자가 되려거든, 이 사람들이 가질 수 없는 것은 너도 가지지 말아라."

그 마을 사람들 대부분이 궁핍하게 살았다. 성령은 리즈에게 "네게 구하는 자에게 주라."하신 산상수훈의 말씀을 생각나게 하셨다. 그리고 이렇게 말씀하셨다. "궁핍한 이 마을 사람들은 누구나 다 네게 요구할 권리가 있다. 네 것은 모두 이 사람들을 위한 것이다. 그들 또한 네가 갖고 있는 것과 똑같은 권리를 가지고 있다."

그러던 어느 날, 굉장히 큰 역사가 일어났다. 주께서 주정꾼들의 주모자를 깨뜨리신 것이다. 하월즈는 오랫동안 이 사람을 위해서 기도하면서, 그와 접촉할 수 있는 기회를 달라고 구해 왔다. 이 사람은 하나님의 사랑이 다른 사람들을 향하여 나타나는 것은 많이 보았지만, 정작 그 자신은 아직 체험하지 못하고 있었다. 드디어 기회가 왔다. 마을 외곽에서 문제가 터졌다. 이 사람도 연루되어 있었다. 문제는 법정으로까지 번질 만큼 큰 것이었다. 그때 주께서 리즈 하월즈에게 말씀하셨다.

"이제 너의 때가 되었다. 가서 네가 이 사건을 맡아 처리해 주겠노라고 말하라."

그 길로 리즈는 그 사람 집을 찾아갔다. 그러고는 다짜고짜 물었다. "이 사건이 법정에 가지 않고 해결될 수 있는 길이 있다면, 당신은 그것을 받아들이겠습니까? 만약 상대방이 보상에 합의해 준다면, 제가 그 보상금을 내 드려도 좋겠습니까?" 그는 말이 없었다. 리즈는 그 일을 회상하며 이렇게 말했다.

"그 역시 다른 사람들과 하나도 다를 바 없었다. 다만 그의 마음은 단순한 말로는 움직일 수 없었다. 그러나 하나님의 사랑을 직접 보게 되자, 그의 마음은 중심부터 완전히 부서져 버리고 말았다. 그는 자신이 죄 많은 사람임을 고백했고 모임에도 나오기 시작했다. 그는 그제야 자신이 사랑받는다는 사실을 느낄 수 있게 되었다."

오래 지나지 않아서 열 명이 넘는 사람들이 회심했다. 그리고 주일 학교와 '소망의 모임'을 포함한 여러 가지 정기 모임들이 시작되었다. 많은 사람들이 술을 끊고 주께로 돌아왔다. 이제 리즈 일행은 이들에게 온 시간을 다 바쳐야 할 만큼 일이 많아졌다. 일주일에 모임이 다섯 번이나 있었으며, 모임이 없는 날은 각 가정으로 심방을 다녔다. 성령의 역사하심이 마을 전체를 휩쓸었다. 리즈의 사역에는 굉장한 능력이 나타나서, 사람들이 "리즈 하월즈가 찾아가는 집에서는 반드시 회심자가 나온다."고 말할 정도였다.

나의 궁함은 곧 하나님의 통함이다

하월즈는 탄광에서 일해 주급을 받으며 생활했다. 그 밖에도 따로 저축해 둔 돈이 좀 더 있기는 했다. 그러나 이대로 가다가는 그 돈도 금방 바닥날 것이 뻔했다. 성령께서 그에게 계명과 약속을 동시에 보여 주신 것은 바로 그때였다.

주님은 부자 청년에게 이렇게 명령하셨다. "네가 가진 것을 다 팔아 가난한 자들에게 나누어 주라… 그리고 와서 나를 좇으라." 그리고 당신을 따르는 사람들에게 그분은 이렇게 약속하셨다. "나와 및 복음을 위하여 집이나 형제나… 전토를 버린 자는 금세에 있어 백 배나 받지 못할 자가 없느니라." 그러니까 만약 리즈가 1파운드를 내놓으면 주께서는 그에게 도로 100파운드를 주신다는 말씀이다. 정말 그럴 수 있을까? 만약 그렇다면 리즈는 돈이 바닥나게 된다는 사실보다는 약속대로 그 자리가 백 배로 채워지게 될 것이라는 가능성을 알고 있는 것이다. 그런 대체代替가 정말 일어날 수 있을까? 정말로 백 배를 얻을 수가 있단 말인가?

드디어 마지막 1파운드를 써야 할 날이 왔다. 성령께서 그에게 이렇게 말씀하셨다. "모든 밧줄을 다 끊고 내 약속만 붙들어라." 하나님을 믿고 단호히 발걸음을 내딛으라는 명백한 명령이었다. 사실 마지막 1파운드를 내주고 잔고가 바닥이 나는 것보다는 차라리 많은 돈 중에서 1천 200파운드를 내주는 것이 훨씬 쉬운 일일 것이다. 이렇게 바닥이 나 보기는 15년 만에 처음이었다. 그는 이렇게 말했다.

"그 일을 앞두고 마귀가 나를 참 많이도 뒤흔들었다. 그것은 어둠 속으로 자청해서 들어가는 짓이라고도 했고, 또 내가 만일 1파운드라도 남겨 두지 않는다면 어디 집회에 가고 싶어도 여비가 없어 못 가지 않겠느냐고도 속삭였다. 그러나 성령은 나에게, 만일 하나님께서 나를 어디로 보내시려 한다면 그분은 반드시 그 방편까지도 공급해 주시는 분이라는 사실을 보여 주셨다. 위험은 오히려 그 반대의 경우에 있다. 즉, 돈이 있으면 하나님께 묻지 않고도 어디든 갈 수 있다. 요나를 보라. 그에게는 하나님께로부터 도망가는 데 필요한 경비가 충분했다. 그러므로 하나님께서 우리의 방편까지 통제하시지 않는 한, 우리는 진정한 의미에서 결코 그분의 종이 될 수 없다."

그리하여 리즈는 과감히 첫발을 내디뎠고 그것을 통하여 아주 귀중한 진리를 터득했다. 나의 궁함은 곧 하나님의 통함이라는 진리였다. 스스로 공급할 수 없는 것은 곧 하나님께 달라고 하면 된다는 사실을 그는 깊이 깨달았다. 전에 성령께서는 리즈에게, 이 마을 사람들은 뭔가 필요한 게 있을 때 리즈에게 와서 돈을 달라고 할 권리가 있다고 말씀하신 적이 있는데, 이제 그와 마찬가지로 리즈 또한 뭔가 필요한 게 있으면 하나님의 자원을 갖다 쓸 권리가 있음을 가르쳐 주셨다.

첫 주에 필요한 돈은 2파운드였다. 그는 기도를 통하여 주님께, 자기에게 돈이 있다면 이렇게 주님께 나오지 않았을 것이라고 말씀드렸다.

"나는 단순히 나한테 돈이 있을 때 내가 했을 그 일을 주께 해 달라고 말씀드렸을 뿐이다. 그리고 그분은 약속대로 주셨다. 인간의 유한한 자원 때문에 멈추어진 일이 하나님의 무한한 자원 때문에 다시 시작되는 모습을 보았을 때, 그 기쁨이란 이루 다 말할 수 없다. 이제 염려스럽기만 한 은행 잔고의 자리에 든든한 하나님의 약속이 자리를 잡았고, 그분의 약속은 내 수중에 있는 현금이나 마찬가지였다. 이제 더 이상 가는 곳마다 일일이 돈을 가지고 다닐 필요가 없게 되었다. 진짜 돈이 있는 곳이 어디이며, 그것을 어떻게 얻을 수 있는지 알았기 때문이다."

먹고 마실 것을 염려하지 마라

그러던 중 그 마을 최대의 시험이 찾아왔다. 파업의 위기가 몰아닥친 것이다. 지난번에 있었던 파업도 8개월이나 계속되었고 그 바람에 노동자들이 일대 곤란을 겪었다. 하월즈는 이번에도 파업이 일어난다면 지난번 못지않게 길어지리라는 걸 알고 있었다. 이런 부담으로 마음이 무거워져 있을 때에 주님은 그에게 한 가지를 물어 오셨다.

"전에 성령께서 너를 통해서 너의 가족들에게 해 주셨던 일을 이제 이 마을 사람들에게도 동일하게 해 주기를 원하시는데, 너는 그것을 받아들이겠느냐? 성경은 먹을 것과 마실 것은 염려할 바가 아니라고 약속하고 있다. 이제 너는 이 마을 사람들에게 이 약속을 전달해 준 다음, 네가 가서 그들에게 빵과 치즈와 차와 설탕을 줄 수 있겠느냐? 이 마을 사람들에게는 외상을 주지 않아도 너한테는 외상을 줄 수 있는 식료품 가게가 두 곳이나 있다. 이제 가서 100파운드 어치 물건을 외상으로 살 수 있겠느냐?"

참으로 엄청난 도전이 아닐 수 없었다. 어떻게 그런 일을 할 수 있을까? 그는 생각에 생각을 거듭하다 파업이 눈앞으로 다가온 일요일 밤이 되어서야 겨우 결단을 내렸다. 그는 사람들이 모여 있는 곳으로 가서 이렇게 말했다. "이번 파업은 9개월이 갈는지도 모릅니다. 하지만 여러분 가운데 단 한 사람도 하나님이 약속하신 것을 받지 못할 사람은 없습니다. 여러분은 조금도 염려하거나 두려워하지 마십시오." 그날 밤의 축복은 참으로 컸다. 아예 모임을 중단하고 밖으로 나가야 할 정도였다. "찬송소리는 하늘까지 올라가는 듯했고, 천사들이 내려와 우리를 수종 드는 것만 같았다."

이튿날 아침 리즈는 우연히 한 유명한 불가지론자를 만났다. 그는 처음에는 교회란 다 쓸데없는 것이라며 불평을 늘어놓더니, 이어 이번 파업은 모두 탄광의 높은 사람들 탓이라며 그들을 욕했다. 리즈는 그에게 물었다. "그러면 이 어려움을 당한 사람들을 위해 당신은 무슨 일을 하실 작정입니까?" 그러고는 주께서 전날 밤 이 사람들에게 해 주셨던 그 약속을 들려주었다. 그 사람은 입을 다물었다. 전혀 반박할 여지가 없는 기독교의 모습을 보았던 것이다. 그가 그것을 채 깨닫기도 전에 신문 돌리는 아이가 신문을 가지고 나타났다. 파업이 잘 중재되었다는 소식이 실려 있었다.

리즈 하월즈는 3년 동안 매일 밤 이 마을을 찾았다. 하루 일과가 다 끝난 후 마을까지 3킬로미터가 넘는 길을 매번 걸어서 다녔다. 아무리 궂은 날씨도 리즈의 발걸음을 붙들어 놓지 못했다. 언젠가는 온몸이 비에 흠뻑 젖어 집에 돌아왔다. 황량한 벌판을 억수같이 내리는 비를 맞으며 걸어온 것이다. 그 모습을 본 그의 아버지가 이렇게 말했다. "나는 20파운드를 준다고 해도 이 밤길에 거기까지 걸어서 다녀오지는 않겠다." 그러자 리즈는 이렇게 대답했다. "저도 20파운드 때문이라면 그렇게 하지 않을 것입니다."

중보 기도의 비밀은 '하나 됨'이다

중보 기도자는 자기가 기도해 주는 사람들이 앉아 있는 그 자리에 가서
앉는 법을 배워야 한다.

하나님의 젊은 종이라면 누구나 다 자기 몸을 다스리는 법을 배워
야 한다. 하나님은 훈련 초기부터 이 필수 훈련 과정을 모두 거
치게 하신다. "만일 네 손이 너를 범죄케 하거든 찍어 버리라…."

하나님은 리즈 하월즈 안에 있는 한 가지 단순한 욕망에 손대기 시
작하셨다. 그것은 바로 식욕이었다. 한번은 어떤 집회를 앞두고 리즈의
마음이 무척 부담스러웠다. 적이 방해 공작을 펴고 있었기 때문이다.
그때 주께서는 리즈에게 하루 동안 금식하며 기도하라고 요구하셨다.
금식이라니! 리즈로서는 꿈에도 생각지 못한 일이었다. 하루 네 번의
식사에 익숙해 있던 그로서는 저녁을 굶어야 한다는 말씀에 큰 충격을
받았다. 리즈는 좀체 마음을 정하지 못했다. 게다가 이런 일이 꼭 한 번
만 있으라는 법도 없지 않은가? 만약에 하나님이 매일 이렇게 하라고

하신다면 어떻게 할 것인가? 점심 때쯤 리즈는 침대 밑에 앉아 무릎 꿇고 기도했다. 꼬박 한 시간 동안 기도가 나오지 않았다. 그는 후에 이렇게 말했다.

"나는 내 속에 그렇게 강한 욕망이 있는 줄은 몰랐다. 내 마음이 흔들린다는 것은 곧 내가 그 욕망에 사로잡혀 있다는 증거였다. 그 욕망이 나를 그렇게 강하게 지배하지 않았다면 굳이 그렇게까지 갈등할 필요는 없었을 것이다."

오후 1시쯤, 어머니가 점심을 먹으라며 리즈를 불렀다. 그러나 리즈는 먹지 않겠다고 말씀드렸다. 그러자 어머니가 리즈를 다시 부르며 재촉하셨다. "점심 먹는 데 그렇게 오래 걸리지 않을 텐데…." 리즈 역시 아래층에서 올라오는 맛있는 냄새에 결국 아래층으로 내려오고 말았다. 하지만 점심을 먹고 방으로 돌아오자, 전과 같은 하나님의 임재가 느껴지지 않았다. 성령께 불순종했다는 생각에서 벗어날 수가 없었다. 그는 이렇게 말했다.

"내가 꼭 에덴 동산의 아담같이 느껴졌다. 나는 산에 올라갔다. 몇 킬로미터를 걸으면서 내 안의 '옛사람'을 저주했다. 만일 하나님께서 내 평생 내게서 점심을 취해 가신다 해도, 그분이 하시는 일은 옳은 일이라는 생각이 들었다. 어떤 사람들에게는 이것이 별로 중요한 문제가 아닐지도 모른다. 그러나 일단 하나님의 통로가 된 사람이라면 그 어떤 경우에도 그분께 불순종하거나 자기 생각을 주장할 수 없다.

눈물이 쏟아졌다. 하나님께서 나를 다시는 그분의 임재 가운데로 돌아가게 해 주지 않으실 것만 같았다. 마침내 그분은 이렇게 말씀하셨다. '내가 너를 용서하겠다. 그러나 벌이 없지는 않을 것이다. 6시부터 9시까지 기도하는 동안 손을 들고 기도해라.'"출 17:11-12, 딤전 2:8 우리가 하나님께 가까워질수록 사소한 죄도 더욱 두려운 것으로 바뀐다.

그날 이후 리즈는 많은 날 동안 저녁을 먹지 않으면서 그 시간을 하나님과 함께 보냈다. 그는 나중에 이렇게 말했다. "한 번 승리하고 나니까 그 문제는 더 이상 큰 문제가 아니었다. 그것은 단지 그분의 다음 부르심을 위한 디딤돌에 지나지 않았다. 우리 마음이 계속 어떤 것에 연연하게 된다는 것은 아직 우리가 그것을 원하고 있다는 얘기다. 일단 그것을 그분께 올려 드리면 그분은 그것을 다시 우리에게 되돌려 주실 수도 있다. 그러나 되돌려 받아도 이제 우리는 더 이상 그것에 연연하지 않게 된다."

이 일이 있은 지 얼마 지나지 않아 주께서 리즈에게 또 다른 사명을 주셨다. 리즈가 그 마을에서 사역을 시작한 지 몇 달 되지 않은 시점이었다. 그런데 금식 사건을 통해 배운 교훈이 새 사명을 수행하는 데 큰 도움이 되었다. 주님은 미리 준비시키셨던 것이다. 이번에는 리즈를 부랑자들에게로 보내셨다. 부랑자들이라면, 집도 직업도 없이 이곳저곳을 떠돌아다니는 자들로 이 구역만 해도 그 수가 상당했다. 주님은 리즈 일행에게 집회에 참석했던 모든 부랑자들에게 새 삶의 기회를 만들어 주라고 말씀하셨다. 이것은 자격 없는 죄인을 향하신 하나님의 사랑을 보여 주는 살아 있는 교훈이 될 것이었다.

우리의 믿음을 기다리신다

성령께서는 어떤 일을 해야 하는지 구체적으로 가르쳐 주셨다. 우선 각 사람에게 새 옷을 한 벌씩 주고, 거처와 일터를 찾아 주며, 첫 봉급을 받을 때까지 집세를 내주라고 하셨다. 리즈는 이렇게 말했다.

"하나님은 우리에게 이사야 58장을 삶으로 실천하라고 명하셨다.

'주린 자에게 네 식물을 나눠 주며 유리하는 빈민을 네 집에 들이며 벗은 자를 보면 입히며.' 첫사랑을 경험하고 있던 우리는 성경이 글자 그대로 사실이라는 것을 믿지 않는 사람들을 향하여 그것은 잘못이라고 지적하곤 했다. 그런데 이제 성령께서 바로 우리의 그러한 믿음을 실제로 행해 보이라고 우리를 강권하셨다. 산상수훈에는 하나님 나라의 헌법이 기록되어 있다. 이제 우리는 그 법을 글자 그대로 수행해야만 했다. '속옷을 가지고자 하는 자에게 겉옷까지도 주며… 네게 구하는 자에게 주며… 너희 원수를 사랑하라.'

나는 곧 또 한 가지 사실을 깨달았다. 성령께서 내게 이 일을 행하게 하시는 목적은 내 삶을 사랑스럽지 않은 사람을 사랑하는 수준으로 끌어올리시기 위함이라는 것이었다. 내 자아의 본성과 본능적 사랑은 신의 성품과 하나님의 사랑으로 바뀌어야만 했다. 그래야만 부랑자를 내 친형제처럼 사랑할 수가 있는 것이다. 부랑자를 돕는 일에 비하면 마을 사람들을 돕는 일은 쉬운 일이었다. 부랑자들은 대개가 자기를 포기한 사람들인 데다가 남의 도움도 달가워하지 않았기 때문이다. 하지만 나는 그들 각자에게 내 친형제한테 하듯 똑같이 대해야 했다."

이 새로운 사명을 실행에 옮기는 바로 첫날, 그들 모임에 한 부랑자가 찾아왔다. 그는 직업도 거처도 없이 몇 달을 길거리에서 살았다. 사람들이 자기를 따뜻하게 맞아 주자 그는 매우 감동을 받았다. 이틀 뒤 두 사람이 더 찾아왔다. 리즈는 그 일을 회상하며 이렇게 말했다.

"자비의 소식은 천리마와도 같아서 순식간에 널리 퍼져 나갔다. 기대했던 것보다 훨씬 많은 사람들이 찾아왔다. 나는 그들을 부랑자라고 부르지 않았다. 주님이 사용하셨던 용어가 더 좋아서 나도 그들을 탕자라고 불렀다. 그리고 요한일서 4장 20절 말씀을 통해 다음 사실을 깨달았다. 주님을 향한 나의 사랑은 그분께서 위하여 죽으신 지극히 작은 자 한 사람을 향한 사랑보다 결코 조금도 더 클 수 없다는 사실이다."

이 모든 과정을 통하여 성령은 그 종을 중보 기도의 비밀 속으로 점점 더 깊이 이끌고 들어가셨다. 그것은 중보 기도를 하는 사람은 자기가 위해서 기도해 주는 사람들과 같은 마음을 품으며 같은 사람이 되어야 한다는 비밀이었다. 그분은 리즈를 부르사 윌 배터리와 연합하게 하심으로써 그의 교만을 다스리셨다. 이제 그분은 다시 리즈로 하여금 부랑자들의 물질적인 고난에 동참하게 하심으로써 그의 몸을 훈련시키셨다.

이제 리즈는 그들이 어떻게 느끼는지 조금씩 배워야 했고, 그들이 앉아 있는 그 자리에 가서 앉는 법을 배워야 했다. 부랑자들에게는 남들처럼 음식이 풍족하지 못하다. 하나님은 리즈에게 바로 그들의 수준으로 내려가라고 명하셨다. 정부의 부랑자 숙소에서는 이들에게 하루 두 끼의 식사를 제공했는데, 주님은 리즈 하월즈에게 그들과 똑같이 하루 두 끼의 빵과 치즈와 수프만을 먹으며 살라고 말씀하셨다. 점심 금식은 바로 이것을 위한 준비였던 것이다.

리즈는 아침 6시 30분에 한 번 식사하고는 저녁 5시 30분에야 다음 식사를 했다. 탄광에서 일을 마치고 돌아와 마을로 사역을 하러 떠나기 직전이었다. 처음에는 마치 전쟁을 치르는 것 같았다. 같은 식탁에서 먹으면서도 다른 사람들과 다른 음식을 먹어야 한다는 것은 육체적으로나 정신적으로나 그야말로 전투였다. 그는 이렇게 말했다.

"도대체 이 일이 얼마나 갈지 깊은 회의가 들었다. 꼭 이렇게 해야 하는 목표가 어디 있나 하는 생각도 들었다. 식구들이나 나나 이때까지 금식을 하라고 부르심을 받은 사람을 단 한 명도 본 적이 없었다. 그래서 식구들은 이 '실험'이 얼마 안 가 곧 끝나리라고 생각했다. 그러나 채 두 주가 못 되어서 주님께서는 아예 나의 식욕을 바꿔 주셨다. 늘 먹던 하루 네 끼보다도 이렇게 하루 두 끼만 먹는 것이 더 좋아지게 된 것이다. 이제 내게서는 음식을 탐하는 모습이 사라졌다. 그리고 그런 기간 내내 내 건강은 그 어느 누구보다도 좋았다. 머리가 아파 본 적조차 없었으며, 몸 상태는 더할 나위 없이 좋았다."

그는 그로부터 2년 반을 그렇게 살았다.

안식하는 믿음을 가지라

부랑자들의 필요를 공급하다 보니 이들 작은 전도 사역 그룹의 지갑은 금방 바닥이 나고 말았다. 그럼에도 주께서는 계속해서 믿음의 삶을 요구하셨다. 당시 이들에게는 한밤중에 찾아온 친구의 비유가 정말 피부로 느껴졌다. 다만 차이가 있다면 그 비유 속의 친구는 딱 한 번만 친구를 찾아가 폐를 끼친 반면, 이들은 거의 매일 밤 하나님께 나아가지 않으면 안 되었다는 것이다. 리즈는 그들이 에반 홉킨스 목사가 가르치곤 하였던 세 가지 단계를 삶 속에 그대로 보여 주었다고 말했다. 그 세 가지 단계란 첫째 씨름하는 것, 둘째 매달리는 것, 셋째 안식하는 것을 말한다.

홉킨스 목사는 파선한 배의 비유를 사용하였다. 자, 사람들이 배를 타고 가다가 바다에 빠져 물속에서 파도에 휩싸이며 허우적거리고 있다. 지금 그들은 도움이 절박한 상황에 처해 있다. 이것이 씨름하는 단계이다. 그러다 이제 그들은 모두 보트를 굳게 붙잡는다. 어느 정도는 안전해졌지만 아직도 남을 도울 수는 없다. 양 손 다 보트를 붙잡고 있어야 하기 때문이다. 이것이 매달리는 단계이다. 마침내 보트에 올라앉는다. 이제 양손이 자유로워서 남을 도울 수가 있다. 이것이 안식하는 단계이다. 이 안식하는 믿음을 가지고 있는 자만이 다른 사람을 구원할 수 있는 위치에 있는 것이다.

리즈는 말했다.

"우리가 그들을 맨 처음 돕기 시작했을 때는 한꺼번에 너무 많은 사람들이 몰려오면 어떡하나 걱정했다. 그러면 그들의 필요를 다 채워 줄 수가 없기 때문이었다. 그런 두려움을 안고 우리는 내적인 씨름을 계속했다. 곧 우리는 우리 힘으로는 아무것도 공급해 줄 수 없다는 사실을 깨달았다. 바로 그곳이 주께서 우리가 있기를 원하시는 자리였다.

우리는 오직 그분을 의뢰할 뿐이고, 채우시는 분은 하나님이시라는 사실을 터득해야만 했다. 성령은 우리에게 한두 번의 실패를 허락하셨다. 우리가 우리 힘으로 씨름하고 안간힘을 쓰는 것을 포기하게 하시기 위해서였다. 우리는 하나님의 약속에 매달려, 그분이 우리에게 오사 우리를 살려 주시기를 간구했다. 그분은 한 번도 우리를 실망시키지 않으셨다.

숱한 쓴 경험들을 통과한 뒤에 드디어 안식의 자리를 찾을 수 있었다. 우리는 식당에서 시중 드는 웨이터처럼 일했다. 아무리 많이 와도 우리의 매니저께서 필요를 다 아시고 제 때에 공급하실 것이라고 믿었다. 우리는 그저 주님께 주님이 원하시는 만큼 많이 보내시라고 말씀드렸다. 두 주에 한 번씩 식료품 가게에 외상값을 갚았다. 매번 우리 일행이 전부 모여 주머니를 다 털었다.

한번은 갚아야 할 돈보다 가진 돈이 좀 부족했다. 그때 몸이 아픈 한 형제가 적지만 보태라며 부끄러운 듯 4.5페니를 내놓았다. 그리고 그 돈은 과부의 두 렙돈과 같이 쓰였다. 그날 가게에서 물건 값을 치렀는데, 우리가 가진 돈에 4.5페니를 더한 만큼 계산이 나왔다. 단 1페니도 남거나 모자라지 않고 딱 맞아떨어졌다. 우리는 그날 밤 작은 헌물을 가벼이 여기지 않는 법을 배웠다. 필요한 돈이 이처럼 페니까지 딱 맞게 들어오는 일을 이후로도 거듭거듭 경험했다. 그것은 10파운드가 남는 것보다 훨씬 큰 기쁨이었다.”

🍂 실망도 훈련의 일부다

석 달이 지나자 이들 부랑자들 가운데 많은 사람들이 웬만큼 도움을 다 받았다. 각자 새 옷을 한 벌씩 받았고, 일자리를 찾았으며, 거처를 마련했다. 영생을 얻은 사람들도 있었다.

하지만 이 일을 위해 어떤 값을 지불해야 했는지는 직접 해 본 사람이 아니고서는 아무도 알 수 없다. 찾아와 옷을 달라고 해서 주면 가서 팔아먹고는 다시 와서 또 달라고 하던 부랑자들이 얼마나 많았던가. 그런가 하면 어떤 할머니는 술에 찌들어 정신이 이상해져서는 “눈에 뭐가 보인다.”고 하면서 길거리를 헤매 다니기도 했다. 이들이 이 할머니에게 거처를 마련해 주었으나 할머니가 폐렴에 걸리자 친아들 친딸조차도 등을 돌렸다. 그래서 리즈가 친히 할머니와 같이 있어 주었다. 아침에 집에 돌아오자 이번에는 어머니도 “그 나이 많은 죄인을 돌봐 주느라고 밤까지 새고 왔느냐.”면서 리즈를 나무랐다. 리즈는 하나님께서도 ‘더러운 옷과 같은 존재에 지나지 않는’ 우리들을 다 받아 주셨다는 사실을 어머니에게 상기시켜 드려야만 했다.

그뿐만이 아니다. 어떤 부랑자 가족이 도움을 청하러 온 적이 있었다. 리즈는 집이 없는 그 부랑자 가족에게 집을 구해 준 뒤에 아예 집안일까지 다 해 주기도 했다. 또 한번은 한 부랑자 가정에 아직 집이 없는 다른 부랑자 가족이 도움을 청하러 온 적이 있다. 리즈는 그 집이 충분히 컸기 때문에 두 가정이 함께 살면 어떻겠냐고 먼저 와 살고 있던 부랑자 가정에게 물었다. 그러나 그들이 뭐라고 대답했던가? "무슨 소립니까? 우리 집에 부랑자들을 들이다니요?" 리즈는 한마디 대답도 못하고 돌아 나와 다른 장소를 찾아 나서야만 했다.

리즈는 이렇게 말했다. "이 믿음의 학교에서 몇 달을 보내는 동안, 성령께서는 우리 마음에 이들을 향한 깊은 사랑을 부어 주셨다. 이제 우리는 차라리 우리 자신이 없어졌으면 없어졌지 그들을 딱한 처지에 그냥 놔두는 일은 차마 할 수 없다. 우리는 그들에게 아비가 되었다.

실망도 참 많았다. 하나님은 때로 실망도 허락하시는 분이다. 그것 또한 우리를 향하신 그분의 훈련의 일부일 것이다. 우리의 친절을 고마워할 줄 모르는 그들은 성령께 감사하지 않는 우리 자신의 모습과도 같았다. 우리는 얼마나 자주 성령을 슬프게 하며 언약의 보혈을 발로 밟는 행위를 저지르는가? 너무나 많은 사실들 앞에서 비판하기 좋아하는 우리의 입술은 그만 다물어야 했다."

부랑자들과 관련하여 리즈에게 주어진 마지막 시험은 바로 리즈 자신의 집에서 찾아왔다. 리즈는 입지 않는 헌 옷이라면 무조건 다 그 마을에 갖다 주는 것에 익숙해 있었다. 리즈의 어머니가 이런 농담을 할 정도였다. "못 쓰는 천만 있으면 그들이 다 골방에 챙겨 두곤 하는 통에 정작 내가 옷을 꿰맬 때는 천 조각 하나 구경할 수가 없었다."

그러나 시험의 정도가 좀 더 심해진 것은 부랑자들이 리즈의 집에 찾아오기 시작하면서부터였다. 주님은 전에 리즈에게 이렇게 말씀하셨다. 리즈가 사는 곳은 부랑자들이 사는 곳과 다른 곳이어서는 안 된다는 말씀이었다. 즉, 리즈는 그들과 함께 한 집에서 살 수 있어야 했던 것이다. 리즈는 후에 이렇게 말했다.

"나는 그들을 되돌려 보내는 것은 곧 주님을 되돌려 보내는 것과 같다는 걸 알았다. 시험이 오고 있는 것이 보였다. 주님이 원하신다면 나도 집을 떠나 떠돌아다닐 수 있어야 한다는 의미도 들어 있었다."

그러던 어느 날 고비가 찾아왔다. 리즈의 식구들 가운데 몇몇이 계속 이런 일이 있으면 차라리 자기들이 집을 나가겠노라고 말한 것이다. 가족들이 직장 일을 마치고 집에 돌아와 보면 매번 부랑자들이 집을 독차지하고 있었다. 그들은 늘상 아버지의 의자에 털썩 주저앉아서는 아버지가 들어와도 일어날 줄을 몰랐다. 그러자 가족들은, 자기들이 다 집을 나간 뒤 어머니에게 어떤 일이 일어나도 자기들한테는 책임이 없다고 말했다. 리즈는 이렇게 말했다.

"그것은 내 평생 가장 어려운 시험 가운데 하나였다. 우리 가족이 서로 갈라서는 일이 일어날지도 모르는 상황이었던 것이다. 그러나 우리 아버지는 대단히 지혜로운 분이셨다. 아버지는 가족들에게 이렇게 말씀하셨다. '내가 부랑자들이 집에 오는 것을 막아야 한다면, 너희 친구들이 집에 오는 것도 막아야 하지 않겠느냐? 우리는 모두 다 친구들을 집에 데려온다. 우리 리즈가 부랑자들만을 친구로 삼을 만큼 그렇게 자신을 낮추었다면, 이제 그들 역시 우리 집에 마음놓고 올 수 있어야 한다.' 승리는 우리 것이었다. 그런데 참 이상한 일은, 그 일이 있은 뒤로는 더 이상 부랑자들이 우리 집에 오지 않았다는 사실이다."

순종 없이는
임재도 없다

능력은 그리스도 안에 있다. 중보 기도자가 그분 안에 거하여
늘 그분과 연합하면, 그분의 능력이 중보 기도자를 통해 역사하여
마땅히 이루어져야 할 일을 이룬다.

그 날 밤도 리즈는 친구들과 함께 마을로 돌아오다가 여자들 몇 명
과 마주쳤다. 집회에 한 번도 나온 적이 없는 여자들이었다. 그
들은 잔뜩 술에 취해 있었는데, 그 중 한 명이 갑자기 소리쳤다. "그 누
가 힘이 있어 우리들을 바꿔 놓을 수 있다는 말인가?"

그때 성령께서 리즈에게 이런 생각을 주셨다. 즉, 이 여자들 중에서
고질적인 술고래로 악명 높은 우두머리를 골라내 성탄절까지 기도를
통하여 그 여자를 하나님 나라의 식구로 만들어야 한다는 것이었다.

이것은 매우 새로운 일이었다. 지금까지 술고래들이 회심하는 것을
많이 보았지만, 주께서는 언제나 그들과 개인적인 접촉을 하게 하셨다.
그러나 이번 경우는 달랐다. 리즈는 그 여자들과 아무런 접촉도 없었
다. 또한 주께서는 리즈에게 아무런 개인적인 영향력도 사용하지 말라

고 말씀하셨다. 오직 기도를 통해서만 그녀와 접촉하라고 하셨다.

성령께서 과연 리즈를 통해 구속救贖의 능력을 사용하셔서 그 여자의 삶을 움켜쥐고 있는 마귀의 세력을 깨뜨리실 수 있을까? 그리하여 강한 자를 결박하고서야 세간을 늑탈한다는 마태복음 12장 29절의 예수님 말씀을 취하실 수 있을까?

리즈는, 만약 자기가 이번에 마귀가 패배하는 가시적 증거를 분명히 잡게 된다면, 성령께서 그 승리를 자신의 삶 속에서 훨씬 더 광범위하게 적용하실 수 있으리라는 생각이 들었다. 이 일을 하기 위하여 성령께서는 리즈에게 요한복음 15장 7절 말씀을 주셨다. "너희가 내 안에 거하고 내 말이 너희 안에 거하면 무엇이든지 원하는 대로 구하라 그리하면 이루리라." 그러니까 문제는 리즈가 주님 안에 거하느냐에 달려 있었다.

여기서 성령께서 리즈에게 주님 안에 거한다는 것에 대해서 무엇을 가르쳐 주셨는지 살펴보자. 앞으로 그 '거함'이 그의 중보 기도의 삶에서 가장 중요한 자리를 차지할 것이다. 요한복음 15장 7절에는 다음 사실이 분명히 명시되어 있다. 즉, 약속은 제한이 없지만 그 성취는 거함에 달려 있다는 사실이다. 하월즈가 어떤 경우라도 중보 기도를 하는 사람은 이 '거함의 자리'를 지켜야 할 것을 끊임없이 강조했던 이유가 바로 여기에 있다.

이 거함에 관하여 성경이 제시하는 열쇠는 요한일서 2장 6절에 나와 있다. "저 안에 거한다 하는 자는 그의 행하시는 대로 자기도 행할지니라." 달리 표현하면 이런 말이 된다. 만일 주님이 지금 리즈라면 그분은 어떻게 사실까를 생각하여, 바로 그분이 사실 그 삶을 성령께서 그를 통하여 사시도록 그 자신을 온전히 성령께 내어 드려야만 한다는 뜻이다.

하월즈는 이 '거함'을 늘 유지하기 위하여, 날마다 중보 기도 시간에 따로 시간을 떼어 온전히 하나님만 바라보았다. 그러면 성령께서는 말씀을 통하여 그에게 조용히 음성을 들려주곤 하셨다. 그가 도달해야 하는 표준들을 계시해 주셨던 것이다. 특히 산상수훈에 나와 있는 '하나님 나라의 법'을 좇아서 그 표준에 도달하라고 말씀하셨다.

리즈는 성령께서 주시는 명령이라면 그 어떤 것이든 순종해야만 했다. 거한다는 것은 그분의 계명을 지키는 것이기 때문이다.요 15:10 또한 성령은 그의 마음을 살피시고 그의 일상 생활을 살피심으로써, 자백하여 그리스도의 피로 씻음을 받아야 할 필요가 있는 잘못된 동기나 행동을 드러내 보여 주셨다.

그러나 성령은 외적인 잘못보다는 자아의 본성에 더 관심을 두셨다. 그 본성에서 외적인 오류들이 나오기 때문이다. 성령은 똑같은 과오를 반복하는 것을 허락하지 않으셨다. 내면에 근본적인 변화가 찾아올 때까지 그 문제에 대해 집중적으로 순종할 것을 요구하셨다. 리즈는 "진리를 순종함으로 영혼을 깨끗하게 함"이었다.벧전 1:22 만약 그때 주어졌던 그 모든 말씀들에 순종하지 않았다면, 그는 결코 하나님의 임재 안에 들어갈 수 없었을 것이다.

이 거함이 반드시 필요하다는 사실이 같은 장인 요한복음 15장에 나온다. 생명은 포도나무 안에 있으므로 가지가 나무 안에 거하여 열매를 맺게 된다. 다시 말하면, 능력은 그리스도 안에 있다. 중보 기도자가 그분 안에 거하여 늘 그분과 연합하여 있으면, 그분의 능력이 이 중보 기도자를 통해 역사하여 마땅히 이루어져야 할 일을 이루는 것이다.

🖋 연합이 커질수록 능력도 커진다

리즈는 날마다 이 거함의 자리를 지켜 나가면서 다음 사실을 점점 깊이 인식하게 되었다. 즉, 성령은 적과 전투를 벌이고 있으며 또한 그 적을 이기고 있다는 사실이다. 그 싸움은 리즈가 승리를 온전히 확신하게 될 때까지 계속되었다. 승리를 확신하게 되면 그때서야 성령은 리즈에게 이제 중보 기도는 끝나고 고지는 점령되었으며, 따라서 이제는 찬양과 믿음 안에서 가시적인 구원의 역사를 기다리기만 하면 된다고 말씀해 주셨다.

거함에도 정도와 단계가 있다. 연합이 깊을수록 그리스도의 부활의 능력은 그 통로를 통해서 더 강력하게 역사할 수 있다. 그리고 새로운 영적 권위의 자리도 확보하게 된다. 리즈 하월스의 거함은 언제나 그때에 주어진 이런 깨달음에 기초하여 이루어졌다. 그런 의미에서 우리는 어느 특정한 시기의 거함을 '완전한 거함'이라고 말할 수 있다. 아직도 주님을 닮기 위해서는 가야 할 길이 많이 남아 있지만, 그럼에도 불구하고 승리가 선포되었다고 말할 수 있는 것이다.

그렇게 주님 안에 거하던 처음 한 주간 동안 주님은 밤마다 리즈에게 많은 것을 말씀해 주셨다. 리즈는 이렇게 말했다.

"그분은 나의 본성을 손보기 시작하셨다. 그분은 나에게 내 모습을 보여 주셨다. 나는 내 안에 그런 것이 있으리라고는 꿈에도 생각지 못했다. 그분은 나의 동기들을 깊이 파헤치셨다. 날마다 죽는 것만 같았다. '다 그만둘 수는 없을까?' 하는 생각을 얼마나 많이 했는지 모른다." 그러나 순종자 주께서 그를 깨끗게 해 주셨다. 둘째 주가 끝나고, 리즈는 이렇게 말할 수 있었다.

"나는 그런 거함의 상태에 더욱더 익숙해져 갔다. 그리고 성령께서 마귀를 결박하시는 것을 볼 수 있었다. 나는 곧 지금 내가 싸우는 것은 혈과 육에 대한 것이 아니요, '공중의 악한 영들을 대하여' 싸우는 것임을 깨닫게 되었다." 이후 몇 주의 시간들은 참으로 놀라운 교제의 시간이었다. 그는 매사에 거함이 온전하며 승리가 보장되었다고 하였다.

바로 그날 밤 리즈는 야외 집회에서 처음으로 그 여자를 보았다. 영혼에 감격이 넘쳐 흘렀다. 리즈는 마귀에게 이렇게 말했다. "자, 이제 성령이 너보다 더 강하시다는 것을 나는 안다. 너는 갈보리에서 이미 그분께 완패당했다."

그는 그 여자를 변화시키기 위해서 어떤 식으로도 더 이상의 노력을 하지 않았다. 그러나 그녀는 곧 오두막집 모임에 참석하기 시작했다. 여자를 위해 기도하고 있다는 얘기를 이미 들어서 알고 있었던 것이다. 이제 우리는 승리를 얻기도 전에 찬양부터 불러야 할 판이었다. 그때부터 성탄절까지는 6주가 남아 있었는데, 성령님은 리즈에게 이 여자를 위한 기도를 멈추게 하셨다. 리즈는 말했다.

"기도하지 않고 있자니 커다란 갈등이 일었다. 상황 돌아가는 것을 보아서는 기도를 해야만 할 것 같은 압박감이 들었던 것이다. 그러나 그것 때문에 기도를 했다면 그것은 의심의 기도가 되었을 것이다."

성탄절 아침이 밝았다. 하나님은 리즈에게 "올라가서 취하라"는 말씀을 주셨다. 리즈는 이렇게 말했다. "모세와 같은 사람들이 어떤 일에 대해서 예언하고 난 뒤에 겪었던 마음 상태를 나 역시 경험할 수 있는 기회가 찾아왔다. 그날 내 마음속에는 의심이라고는 티끌만큼도 없었다. 내가 그렇게 강해질 수 있다니, 하루 종일 주님을 찬양했다. 성탄 카드나 선물 따위는 쳐다보고 싶지도 않았다. 그것이 내게 주신 성탄 선물이었기 때문이다."

집회 시간이 되었다. 그 여자도 있었다. 아이들도 함께하는 집회이다 보니 주변은 온통 북새통이었다. 어느 모로 보나 회개의 마음을 들게 해 줄 만한 분위기는 못 되었다. 그러나 집회 중간쯤에 "그 여자는 무릎을 꿇더니 하나님께 긍휼히 여겨 달라고 기도하기 시작했다. 값으로 따질 수 없는 승리였다. 그 여자는 오늘도 믿음 안에서 굳게 살아가고 있다."

🪶 순종이 하늘 문을 연다

이번에는 한 사업가 이야기다. 리즈는 그와의 만남을 통해 또 하나의 커다란 비밀을 깨달았다. 그는 자기는 이때껏 누구에게도 무릎 꿇고 기도한 적이 없었다며 으스대곤 했다. 그러나 부랑자들이 변화되는 모습을 보고 마음에 감동을 받아 자청하여 그들을 자기 공장에 취직시켜 주었다. 한편 그의 아내는 이미 축복을 받은 사람이었다. 그래서 리즈와 젊은 일꾼들은 이 사람의 구원을 위해서 기도하기로 했다.

하나님을 바라보며 기도하는 가운데 마음에 이런 질문이 생겼다. "이 사람과 어떻게 접촉의 기회를 만들면 좋겠습니까?" 이들은 기도 제목을 정하여 이렇게 기도했다. 즉, 그가 자기들을 그의 집으로 초대하게 해 달라는 것이었다. 과연 그 사장은 다음 주 주일에 이들을 자기 집으로 초대했다. 하지만 이들은 자기들이 그런 기도를 했다는 말은 전혀 하지 않고 그저 찬양을 부르고 함께 좋은 시간을 보냈다. 얼마 뒤 또 한 번 그가 리즈 일행을 초대했다. 이번에는 그도 훨씬 편안해 보였다. 그의 부탁대로 목요일 모임을 그 집에서 갖기로 약속하고 집을 나섰다.

리즈는 후에 이렇게 말했다. "그날 밤 그 집에서 나오자마자 성령은 나에게 일전에 배웠던 중보 기도의 위력을 이번 일에 적용해 보라고 말씀하셨다. 우리는 함께 빙 둘러서서 기도했다. '주님, 이제 마귀가 결박되었사오니, 이 사람이 이번 기회를 놓치지 않게 하여 주옵소서. 두 번의 기회도 주지 마옵소서.' 주님은 우리에게 다음 주 목요일까지 주님 안에 거하고 있으면 승리를 얻게 될 것이라고 말씀하셨다."

목요일 저녁이 되었다. 리즈 일행이 그 마을로 걸어 올라가고 있었다. 길 옆에 집들이 쭉 늘어서 있었다. 그때 성령께서 갑자기 말씀하셨다. "가서 저 집 문을 두드려라." 어떻게 그럴 수가 있단 말인가? 그 집들 가운데 리즈가 아는 집이라고는 단 한 집도 없었다. 특별한 이유도 없으면서 어떻게 모르는 사람의 집 문을 두드린다는 말인가? 게다가 그때는 나누어 줄 전도지 한 장 없었다. 그래서 그냥 지나쳐 몇 백 미터를 더 갔다.

그러나 주님의 손이 그를 붙들었다. 오늘 모임에 가기 전에 반드시 이 집에 먼저 들러야 한다고 힘주어 말씀하셨다. 리즈는 더 이상 피할 수 없었다. 그래서 친구 한 명과 함께 다시 돌아서 그 집으로 갔다.

문을 두드리자 작은 여자아이가 문을 열어 주었다. 그러더니 아무것도 묻지 않고 그냥 안으로 들어오게 했다. 침대에 한 여자가 누워 있는 것이 보였다. 폐병이 말기 단계까지 가 있었다.

리즈가 자기 소개를 하자 그 여자는 두 손을 들어올리며 큰소리로 말했다. "하나님이 제 기도를 들어주셨군요. 저는 당신을 이곳에 보내 달라고 오늘 하루 종일 기도했답니다." 그 전날 밤 이 여자의 친구들은 이 여자가 곧 죽게 되는 줄 알고 목사님을 부르러 보냈다. 그는 성찬용 빵을 가지고 왔다. 그러나 이 여자는 그것을 거부했다. 마음에 평안이 없었기 때문이다. 그녀는 전에 리즈 일행의 사역에 대해서 들은 적이 있었다. 여자의 마음속에는, 그 마을에 그런 축복을 가져다 준 사람들이라면 자기에게도 평안을 가져다 줄 거라는 생각이 들었다.

그녀는 교회에 다닌 지는 몇 년 되었지만 구원의 확신은 전혀 없었다. 상태가 위독해지자 죽음의 공포가 엄습해 왔다. 이들은 그 여자에게 갈보리를 전해 주었고, 그 여자는 그날 밤 그리스도를 영접했다. 그리하여 그 여자는 확신을 갖게 되었고 자유함을 얻게 되었다. 바다와도 같은 기쁨은 이루 헤아릴 수 없는 것이었다. 그날부터 그들은 매주 목요일 밤에 그 여자의 집에서 모임을 가졌다. 그 여자는 언제나 고마워서 어쩔 줄 몰라했다. 그 여자는 얼마 후 평안 가운데 주님 계신 곳으로 부르심을 받았다.

　이 일로 인해 공장 사장의 집에서 있는 모임에 지각하고 말았다. 그러나 주님은 순종하지 않는 자의 몇 시간보다 순종하는 자의 단 몇 분을 통해 훨씬 더 많은 일을 하실 수 있는 분이셨다. 이들은 그 죽어 가는 여자에게 일어났던 일을 좌중에게 들려주었는데, 사장이 그를 긍휼히 여겨 달라고 간절히 매달리는 것이었다. 털썩 무릎을 꿇는 모습이 마치 총이라도 맞은 사람 같아 보였다. 리즈 하월즈는 나중에 이렇게 말했다.

　"하늘 문이 열리고, 이 회개하는 죄인을 인하여 천사들이 기뻐했다. 그것은 동일하게 우리의 기쁨이기도 했다."

주인 삼은 모든 것을 내려놓으라

포도나무의 모든 수액은 가지를 통해 흐르도록 되어 있다.
새 생명이 우리를 통해 힘차게 뿜어 나올 때 궁핍한 세상은 열매를 얻는다.

그 날은 마을에 특별 집회가 있었다. 리즈의 친구가 말씀을 전하도록 되어 있었다. 두 사람은 마을까지 함께 걸어가기로 했다. 막 떠날 시간이 되었는데, 친구가 사정이 생겨 갈 수 없다고 연락해 왔다. 당연히 리즈는 크게 당황했다.

그 이유는 본인이 잘 알았다. 다른 날 같으면 집회에 갈 때마다 으레 친구가 함께했는데, 이날은 혼자였다. 리즈는 자기도 모르는 사이에 성령보다 그 친구를 더 의지하고 있었던 것이다. 그리고 무엇보다 함께하셨던 성령의 임재가 그날은 사라져 버렸고, 그래서 성령께서 슬퍼하고 계시다는 사실을 곧 깨달았다. 그런 무거운 마음으로 반 정도를 걸어갔다. 더 이상은 견딜 수가 없었다. 그는 주님께 이렇게 말씀드렸다.

"주님, 용서해 주십시오. 제게 오셔서 승리를 주신다면, 저도 입다와 같이 오늘 밤 집에 돌아가서 무엇이든지 주님이 원하시는 것을 주님께 바치겠습니다."

주님은 그 집회를 크게 축복해 주셨다. 리즈는 집으로 걸어오면서 아침에 드린 서원을 생각했다. 그리고 주님께 무엇을 원하시느냐고 기도로 여쭈었다. 주님은 뜻밖의 응답을 하셨다. "오늘 밤 이후로 나는 네가 더 이상 주인이 아니라 청지기가 되기를 원한다. 네 돈에 관한 모든 권리를 다 내게 이양하겠느냐?"

리즈는 잘 이해가 안 갔다. 자기 돈은 이미 다 주님 것이 되어 있지 않았던가? 그때 주님이 그의 참모습을 보여 주셨다. 리즈는 전에 이런 기도를 드렸다. 혼자 힘으로도 공급이 가능할 때는 하나님께 필요를 채워 달라고 기도하지 않겠다는 것이었다. 그의 모든 돈은 실제로 주님의 일을 하는 데 다 쓰였다. 그러나 그것은 아직도 그의 돈이었다. 리즈는 자기 돈을 내어 주는 기쁨을 누리고 있었고, 그것을 줄 수도 있고 갖고 있을 수도 있는 권리를 아직 자신이 보유하고 있었다.

주님은 말씀하셨다. "너는 청지기로서, 지금부터는 내 허락 없이는 아무것도 줄 수 없다. 그리고 내 돈은 단돈 1페니라도 꼭 필요한 곳이 아니고는 사용할 수 없다." 이어 주님은 이 말의 의미를 좀 더 구체적으로 설명해 주셨다.

"지금 자녀들이 많은 어떤 집에 먹을 것이나 입을 것이 없는데도, 너는 신문이나 그 밖의 꼭 필요하지 않은 것을 사는 데 단돈 1페니라도 소비할 수 있겠느냐?"

"아닙니다."

"옳다. 이 온 세상이 다 나의 교구이다. 생활 필수품이 없는 사람이 단 한 명이라도 있는 한, 너는 1페니라도 다른 것을 사는 데 써서는 안 된다."

리즈는 이제 주는 기쁨을 잃어버려야만 했다. 그리고 남은 생애 동안 지고 가야 할 멍에를 받아들여야만 했다. 리즈는 서원을 이행하기 위해 하나님 앞에 나아갔다. 길섶 잔디밭에 무릎을 꿇고 앉았다. 아무도 함께 있는 사람이 없었기 때문에 그는 별들과 구름을 증인으로 불러 다음 사실을 기록하게 했다. 그것은 오늘 밤 이후로 자기는 하늘의 통로에 지나지 않는다는 것이었다.

계속 걸어오는데 적이 속삭였다.

"이제 네가 앞으로 어떻게 되는 줄 아느냐? 너는 스완시 감옥에 갇혀 있는 죄수들보다도 더 형편없게 될 것이다. 그 사람들은 출소할 때 그래도 몇 푼이라도 받아 가지고 나오지만, 네 손에는 단돈 1페니도 남지 않을 것이다."

리즈는 대답했다. "맞다. 하지만 이 사실을 기억하라. 나는 그게 좋아서 그렇게 했다." 리즈는 "그 순간 온 하늘이 다 빛으로 가득 찬 것 같았다."고 고백했다.

성령은 리즈에게 이렇게 말씀하셨다.

"네가 앞으로 어떻게 될지 내가 말해 주마. 오늘 밤 나는 너를 포도나무에 접붙였다. 이제 모든 수액이 너를 통하여 흐를 것이다. 너는 예수님께 붙어 있는 가지다. 가지가 얻는 것은 아무것도 없다. 열매를 먹어야 할 사람들은 바로 궁핍한 사람들이다. 아버지께서는 너를 통하여 세상에 열매를 부어 주기를 원하신다.

이제 네가 그분 안에 거하게 되었으므로 오늘 밤 이후로 그분은 당신이 원하시는 대로 무엇이든 너를 통하여 열매 맺으실 수 있게 되었다. '너희가 과실을 많이 맺으면 내 아버지께서 영광을 받으실 것이요.' 이제 네가 나에게 이것을 행했으니 너는 더 이상 종이 아니다. 나는 너를 친구로 불렀다." 삼위일체 하나님의 친구라니! 이것은 요한복음

15장에 나오는 주님의 말씀에 관한 개인적인 계시였다. 후에 리즈는 그 기쁨과 실감이 며칠이고 자신을 사로잡았다고 고백했다.

 ## 주께서 당신을 가지로 삼으셨다

그 이후 18개월 동안 리즈는 꼭 필요한 것이 아니고는 단돈 1페니도 쓰지 않았다. 돈에 대한 소유권이 자기에게는 하나도 없는 것이라는 사실을 그는 바로 이 시기에 깨달았다.

언제나 그렇듯이 진정한 시험은 아주 첨예한 부분에서 찾아왔다. 처음 넉 달이 지난 후였다. 그것은 정말 1페니에 관련된 문제였다. 리즈는 이렇게 말했다. "나는 이것을 통해서 농부가 나무의 가지를 얼마나 예리하게 관찰하고 있는지를 알게 되었다."

랜드린다드 사경회 마지막 날, 리즈는 런던에서 온 존 고셋John Gosset이라는 신사를 알게 되었다. 이 사람에 대해서는 뒤에도 몇 번 이야기가 나올 것이다. 그가 리즈에게 주소를 묻더니 성탄절이 되자 카드와 함께 두 권의 책을 보내 왔다. 책을 받은 리즈는 감사 편지와 함께 연하장을 보내고 싶었다. 하지만 연하장을 사는 데 드는 1페니 때문에 갈등이 생겼다.

"나는 당연히 감사의 표시를 하고 싶었다. 연하장은 1페니면 살 수 있었다. 그러나 성령은, 중요한 것은 액수가 아니라 원리와 그 원리를 지키려는 순종이라는 사실을 분명히 말씀하셨다. 연하장은 생활에 꼭 필요한 것은 아니었다."

리즈는 고셋 씨에게 책을 보내 주어 고맙다는 편지만 썼다. 또한 연하장을 보내지 못하는 이유도 같이 적었다. 편지를 부치고 나자 형제들을 밤낮 참소하는 자인 마귀가 공격을 가해 왔다. "너는 지금 친구를 모욕한 것이다. 너의 말은 곧 그 친구가 자기 돈을 헛된 데 쓰고 있다는 얘기밖에 되지 않는다." 그러나 이 젊은 청지기는 끝까지 주인을 의뢰할 수 있었다. 그분은 이 적이 고셋 씨에게 리즈가 의도하지도 않은 잘못된 인상을 심어 주지 못하도록 막으실 수 있는 분이셨다.

2주 후 리즈 일행은 2파운드를 놓고 기도했다. 정해진 날짜에 꼭 필요한 돈이었다. 그런데 그날 아침 런던의 고셋 씨로부터 편지 한 통이 왔다. 2파운드와 함께 편지에는 이렇게 쓰여 있었다.

"당신의 편지는 잘 받았습니다. 나는 그 편지를 통해서 성탄 카드나 연하장보다 더 커다란 복을 받았습니다. 나는 매주 주일에 웨스트민스터 병원을 방문해 설교를 합니다. 지난 주 주일에는 바로 당신의 편지에 관해 들려주면서 당신이 누리는 그 은혜의 삶을 나누었습니다. 혹시 일을 하다가 돈이 필요하면 언제든지 연락 주십시오. 함께 나누어 쓴다면 내게도 큰 기쁨이 될 것입니다."

리즈는 성령께서 자신을 근본적으로 바꾸신 것에 대해서 이렇게 말했다.

"나는 나의 소유권을 영원히 주장하지 않았다. 나는 이제 돈에 대해서는 죽은 자나 마찬가지였다. 돈이 길거리에 널려 있는 돌들로밖에 보이지 않았다. 주께서 나를 당신의 가지로 삼으셨다는 것, 당신의 부활의 생명을 이 궁핍한 세상에 흘려 보내시는 통로로 삼으셨다는 것을 생각할 때마다 말할 수 없는 기쁨이 넘쳤다. 포도나무이신 주님과 가지인 우리 사이의 관계보다 더 친밀한 관계는 없다.

그러나 농부가 할 수 없는 일이 한 가지 있다. 농부는 포도나무에 옛 생활을 접붙이는 일만큼은 할 수 없다. 자아는 손톱만큼이라도 결코 주님 안에 거할 수 없다. 우리가 포도나무에 접붙여지려면 먼저 옛 생활이라는 가지를 완전히 쳐내야 한다. 이번 일이 있기 전에 주께서는 나도 거듭 가지치기하셨다. 내 삶은 많은 단계들을 거쳤다. 그분의 생명이 없다면, 우리가 어떤 활동, 어떤 일을 해도 하나님이 보시기에는 아무것도 아니다. 그러나 포도나무는 가지가 없으면 아무것도 할 수 없다. 나무의 모든 수액은 가지를 통해 흐르도록 되어 있다. 이 새 생명이 우리를 통해 힘차게 뿜어 나올 때 우리의 모든 것, 심지어 우리 몸까지도 흥분으로 설레게 된다. 포도나무의 기쁨이 이제 가지에도 똑같이 있을 것이다. 궁핍한 자들은 열매를 얻을 것이다."

리즈 하월즈는 이후에 수천, 수만 파운드 단위로 주님의 돈을 관리하게 된다. 그는 후에 이렇게 말했다. "주님은 내가 돈을 쓰는 것에 대해서 한 번도 이의를 제기하신 적이 없다." 주님은 리즈에게 결코 소유권을 다시 주장하지 않는 이런 청지기 의식을 길러 주시기 위해, 그날 밤의 경험과 그 후 18개월 동안의 순종을 필수적인 준비 과정으로 사용하셨다.

살아 있는 순교자로
부르신다

주님께서 이미 우리를 위하여 죽음의 잔의 마지막 한 방울까지도
다 마시우시고, 우리에게는 축복의 잔만 남기셨다.

그 마을 회심자 가운데 한 사람이 폐병에 걸렸다. 전에 빵을 굽다
태웠던 바로 그 여자였다. 증세가 너무 심해 의사도 포기했다.
여인은 죽음을 눈앞에 두고 있었다. 그러던 어느 날 밤, 전에 없이 생기
발랄한 모습으로 친구들을 찾아와서는 이렇게 말했다. 위대한 의사이
신 하나님께서 자기에게 이제 곧 병이 낫게 될 것이라고 말씀하셨다는
것이다.

그리고 아침에 리즈에게 사람을 보내, 주께서 자기 병에 관하여 특
별히 계시해 주신 것이 있는지 물어 보았다. 리즈는 아직 없노라고 대
답했다. 그때까지만 해도 성령께서는 그에게 신유의 기도에 대해서는
아무런 말씀도 주시지 않고 있었다. 그러나 리즈는 그 문제를 놓고 기
도하겠노라고 말하며 그 여인을 위로해 주었다.

이튿날 밤이었다. 잠잠히 바라고 있는데 성령께서 그 여자를 위해 기도하라고 하셨다. 그러면서 민수기 12장 13절에 나오는 모세의 기도를 보여 주셨다. "하나님이여 원컨대 그를 고쳐 주옵소서." 또한 전에도 여러 번 주셨던 말씀인 요한복음 15장 7절 말씀도 주셨다. "너희가 내 안에 거하고… 원하는 대로 구하라….."

주님의 말씀이 임했다는 이야기는 여인에게 큰 격려가 되었다. 이일은 온 마을에 커다란 화젯거리가 되었다. 이 사건이 믿음에 대한 새로운 도전이 될 것이라는 이야기를 들었기 때문이다.

리즈는 하나님과 더 깊이 연합할 준비가 되어 있었다. 그런데 이상하게도 이번에 이 '거함' 속으로 들어가는 것을 두고 뭔가 두려움이 엄습했다. 그는 이미 많은 값지불이 필요한 순종을 해 왔다. 그렇기에 이제 이 새로운 차원에 들어가는 것이 그만큼 더 두려웠던 것이다. 주님은 이 일이 얼마나 걸릴지 아무 말씀도 없으셨다.

기도를 계속하는 동안 두 가지가 점점 더 강하게 그를 사로잡았다. 첫째로, 그는 "우리 연약한 것을 친히 담당하시고 병을 짊어지셨도다"마 8:17고 하신 성경말씀에 사로잡혔다. 그리고 처음으로 다음 사실을 깨달았다. 주님은 대속의 희생을 통해서 우리 죄를 사해 주셨을 뿐만 아니라, 죄와 타락의 모든 결과들로부터도 우리를 건지사 온전한 구원을 이루어 주셨다는 사실이다. 그분이 '우리의 저주가 되셨기에' 이제 우리는 더 이상 그 저주의 결과들을 짊어지고 고통을 당할 필요가 없게 된 것이다.

리즈는 "그리스도께서 나무에 달리사 친히 그 몸으로 우리의 죄를 담당하셨다"는 것을 믿었기 때문에, 죄인들에게 그분을 전할 때마다 항상 죄의 책임과 형벌로부터의 자유뿐만 아니라 죄의 세력과 권세로부터의 자유도 함께 전하였다. 그는 그것을 이렇게 설명했다.

"과연 그분이 우리의 질병을 짊어지셨다면, 내가 그분의 이름으로 값없이 그 치유를 베풀지 않아야 할 이유가 어디 있는가? 우리가 질병의 힘과 권세로부터 자유를 누리지 말아야 할 이유가 어디 있는가?" 그런 치유와 자유를 외면하는 것은 곧 주님이 받으셔야 할 합당한 영광을 그분께 돌려 드리지 않는 것과 같았다. 그리하여 리즈는 주님의 구속 사역 속에 치유의 힘도 들어 있다는 것을 증명하기 위해서라면 그 어떤 대가도 지불하기로 굳게 결심하였다.

둘째로, 리즈는 그 몇 개월의 '거함'의 기간을 통하여, 성령이 거룩한 중보 기도자라는 사실을 그 어느 때보다도 훨씬 깊이 깨우쳤다. '하나님의 뜻을 좇아 성도를 위하여 말할 수 없는 탄식으로 간구하시는 것'롬 8:26-27은 성령이 이 땅에서 하시는 사역의 중요한 일부분이다. 이제 주님은 그의 종에게 다음과 같은 사실을 점점 더 확실하게 보여 주셨다.

즉, 성령은 당신이 내주하시는 성전인 인간을 통하여서만 중보 기도를 하실 수 있다는 사실이다. 또한 성령은 조금이라도 독단적으로 중보 기도하실 수 없는 분이시다. 오직 당신의 통로가 당신과 하나가 된 그 정도만큼만 중보 기도를 하실 수 있는 것이다.

리즈는 성령께서 이 마을의 궁핍하고 고통당하는 사람들을 위해서 자기 안에서 탄식하고 계시다는 사실에 대해서는 이미 어느 정도 알고 있었다. 성령은 윌 배터리를 위해서 탄식하셨고, 부랑자들을 위해서 요구하고 계시다는 것도 알고 있었다. 그러나 이제 폐병 환자를 위하여 중보 기도를 한다는 것은 무엇을 의미하는 것인가?

중보 기도자로서 이제 리즈는 그 병자의 고통 속으로 들어가야 하며, 자기가 위해서 기도하는 그 사람과 같이 아파할 수 있어야 한다. 침대에만 누워 있는 폐병 환자는 정상적인 가정 생활이 불가능하다는 것을 그는 잘 알고 있었다. 방 안에 갇힌 채 한때 자기 삶의 즐거움이었고 관심사였던 모든 것으로부터 격리되어 지내야 했다. 성령은 이 '거함'의 기간을 통하여 리즈로 하여금 더욱더 깊이 있게 가르쳐 주셨다. 그것은 단지 이 한 여자에게만 국한된 것이 아니었다. 그것은 그의 마음에 부담으로 다가오는 이 세상의 모든 폐병 환자들과 고통당하는 자들에게 다 해당되는 것이었다.

리즈가 같이 아파하는 것에 대해서 깊이 들어가게 된 것은 다음과 같은 확신이 그를 강하게 사로잡으면서부터였다. 만일 자기가 사람들의 아픔을 같이 아파하지 못한다면, 주께서 자기에게도 그 병을 허락하실 것이라는 확신이 있었다.

리즈는 이 일이 무엇을 요구할지라도 그것을 떳떳이 감수하리라 생각했다. 그 여인에게는 자녀가 여럿 있었는데, 만일 주께서 그녀를 회복시켜 가족에게로 돌려만 주신다면 자기가 기꺼이 이 중보 기도의 짐을 지리라고 생각했다. 은혜로 그런 다짐을 할 수 있었다. 또한 이번 사건에서 승리하고 나면 주께서 이후에 더 많은 사람을 치유해 주실 것이라는 생각을 하자 마음에 커다란 기쁨이 찾아왔다.

순교는 특권이다

주님은 그 몇 달 동안 리즈에게 계속 이와 같은 말씀들을 해 주시면서 동시에 아주 놀라운 방법으로 그 여자를 도우셨다. 그 여자의 집은 매우 가난하여 끼니조차 제대로 잇지 못했다. 그러나 이 여자가 먹고 싶어 하는 것이 있으면 누군가가 바로 그 음식을 가지고 그 집으로 걸어 들어왔다. 리즈와 그 밖의 다른 사람들은 매일 밤 올 때마다 그 여자의 기도 응답 이야기를 들으며 '어린아이들처럼 신나게 웃곤' 했다. 리즈 일행이 이 여자를 위해 기도한다는 사실을 온 동네 사람들이 다 알게 되었다. 의사는 이 여자가 폐로 숨쉬고 있는 것이 아니라 "기도로 숨쉬고 있다"고 말했다.

위기는 고난 주간의 목요일 밤에 찾아왔다. 그날 밤, 그 여자는 친구들에게 이제 자기는 아무래도 가망이 없으며 곧 죽을 것 같다고 말했다. 리즈는 그 상황을 받아들일 수 없었다. 그 여자를 찾아가서 이렇게 몇 달 동안 중보 기도를 해 왔으니 결코 믿음을 잃지 말라고 격려했다. 온 동네 사람들도 이미 이 여자가 병이 나을 것이라는 이야기를 들어온 터였다. 이제 와서 실패라니! 그럴 수는 없었다. 그래도 그 여자는 자기가 죽을 것이라는 말만 계속했다.

집에 돌아가려고 자리를 뜨는 순간 리즈는 이 여자의 얘기가 무엇을 뜻하는지 온전히 파악했다. 그것은 어둠의 순간이었다. "바깥도 어둡지만 안이 더 어두웠다." 그는 자기 상태를 점검해 보았다. 그의 거함에 뭔가 잘못된 것이 있었을까? 아니다. 그는 '하루하루 매시간마다' 거함의 삶을 살고 있었고, 그것에 대해서는 성령이 증거자이셨다. "그렇다면 그 여자는 죽지 않습니다." 그가 주님께 드린 말씀이었다. 그러나 주께서 그에게 주신 응답은 전혀 뜻밖의 것이었다.

"너는 폐병 환자를 위해서 중보 기도를 해 왔다. 이제 그에게 죽음이 찾아왔다. 정말 그 여자의 병이 낫기를 원한다면 오늘 밤 그 여자의 자리에 대신 서서 그 죽음을 받아들여라."

지금까지 그는 온 정성을 다해 그 여자 대신 자기가 폐병 환자가 되는 것도 불사하고 자신을 내어 드렸다. 그러나 그는 폐병의 종말이 곧 죽음이라는 사실은 생각지 못했다. 주님이 지금 리즈에게 요구하신 것은 그가 이미 주님께 고백했던 내용일 뿐이다. 그는 그 여자의 병이 나을 수만 있다면 기꺼이 자기가 그 여자의 자리를 대신이라도 하겠다고 말씀드렸던 것이다. 이제 그 말이 몇 시간 앞의 죽음이 되어서 다가온 것이다. 그는 전에 "사람이 친구를 위하여 목숨을 버리면 이에서 더 큰 사랑이 없나니"라는 말씀을 보면서, 주님의 이 말씀 속에는 빛이 들어 있다고 종종 느끼곤 했다. 그러나 지금 이 말씀 속에는 조금도 빛이 들어 있지 않고 오직 어둠만이 들어 있었다.

리즈를 이 세상에 묶어 두고 있는 것은 육신이라는 끈이 아니었다. 이 세상에는 그가 감당해야 할 사명이 있었고, 그가 사랑하는 영혼들이 있었으며, 성령께서 그를 향하여 계획해 두신 미래가 있었다. 사실, 리즈로서는 이 모든 것들을 다 그 자리에 놓아두고 엄숙하게 육과 영의 분리의 순간을 맞이하는 것이 훨씬 더 바라는 바였다.

그는 이렇게 말했다. "정말 비참한 밤이었다. 하나님의 얼굴을 잃어버린 밤이었다. 그 밤은 내가 처음으로 기도하지 않고 잠자리에 든 밤이었다. 나는 이런 중보 기도의 삶을 더 이상 살지 않겠노라고 결심했다. 또한 이런 실패의 모습을 어느 누구에게도 보이지 않으리라 생각했다.

나는 밤새도록 내가 왜 애당초 이런 삶을 시작했던고 하며 나 자신을 책망했다. 굳이 이 자유의 문제에 손을 대지 않고 그냥 평범하게 신앙생활을 했더라면 훨씬 더 좋았을 것을 하는 생각뿐이었다. 이튿날 아침 잠자리에서 일어났다. 직장에도 가지 않을 작정이었다. 기도도 하지 않았다. 성령을 대면할 수가 없었다. 성령이 낯선 외인처럼 느껴졌다.

친구를 만나러 갔다. 그 역시 그 여자를 위해 기도하는 사람이었다. 언제나 그랬듯이 그는 나를 보자마자 '병세가 좀 어떻든가?'를 맨 먼저 물었다. 그리고 나서는 '거함의 마지막 상태는 어떤 것인가?'를 물어왔다. 와락 눈물이 쏟아졌다. 친구에게 나는 실패했으며 이제 더 이상 해낼 수 없다고 말했다. 애굽의 흑암보다도 더한 어두움이었다.

그날 밤 성령은 다시 나에게 말씀하셨다. 그 순간을 나는 영원히 잊을 수 없을 것이다. 그분의 목소리는 그렇게 부드러울 수가 없었다. 그분은 이렇게 말씀하셨다.

'내가 어제 너에게 준 것은 하나의 특권이다. 너는 그 점을 깨닫지 못하였다.'

'특권이라고 하셨습니까?'

'그렇다. 내가 너에게 준 것은 순교자들과 함께 할 수 있는 자리였던 것이다.'

한 순간 내 눈에서는 비늘이 벗겨지고, 천성의 영광스러운 순교자들의 군대가 보였다. 주님께서 우리를 위하여 죽으신 것과 똑같이 자기들의 목숨을 그분께 드렸던 사람들, 그리고 그들을 지난 2천 년 동안 참으로 귀하게 여기시며 당신 곁에 지켜 오신 주님의 모습이 눈에 훤히 보였다.

순교자란 주님을 위하여 이생의 목숨을 포기한 사람을 말한다. 그 것은 반드시 주님의 일을 하다가 죽는 사람들만을 뜻하지는 않는다. 주님은 나도 그들 가운데 하나가 되어야 함을 보여 주셨다. 처음에는 너무 두려워서 그 기회를 포기했다. 정말이지 싫었다. 그것이 이틀 전날 밤의 일이었다.

나는 주님께 용서를 구했다. 이제는 주님께서 명하시는 것이면 무엇이든지 기쁨으로 감당하겠다고 말씀드렸다. 나는 죽음에 발을 들여놓았다. 그러나 죽음은 거기에 없었다. 나는 주님께서 이미 우리를 위하여 그 잔의 마지막 한 방울까지도 다 마셔 버리셨다는 사실을 깨닫게 되었다. '사랑으로 그 쓴 잔 다 마시시고 우리에게는 축복만 마시우시네.' 그 순간 나는 내가 어느새 '다른 쪽'으로 넘어와 있다는 것을 느낄 수 있었다."

그 영광스러운 모습들을 눈으로 본 리즈는 거기에 완전히 사로잡혀서 그 병든 여자의 집까지 3킬로미터가 넘는 길을 단숨에 달려갔다. 그리고는 있었던 일을 다 말해 주었다. 그는 사람들을 다 불러서, 이제 주께서 오늘 이 자리에 역사해 주실 것을 위해, 즉 그 여자의 병을 낫게 해주시고 대신 자기를 영광의 나라로 데려가실 것을 위해 다같이 기도해달라고 부탁했다.

그날은 예수님이 십자가에서 돌아가신 고난 주간의 금요일이었는데, 리즈는 그것도 결코 우연이 아니라고 생각했다. 당신이 '죽기까지 순종하셨던' 바로 그날에 리즈의 생명을 취하시고자 했던 것은 분명 주님의 뜻이었다. 많은 사람들이 눈물을 흘렸다. 한편 그 여자 본인은 거부하며 기도하지 않았다.

다음날 밤에 여자를 찾아간 리즈는 무슨 일이 일어났다는 사실을 직감적으로 알아차렸다. 그 여자의 얼굴이 천사처럼 빛나고 있었던 것이다. 그 여자는 사람들을 다 자기 방에 들어오게 한 뒤 자기에게 있었던 일을 들려주었다.

"리즈 씨가 저에게 해 주신 말씀을 많이 생각해 보았지만, 저에게는 그것을 따르고 싶은 마음이 들지 않았습니다. 그분은 저나 또 이 마을에 있는 다른 많은 사람들에게 아버지나 다를 바 없는 분이니까요. 그래서 저는 침대에서 무릎을 꿇고 앉아 주님께 기도드렸습니다.

'주님, 저는 병이 낫는 것을 원치 않아요. 사람들은 이 병이 리즈 씨에게 옮겨 가게 해 달라고 기도하고 있어요. 주께서 그들의 기도를 막아 주세요. 그분은 주께 저보다 훨씬 더 쓸모 있는 사람이잖아요. 그분을 희생해 가면서까지 병이 낫기를 원하지 않아요.' 그렇게 기도하는 순간 저는 하나님의 임재 속에 사로잡혔습니다. 저는 자신을 잊은 채 주님을 찬양했습니다. 온 방 안이 주님의 영광으로 가득 찼고 저의 찬양은 밤새도록 그치지 않았습니다."

리즈는 이렇게 말했다. "그 이후의 몇 주간은 그야말로 하늘이 이 땅에 임했다고밖에는 달리 말할 수 없는 시간이었다. 우리는 기도하지 않았다. 기도할 필요가 전혀 없었다. 우리는 오직 하나님께서 당신의 뜻을 이루실 것을 기다리고만 있었다. 그냥 낮은 차원에 머물면서 작은 사명을 감당하는 것보다는 이 땅과 하늘 사이에 다리를 놓으며 그 영광 속으로 들어가는 것이 훨씬 더 가슴 벅찬 일이었다.

나는 3개월 동안 매일 주께서 내 목숨을 취해 가실 그날을 기다리며 살았다. 주님께서 그렇게 살게 하셨다. 그분은 내가 순간뿐인 이 세상의 영향을 받으면서 살아가기를 원하지 않으셨다. 나는 하나님과 함께 있기를 정말 사모했다. '순 황금 길을 거닐겠고 빛은 영원히 지지 않으리'라는 찬송가 가사가 정말 실감나게 가슴에 와 닿았다."

반드시 죽음 후에야 부활이 있다

3개월 후 주님은 갑자기 그 여자를 데려가셨다. 리즈가 직장에서 일하고 있는데, 즉시 와 달라는 전갈이 왔다. 그러나 그가 도착하기 전에 그 여인은 세상을 떠났다. 그 집에 앉아 있는 동안 주님은 한 시간이 넘게 리즈의 마음을 만지셨다.

"방 안에 다른 사람들도 있었지만 꼭 하나님과 나 단둘이만 있는 것처럼 느껴졌다. 그분은 나에게 이렇게 말씀하셨다. '내가 너의 중보 기도는 받아들였지만, 그러나 너의 생명을 지금 취하지는 않겠다. 그 대신 나는 너를 살아 있는 순교자로 사용하기 원한다.' 나는 '살아 있는 순교자'라는 말을 한 번도 들어 본 적이 없었다. 그러나 주님은 내게 다음 사실을 분명히 해 주셨다. 내가 과연 내 생명에 대한 권리를 주님께 완전히 이양해 드렸다면, 이제는 나는 꼭 죽어야만 한다는 내 입장까지도 다 버려야 한다는 것이었다.

그 여자의 병을 낫게 하는 것에 있어서는 나는 깨끗하게 실패를 인정해야만 했다. 아무런 변명도 해서는 안 되었다. 내가 그 여자의 치유를 위해 기도하고 있다는 것은 그 근방 사람들이 다 알고 있었다. 그러니 이것은 명백한 실패였다. 우리는 영광을 기대했건만 우리에게 찾아온 것은 사람들의 실망뿐이었다.

어떤 것이든 다 받아들이리라 굳게 다짐하고 있는데, 회심자들 가운데 한 사람이 안으로 들어왔다. 그녀가 죽기 전에 내게 이런 말을 남겼노라고 전해 주었다. '리즈 씨와 다른 사람들에게 내가 더 이상 기다릴 수 없었다고 얘기해 줘. 지금 주님께서 나를 찾아오셨거든. 나도 어서 그분을 따라가고 싶어. 모두에게 다시 만나러 올 것이라고 전해줘.'살전 4:14 그리고 나서 그 여자는 사람들에게 작별 인사를 하고 일일이 악수한 뒤 주님을 따라 떠났다는 것이다.

예수 안에서 죽는 자의 영광스러운 간증은 우리가 사역을 시작한 이래 처음 있는 일이었다. 그리고 이 간증은 우리의 '실패'를 이 세상에서 가장 아름다운 것으로 만들어 주었다.

첫 번째 시험은 장례식에서 찾아왔다. 수백 명도 넘는 사람들이 모여들었다. 이들은 모두 이 여자에 대한 이야기를 너무나 자주 들었고, 특별히 병 고침을 위한 기도에 대해서도 다 알고 있었다. 장례를 집전하는 목사는 당시 우리가 하는 사역을 그다지 달갑게 여기지 않았다. 그는 성경을 펴더니 욥기 13장 1-5절을 읽어 내려갔다. '나의 눈이 이것을 다 보았고 나의 귀가 이것을 다 통달하였느니라… 너희는 거짓말을 지어 내는 자요 다 쓸데없는 의원이니라 너희가 잠잠하고 잠잠하기를 원하노라 이것이 너희의 지혜일 것이니라.' 그와 나는 무덤을 사이로 양쪽 반대편에 서 있었는데, 그것은 꼭 물리적으로만 그런 것이 아니었다. 나는 그의 말을 들었지만, 아무 말도 들리지 않는 듯 내 마음은 조금도 요동하지 않았다.

이어 주님은 내게 말할 기회를 주셨다. 나는 우리가 이 마을을 찾아오기 전 그 여자가 어떤 삶을 살았으며, 그 후에 그 삶이 어떻게 변화되었는지에 대해 간략하게 이야기했다. 그 여자가 죽음을 이겼다는 사실이 내 말에 대한 산 증거였다. 죽음은 승리에게 삼키운 바 되고 말았던 것이다.

나는 그 여자가 남기고 간 이야기, 즉 지금 주님이 자기를 데리러 오셨으며 이제 자기도 주님을 따라가기를 원한다고 했던 그 이야기도 그대로 사람들에게 들려주었다. 또한 주위에 서 있던 사람들에게 작별 인사를 하고 떠났다는 이야기도 했다.

나는 계속해서 말했다. '여러분, 죽어 가는 사람이 마치 여행 떠나는 사람처럼 곁에 있는 사람들에게 악수를 하고 떠났다는 이야기를 들어 보신 일이 있습니까?' 사람들은 찬양을 부르기 시작했다. 꼭 부흥회에서 부르는 찬양 같았다. 하늘이 열렸다. 사람들은 일제히 손수건을 흔들기 시작했다. 심지어 울던 사람들까지도 합세해야만 했다. 참으로 놀라운 승리였다.

나는 이때까지 그 목사를 향하여 품었던 연민만큼 어떤 사람을 향하여 그토록 깊은 연민을 품어 본 적이 없다. 비통의 무덤은 이제 천성의 문으로 바뀌었고, 그 장례식을 계기로 우리의 사역에는 부활의 삶이 시작되었다."

성령께서 이 일을 반드시 이런 식으로 끝내야만 하셨던 것은 자랑하지 못하게 하려 하심이었다.고전 1:29 먼저 이 문제에 대해서 '죽지 않은'

사람이라면 하나님은 이런 중대한 일이 있을 때에도 그 사람을 자유롭게 사용하실 수가 없다. 먼저 죽음이 있고 그 후에 부활이 있는 것이다. 처음 난 것과 첫 열매였던 이번 일 역시 주님께 속한 것이요, 그분의 제단에 올려 드려야만 했다.

성령의 중보자로,
기름부음 받는 삶

이 땅을 위하여 성을 쌓으며 성 무너진 데를 막아서서
나로 멸하지 못하게 할 사람을 내가 그 가운데서 찾다가 얻지 못한 고로

I looked for a man among them who would build up
the wall and stand before me in the gap on behalf of the land so
I would not have to destroy it, but I found none. - 겔 22:30

이것이
중보 기도다

예수님은 자신의 유익을 모두 내버리시고 오직 우리의 필요만을
생각하셨다. 자신의 생명을 내어주시기까지 우리의 자리를 대신하신
그분의 능력을 힘입어 우리는 하나님께 나아갈 수 있게 되었다.

성령께서 리즈에게 점진적으로 계시해 주셨고, 또 그의 전생애 사역에서 주요한 원동력이 되었던 가장 핵심적인 진리는 바로 중보 기도의 진리였다. 랜드린다드 사경회에서 리즈가 자신을 성령께 완전히 내어 드릴 때부터 시작해 폐병에 걸린 그 여자를 도와야 했던 일에 이르기까지, 성령께서 리즈를 다루어 오신 것을 잘 보면, 그분은 일관성 있게 리즈에게 중보 기도의 의미를 점점 더 분명하게 가르치셨다. 하나는 리즈 자신이 중보 기도자로서 새로운 고지들을 점령해 가는 것이었고, 또 하나는 그가 배운 귀중한 진리를 어느 정도 성장한 다른 사람들에게도 가르쳐 주는 것이었다. 그러므로 여기서 잠깐 멈추어 과연 중보 기도자가 된다는 것이 무엇을 뜻하는지를 좀 더 자세히 살펴보는 것도 큰 도움이 되리라 생각한다.

하나님은 중보 기도자를 찾으시지만 이 세상에 그런 사람은 그리 많지 않다. 그것은 이사야를 통해서 주신 당신의 가슴 아픈 선포의 말씀에 너무나 잘 나타나 있다. "그가 사람이 없음을 보고 중재자 없음을 이상히 여기셨더라." 또한 에스겔을 통해서 주신 실망에 찬 말씀에도 잘 나타나 있다. "이 땅을 위하여 성을 쌓으며 성 무너진 데를 막아서서 나로 멸하지 못하게 할 사람을 내가 그 가운데서 찾다가 얻지 못한 고로."

대체로 신자들은 중보 기도라 하면 기도를 평소보다 좀 더 간절하게 하는 것 정도로 이해한다. '간절하게'라는 단어를 강조하는 그것도 맞는 생각이다. 보통 평범한 기도에는 꼭 필요하지 않지만 중보 기도자라면 공통적으로 가지고 있는 세 가지 요소가 있다. 그것은 동화同化, 하나 되는 것, 고통, 권위이다.

중보 기도자는 자기가 중보를 하고 있는 사람들에게 자신을 동화시킨다. 그들과 같아지는 것이다. 예수께서 이 모습을 완벽하게 보여 주셨다. 그분은 자기 영혼을 버려 사망에 이르게 하셨으며 범죄자 가운데 하나로 헤아림을 받으셨다. 또한 그분은 많은 사람의 죄를 지셨으며 범죄자를 위하여 중보 기도를 하셨다. 그분은 잃어버린 바 된 이 세상을 위하여 중보 기도 하시는 거룩한 중보 기도자가 되셨다. 그리하여 우리가 마셔야 할 진노의 잔을 마지막 한 방울까지 다 마시사 "모든 사람을 위하여 죽음을 맛보셨다." 그렇게 하기 위해서 그분은 최대한 우리와 같이 되셨다. 친히 우리와 같은 육신의 모양을 입으심으로, 받으신 고난을 통하여 순종을 배우심으로, 우리와 똑같이 매사에 시험을 받으심으로, 우리를 위하여 가난해지심으로, 그리고 무엇보다도 우리를 위하여 대신 죄인이 되심으로, 그분은 항상 살아서 우리를 위하여 간구中保 기도하실 수 있는 지위를 얻으셨다.

이제 그분은 고난을 통하여 우리 구원의 머리가 되사 그 온전하신 권세로 우리를 위하여 기도하신다. 또한 우리가 겪는 모든 것을 당신이 친히 겪으셨기에 온전히 이해하시며 기도하신다. 그분이 아버지께 드리는 이 기도는 능히 효험이 있어서 "자기를 힘입어 하나님께 나아가는 자들을 온전히 구원하실 수 있다." 동화는 중보 기도자의 제1법칙이다. 주님의 기도가 효험이 있는 것은 당신이 기도해 주시는 그 사람들을 위하여 당신 자신의 생명을 내주셨기 때문이다. 그분은 진정 우리의 대리자이시다. 그분은 자신의 유익을 모두 내버리시고 오직 우리의 필요와 우리의 가난만을 생각하셨다. 그리고 말 그대로 우리의 자리를 대신하셨다.

우리에게는 또 다른 중보 기도자가 계신다. 우리는 그분 안에서 이 사역의 고통을 보게 된다. 그분, 즉 성령은 "말할 수 없는 탄식으로 우리를 위하여 간구중보 기도하시기" 때문이다. 그분은 이 땅에 존재하는 유일한 중보 기도자이시다. 그분이 거처로 삼으신 신자들의 심령과 몸을 제외하고는, 그분의 짐을 맡아서 질 수 있는 심령은 하나도 없으며 그분의 고난과 사역의 통로가 될 수 있는 몸은 하나도 없다. 바로 그들을 통하여 성령은 이 땅에서 당신의 중보 기도의 사역을 수행해 가신다. 그들이 중보 기도자가 될 수 있는 것은 그들 안에 참 중보 기도자이신 성령이 거하시기 때문이다. 이것은 실존의 삶이다. 성령은 그들을 이런 실존의 삶으로 부르신다. 그것은 정도의 차이는 있지만, 주님 자신이 이 땅에서 사셨던 삶과 똑같은 종류의 삶이라 할 수 있다.

먼저 내면을 청소하신다

성령은 당신이 택하신 그릇을 그런 중보자의 삶으로 인도하시기 전에 먼저 그들에게 있는 모든 세상적인 것들을 밑바닥까지 깨끗이 처리하셔야만 한다. 돈을 사랑하는 마음, 개인적인 야망, 부모나 사랑하는 사람들을 향한 인간적인 애정, 육신의 욕구들, 인생 자체를 사랑하는 마음, 회심한 사람으로 하여금 자기 자신이나 자신의 안락이나 자기의 이익이나 자기 발전이나 자기와 교분이 있는 모임을 위해서 살게 만드는 그 모든 것들, 이런 모든 것들이 다 십자가 아래 놓여야 하는 것이다.

그것은 이론적인 죽음이 아니라 진짜 그리스도와 함께 십자가에 못 박히는 것을 뜻한다. 이런 자가 성령의 종이며, 이런 자의 삶을 통해서는 오직 성령만이 나타나게 된다. 바울의 간증은 과거의 사건이자 동시에 현재의 과정이기도 하다. "내가 그리스도와 함께 십자가에 못박혔으며 지금도 못박히고 있나니." 이 간증이 우리의 간증이 되어야만 한다. 우리의 자아는 자기 스스로를 벗어 버리고 성령의 도구가 되어야만 한다.

이렇게 십자가에 못박히는 삶이 계속될 때 비로소 중보 기도는 시작된다. 내적인 부담을 통하여, 그리고 외적인 순종의 부르심을 통하여 성령은 당신께서 깨끗케 하신 통로 속에서 당신이 직접 당신의 삶을 살기 시작하신다. 그 삶은 잃어버린 바 된 세상을 향한 사랑과 희생의 삶이다. 리즈 하월즈의 삶뿐만 아니라 성경이 그러한 삶들을 유감없이 보여 주고 있다.

모세를 보라. 이 젊은 중보 기도자는 스스로 왕궁을 버리고 나와 노예 생활을 하고 있는 자기 형제들과 같이 되는 길을 선택한다. 그들을 인도하며 '적막하고 황량한 광야'를 통과하는 그의 모습을 보라. 우상 숭배를 한 이스라엘 백성에게 하나님의 진노가 머물러 이제는 진멸을 눈앞에 두었을 때, 중보 기도자로서 모세가 그들을 대신하여 내놓은 것은 비단 몸뿐이 아니었다. 그는 자신의 영원한 영혼을 내놓고 기도하였다. "그러나 합의하시면 이제 그들의 죄를 사하시옵소서 그렇지 않사오면 원컨대 주의 기록하신 책에서 내 이름을 지워 버려 주옵소서." 이것이야말로 '대속의' 부르짖음이었다.

사도 바울을 보라. 모세가 구약 시대 최고의 사람이었다면 바울은 신약 시대 최고의 사람이었다. 그의 몸은 성령을 통하여 이방인들에게 복음을 전해 주는 산 제물이 되었다. 나중에는 그도 자신의 불멸의 영혼까지 제단에 제물로 드리고 있다. 우리를 하나님의 사랑에서 끊을 수 있는 것은 아무것도 없다는 이야기롬 8장를 하며 로마의 성도들과 함께 기뻐하던 사람이 얼마 안 가서 성령 안에서 증거한다고 하면서 "나의 형제 곧 골육의 친척을 위하여 내 자신이 저주를 받아 그리스도에게서 끊어질지라도 원하는 바로라"롬 9장라고 말하고 있다. 이것이 살아 있는 중보 기도자의 모습이다. 성령은 택하신 그릇 안에서 과연 당신 자신의 삶을 살고 계시며, 그때 그분이 하시는 일에는 한계가 없다. 그분은 그 그릇을 데리고 어디든 가실 수 있으며, 그 그릇에 당신의 열정을 담으셔서 잃어버린 바 된 자들을 향하여 경고하시고 또 그들을 구원하시는 일을 하실 수도 있는 것이다.

이사야는 귀족 출신이었지만 이스라엘에게 경고하기 위하여 3년 동안을 '벌거벗은 채 맨발로' 다녀야만 했다. 호세아는 하늘에 계신 우리의 남편 여호와께서 당신의 음란한 신부를 다시 취하시기를 간절히 원하신다는 사실을 백성들에게 알리기 위하여 창녀와 결혼해야만 했다. 예레미야는 포로 생활의 공포와 비극에 대하여 이스라엘에게 경고하기 위해서 결혼을 하지 말아야만 했다. 에스겔은 '그 눈에 기뻐하는 것'인 아내가 죽었을 때에도 눈물을 흘려서는 안 되었다. 이렇게 다 나열을 하자면 한이 없다. 웨슬리는 타락해 가는 영국을 위한 중재자였고, 부스Booth는 사회의 버려진 자들을 위한 중재자였으며, 허드슨 테일러는 중국을 위한 중재자였고, 스터드Studd는 아직 복음이 들어가지 않은 세상을 위한 중재자였다.

🪶 중보 기도는 하늘 보좌를 움직인다

성령은 중보 기도를 통하여 우리와 함께 탄식하시며 우리 속에서 세상을 위한 당신 자신의 희생의 삶을 사신다. 그러나 중보 기도란 거기서 끝나는 것이 아니다. 성령은 당신의 충만한 은혜를 좇아 결국 중보 기도를 통하여 당신의 목표를 이루신다. 동화와 고통을 알고 있는 중보 기도자는 동시에 권위도 알고 있다. 이것은 밀알의 수확의 법칙과도 같다. "죽으면 많은 열매를 맺는 것이다." 중보 기도는 죄를 대속해 주는 것이 아니다. 이 죄인들을 위한 대속의 역사는 오직 한 번뿐이니 그것은 곧 하나님의 아들 예수님이시다.

중보 기도란 중보 기도자가 자신을 고난 가운에 있는 자들과 동화함으로써 하나님을 향한 유력한 자리를 확보하는 것을 뜻한다. 중보 기도자는 하나님을 움직인다. 심지어 하나님으로 하여금 마음을 바꾸시게 할 수도 있다. 중보 기도자는 구하는 바를 반드시 얻는다. 아니면 성령께서 그를 통하여 구하는 바를 얻으신다.

모세는 중보 기도를 통하여 이스라엘의 구원자가 되었으며 그들이 진멸되는 것을 막았다. 바울 역시 하나님의 택하신 백성을 위하여 가장 깊은 차원의 중보 기도를 함으로써, 온 세계의 복음화와 이스라엘의 최종적인 구원롬 10-11장이라고 하는, 당시로서는 전혀 새로운 위대한 계시를 받게 되었다고 해도 과언이 아니다. 뿐만 아니라 그의 중보 기도는 하나님으로 하여금 그 사역을 실제로 이루시게 하고 있기도 하다.

리즈는 종종 '중보 기도가 가져다 주는 자리'에 대해 이야기하곤 했다. 이것은 그가 삶의 많은 경험들을 통하여 얻은 분명한 진리이다. 첫째 중보 기도에는 값지불이 있다. 또한 온전한 순종이 뒤따라야 한다. 내적인 씨름과 신음이 이루 말할 수 없다. 그리고 나서야 비로소 '주님의 말씀은 임하신다.' 연약한 그릇이 성령의 권세로 옷을 입고 구원의 말을 선포할 수 있게 되는 것이다. '더 큰 일들'이 일어난다. 은혜 안에서 새로운 자리를 얻게 되고 또 지키게 된다. 비록 그 은혜가 성령의 직접적인 인도하심을 따라 그때 그때의 해당되는 사건에만 적용되는 것이기는 하지만, 어쨌든 새로운 은혜의 자리를 얻게 되는 것이다.

리즈는 조지 뮬러 목사의 표현을 빌어 그것을 '믿음의 은혜' 속으로 들어가는 것이라고 말하곤 했다. '믿음의 은혜' 속으로 들어간다는 것은 '믿음의 선물'을 받는 것과 대비된다. 보통 일반적으로 하는 기도는 선하신 하나님께서 우리에게 뭔가 주실 것을 소망하는 기도이다. 과연 그분이 주시면 우리는 그것을 기뻐한다. 그것은 그분이 우리에게 주시는 선물이다. 하지만 우리에게는, 언제 기도해도 그와 똑같은 응답을 받을 수 있다고 말할 수 있는 힘이나 권세가 없다. 이것이 믿음의 선물의 개념이다.

그와는 달리, 어느 특정 영역에 대한 중보 기도의 자리를 얻게 된 중보 기도자가 있다면 그는 '믿음의 은혜'의 차원에 들어간 것이다. 이것은 특별한 차원으로서, 측량할 수 없는 하나님의 은혜의 바다가 펼쳐지는 것이다. 이것이 중보 기도가 가져다 주는 자리이다.

리즈는 조지 뮬러의 체험을 인용했다. 뮬러 목사는 병을 고치는 중보 기도의 자리는 얻은 일이 없다. 그러나 딱 한 번 하나님께서는 그가 기도한 사람의 병을 낫게 해 주셨다. 다른 때 다른 병자를 위해서 기도했으나 병이 낫지 않았다. 그러나 뮬러 목사는 이것은 기도의 실패가 아니라 자기에게 병을 고치는 중보 기도의 자리가 주어지지 않았기 때문이라고 말했다. 그러니까 맨 처음 기도가 응답되어 병이 나았던 것은 단지 '믿음의 선물'이었고, 그것이 반드시 되풀이되어야 할 이유는 없었던 것이다.

그가 얻은 중보 기도의 자리는 고아들을 위한 중보 기도의 자리였다. 그는 언제나 고아들을 위하여 앞장서서 고난을 받을 준비가 되어 있었다. 만약에 한 사람만 빼면 모든 사람들이 다 먹을 수 있는 상황이 생긴다면, 그는 맡아 놓고 그 한 사람이 되었을 것이다. 이 공급의 영역에 있어서 하나님은 책임지고 그의 필요를 언제나 채워 주셨다.

이와 달리 독일의 블룸하르트 Blummhardt 목사는 병든 자를 위한 중보 기도의 자리를 받은 사람이었다. 처음 악령과 싸울 때에는 18개월도 넘는 기간을 기도와 금식으로 보내야만 했다. 최종 승리는 물론 그의 것이었다. 목사의 직무는 제쳐 두고 병자를 고치는 일에만 매달리고 있다고 여기저기서 많은 불평이 쏟아졌다.

그러나 그는 주께서 그때 자기에게 한밤중에 떡 세 덩이를 빌리려고 찾아온 친구의 비유를 주셨다고 말했다. 그래서 당장은 쓸데없는 일 같아 보여도 자기는 계속해서 문을 두드릴 수밖에 없었다는 것이다. 그는 끝까지 기도했고 드디어 하나님은 문을 열어 주셨다. 그 결과 수백 명의 사람들이 축복을 받기도 했지만, 그것만이 다가 아니었다. 그는 교회에 하나의 표준을 세워 놓았던 것이다.

첫번 싸움에서 최종 승리를 얻은 후 그는 하나님의 보좌 앞에 자주 자주 아주 쉽게 나아갈 수 있는 사람이 되었다. 병자를 위해 기도해 달라는 요청의 편지들이 줄을 이었다. 그러면 그는 편지를 한 번만 딱 보고서도 그 사람이 나을 것인지 낫지 않을 것인지에 대한 하나님의 뜻을 대번 알 수 있었다. 그에게는 병든 자들의 아픔이 곧 자신의 고통이었다. 그래서 그는 마치 자신을 위해서 기도하는 것처럼 그들을 위해서 간구할 수 있었다. 이것이 바로 중보 기도이다.

Rees Howells

하나님이 당신을
인정하신다

"내가 너희를 친구라 하였노니"라는 말씀은 결코 허공에 뜬 이론이 아니라
실제로 경험되는 소중한 관계다.

폐병 환자를 위한 기도가 표면상으로는 실패로 돌아갔음에도 불구하고 리즈는 자신에게 중보 기도의 자리가 주어졌음을 깨달았다. 굳이 그것을 자기 편에서 입증할 필요는 없었다. 그것이 내적인 승리였다는 것을 외적으로 분명하게 인쳐 주신 분은 주님 그분이셨기 때문이다.

몇 달 뒤, 어떤 사람이 죽어 가고 있다면서 리즈에게 좀 와 달라고 연락이 왔다. 가 보니 그 사람은 이미 의식 불명이었다. 그의 아내는 울음을 그칠 줄 몰랐다. 그도 그럴 것이 그들에게는 자녀가 열 명이나 있었는데, 돈을 벌어 오는 사람이라고는 오직 남편뿐이었던 것이다. 리즈의 마음에도 그 여자의 슬픔이 고스란히 전해져 마당으로 나가서 울고 말았다. 나중에 그가 말했듯이, "우는 자의 마음속에서는 성령도 함께

우신다. 그런 자야말로 보좌 앞에 나아가 보좌를 붙들 수 있는 것이다."

이 여자를 도울 수 있는 유일한 길은 남편을 살려 내는 길밖에 없음을 알았다. 그러나 인간의 힘으로는 이미 어찌할 수 없는 상태였다. 그 여자의 필요를 채워 주실 분은 하나님 한 분밖에 없었다. 하나님은 "고아의 아버지시요, 과부를 건지시는 이시라" 하셨다. 그는 다시 그 여자의 집으로 갔다. 아래층 의자에 앉아 그 여자가 내려오기를 기다리는데, 공중에서 한 목소리가 들려왔다. "그는 죽지 않는다. 그는 살아날 것이다."

리즈는 후에 이렇게 말했다. "방 안에 정적이 깔렸다. 하나님께서 당신이 임하시는 곳에 함께 거느리고 오시는 정적이었다."

그때 환자의 아내가 내려왔다. 리즈는 그 여자에게 이렇게 말했다.

"지난번 자매님을 본 이후로 하나님은 제게 남편을 위한 무거운 기도의 부담을 주셨습니다. 주님은 남편이 죽지 않고 살아날 것이라고 제게 말씀하셨습니다."

그 여자는 믿지 않는 눈치였다. 리즈는 다시 집으로 돌아왔다. 공터를 지날 때쯤 해서 주께서 다시 그에게 말씀을 하기 시작하셨다.

"아까 그 여자에게 말할 때, 너조차 확신에 차 있지 못했다. 내일 아침 일찍 그 여자에게 가서 말해라. 조금도 의심을 품지 말고 말해라."

그제야 강렬한 확신이 섰다. 그는 잠자리에 들기 전에 큰소리로 외쳤다.

"나는 내일 아침 다시 간다. 가서 사망에게 도전장을 낸다. 사망에게 이렇게 말한다. 너는 이 사람을 취해 가지 못해!"

이튿날 아침 일찍 그녀에게 가서 다시 다시 말했다.

"어젯밤에 제 얘기를 믿지 않으셨지요? 그건 저조차도 확신에 차 있지 않았기 때문입니다. 제가 오늘 아침 이렇게 다시 온 것은 이 얘기를 해 드리기 위해서입니다. 자매님의 남편은 죽지 않습니다. 만약 남편이 돌아가신다면 제가 자매님과 아이들을 부양하겠습니다. 이것이 제 말이 사실이라는 증거입니다." 그 여자의 얼굴은 금세 환해졌다. 이번에는 리즈의 말을 그대로 받아들였던 것이다. 돌아가는 길은 올 때와는 달리 기쁨이 가득했다.

그리고 이틀 동안 그 집에 가지 않았다. 그 기간 동안 그는 적의 공격을 무시하며 지냈다. 다시 그 집에 가던 날, 마귀가 그를 붙들고 늘어졌다. "이제 네가 그 집에 도착하면 사람들은 너를 기다리고 있다가 그가 죽었다는 소식을 들려줄 것이다. 그리고 너에게 장례식 설교를 부탁할 것이다." 그가 기차역 있는 데에 왔을 때였다. 신자들 몇 명이 나와서 그를 기다리고 있다가, 그를 보자 그 가운데 한 사람이 큰소리로 말했다. "이제 위기에서 벗어났습니다. 선생님이 그 집을 떠나시던 순간 병세가 호전되었습니다."

주 앞에서는 죽음도 힘을 잃는다

그 다음 경우는 훨씬 어려웠다. 이 여자는 회심자들 가운데에서도 매우 신실한 사람이었다. 리즈 일행은 그 집에서 오두막집 모임을 갖곤 했다. 그녀는 윌리엄 데이비스라는 사람의 아내였으며, 예전 그 폐병 환자의 올케이기도 했다. 그녀는 아이를 낳은 후 몸 상태가 심각하게 나빠졌다. 의사도 회복될 가망이 없다고 얘기했다.

윌리엄 데이비스는 리즈를 보자마자 애원하듯 물었다. "주님의 뜻이 어디 있는지 아십니까?"

리즈는 대답했다. "아직 보여 주시지 않았습니다. 하지만 주께서 저에게 아무 말씀도 해 주시지 않고 그냥 형제님의 아내를 데려가시리라고는 생각되지 않습니다."

그것이 맨 처음 비친 한 가닥 빛이었다. 머뭇거릴 시간이 없었다. 가장 중요한 질문은 말할 것도 없이 "하나님의 뜻이 어디 있느냐?"하는 것이었다. 리즈에게 병든 자를 위한 중보 기도의 자리가 주어졌다 할지라도, 매경우마다 주님의 뜻이 분명히 나타나야만 했다. 리즈는 윌리엄의 아내가 다시 살아나기를 원했다. 바로 그 사실이 그의 분별에 영향을 줄 수 있었다. 주께서도 요한복음 5장 30절에 말씀하셨듯이, 마음이 공정한 자만이 하나님의 뜻을 분별할 수 있다.

리즈가 마을까지 걷는 3킬로미터 여정에서 하나님은 언제나 당신의 종에게 말씀하셨다. "내가 너희를 친구라 하였노니"라는 말씀은 결코 허공에 뜬 이론이 아니라 실제로 경험되는 소중한 관계였다. 리즈는 언제나 주님께서 이러한 비밀들을 자기와 나누실 것을 기대했다. 그날도 변함없이 그 길에서 말씀하셨다. "그 여자는 죽지 않고 나을 것이다." 후에 리즈는 이렇게 말했다. "그 말씀을 듣는 순간 나는 이미 치유의 기쁨을 맛보았다."

그날 저녁 일찍, 그는 그 집으로 다시 갔다. 한시가 급했기 때문이다. "내가 하나님의 뜻이 어디 있는지 말해 주면 내 말을 믿겠습니까? 만일 믿는다면 이제 더 이상 울어서는 안 됩니다. 만약 내가 형제님의 아내가 회복될 것이라고 말한다면 형제님은 이제 눈물을 그쳐야 합니다. 만약 울고 싶다면 내가 말을 하기 전에 지금 미리 우십시오."

리즈는 나중에 이렇게 말했다. "그 집에 성령께서 임하여 계셨다. 그리고 나는 그분이 죽음을 정복하셨음을 깨달았다. 세상적으로 말한다면 죽음은 방 안까지 와 있었다. 그러나 내 마음은 더할 나위 없이 평안했다. 우리는 함께 무릎 꿇고 앉아 기도했다. 자녀들 중 여섯 명이 우리와 함께 있었다. 이어 참으로 놀라운 찬양 모임이 있었다. 그 여자는 그날로 병세가 호전되었다."

　폐병 환자의 경우를 통하여 병든 자를 위한 중보 기도의 자리를 얻은 후, 하나님의 종은 질병이라는 문제에 대해서 그분의 음성에 전에 없이 더욱 민감해지게 되었다. 그 여자의 경우는 정말 길고 긴 영적 등산과도 같았다. 그러나 지금은 단 한순간에 주님의 말씀을 받을 수 있게 되었다. 당시 그에게는 이러한 치유의 사건들이 매우 많아서 마치 그것이 그의 전문 사역인 것처럼 보일 정도였다.

　그 시기 이후로 그는 종종 이런 말을 하고는 했다. 기독교 교회 안에 새로운 자유의 시대가 열리게 될 날이 오리라는 것이다. 그는 그것을 믿었다. 성령께서 리즈 속에서 역사하신 믿음과 중보의 기도가, 최근 교계 사역의 여러 부분들에서 나타나고 있는 영적 치유의 부흥에 얼마나 큰 공헌을 하였는가는 오직 하나님만이 알고 계실 것이다.

날마다
죽어야 산다

우리는 결코 죄를 위한 중보자는 될 수 없다.
그것은 이미 단번에 영원히 끝난 일이다. 그러나 우리는 죄인들과
그들의 필요를 위한 중보 기도자로 부르심을 입었다.

앞서 이야기했던 폐병에 걸린 그 여자는 네 자녀를 남겨 두고 세상을 떠났다. 그 여자의 남편에게 이 아이들은 너무도 큰 시련이었다. 그런데 남편은 아이들은 돌보지 않고 오히려 날마다 술에 절어 지냈다. 주님은 그에게 이 아이들을 위해 뭔가 조치를 취해야 한다고 말씀하셨다.

주님은 그에게 "내가 그 아이들을 위해 무엇을 해 주었으면 좋겠느냐?"고 물으셨다. 리즈가 아무 대답도 드리지 않자 주님이 말씀하셨다. "네가 아무런 대답도 하지 않는다면 그 아이들은 구빈원救貧院으로 가야만 한다." 그리고 이어 이렇게 물으셨다. "너의 형이나 형수에게 무슨 일이 일어났다고 해 보자. 조카들이 구빈원에 가도록 내버려 두겠느냐?"

리즈는 급히 대답했다. "물론 그건 안 됩니다."

그러자 주님은 이렇게 말씀하셨다. "이 어린 네 고아에 대해서 물을 때는 아무 소리도 없다가 네 친척 이야기를 하니까 그렇게 빨리 대답하는 이유는 무엇이냐?"

"피는 물보다 진하다고 하지 않았습니까?"

"맞다. 그러나 영靈은 피보다도 더 진한 것이다."

마침내 위기가 닥쳐 왔다. 그 아버지가 아이들을 버려 두고 집을 나가 버린 것이다. 리즈는 자기가 보호자가 되어 아이들을 책임지고, 일하는 여자를 하나 써서 아이들을 돌보아 주어야겠다고 생각했다. 그때 주님이 말씀하셨다. "그들에게 필요한 것은 보호자가 아니라 아버지다. 나는 고아들의 아버지이다. 그러나 내가 이 하늘에서 그들의 아버지가 돼 줄 수는 없다. 나는 너를 통해서 그들의 아버지가 되어야만 한다."

그는 이 말이 무엇을 의미하는지 무척 오래 생각했다. 말씀대로라면 곧 그 집에서 그들과 같이 살면서, 막내아이가 다 자랄 때까지 그들을 먹이고 입히고 해야 했다. 그러려면 족히 15년에서 20년은 걸릴 것이다. 그러다 보면 때가 이르면 성령의 말씀을 듣고 이 세상에 나가 전파하는 자가 되리라는 자신의 꿈도 다 버릴 수밖에 없었다. 게다가 자식을 가져 본 적이 없으므로 그는 아버지의 사랑이 무엇인지도 잘 몰랐다. 리즈는 어떻게 해서든 그 말씀만은 피하고 싶었다.

이것은 자신을 순교자로 드렸던 것이 과연 사실이었는지 가늠하는 첫 번째 시험이었다. 성령은 이 문제를 놓고 계속 도전해 오셨다. 그는 전에 이 아이들의 어머니가 폐병에 걸려 죽어 갈 때 자기가 그 여자를 대신해 죽기를 원했고, 주님도 그것을 요구하셨다. 그러나 주님은 그 여자를 데려가시고 리즈에게는 '살아 있는 순교자'로 다시 생명을 주셨다. 만일 그것이 사실이라면 이제 그는 '그래도 남의 자식을 자기 자식처럼 사랑하려면 하나님의 성품이 있어야만 한다.'고 생각했다. 그래서 그는 주님께 이렇게 말씀드렸다. "저도 주님께서 저를 통하여 그 아이들을 사랑하시지 않는다면 저는 능히 해낼 수 없습니다. 사랑이 있어야만 입양한 자식으로가 아니라 친자식처럼 그들을 기를 수가 있습니다. 그렇게 하시려면 이제 주님께서 저의 본성을 바꿔 주셔야만 합니다."

그는 정말이지 하나님이 그 일을 행하시리라고는 생각하지 못했다. 그러나 그분은 하셨다. 어느 날 밤 침대 밑에서 리즈는 하나님께서 자기에게 사랑을 부어 주시는 것을 느꼈다. 고아들을 위한 당신 자신의 사랑을 부어 주시는 것이었다. 그 사랑은 끝이 없는 사랑이었다. 그 사랑이 그 어린 네 아이들에게 흘러 나갔다. 이제 그 누구도 리즈가 이 아이들과 함께 사는 것을 막을 수 없었다. 리즈는 그 아이들이 자기에게 매달리는 게 당연한 것처럼 느껴졌다. 그는 그것을 이렇게 표현했다. "부모가 없는 고아는 누구라도 하나님께 자기의 아버지가 돼 달라고 매달릴 권리가 있다. 그렇다면 이 네 고아도 당연히 성령께 매달릴 권리가 있다. 성령이 나를 통하여 그들에게 아버지가 되어 주시기 때문이다."

그러나 하나님의 사랑은 이 네 아이에게만 국한될 수 없었다. 리즈는 말했다. "나는 이 세상에 의지할 곳이 없는 모든 아이들을 전부 다 사랑할 수 있을 것만 같았다. 그것은 나를 통하여 흘러나오는 하나님의 사랑이었다."

리즈가 모든 준비를 마치고 아이들을 돌보기 위해 집을 떠나려는 날, 그 아이들의 이모라며 세 명이나 나타나 자기들이 아이들을 데려다가 살 집을 마련해 주겠다고 했다. 주님이 예비하신 것이었다. 그러나 동시에 리즈가 이 일을 통하여 '고아의 아비'로서의 자세를 갖추게 되었다는 사실도 말씀해 주셨다. 이 말씀은 이후 리즈의 인생에서 사실로 입증된다.

주님은 또한 아주 놀라운 방법으로 리즈를 사용하셔서, 자녀를 버리고 도망갔던 그 아버지에게도 당신의 사랑을 나타내 보이셨다. 리즈는 어렸을 적부터 16년이 넘게 금주자 질병 수혜 단체라는 모임에 회비를 내오고 있었다. 그러나 이제 주께서는 그에게 더 이상 회비 납부를 하지 말라고 말씀하셨다. 주님은 이미 냈던 돈을 찾는 것조차도 허락하시지 않았다.

3개월 뒤, 주님은 리즈를 참으로 이상하게 인도하셨다. 아이들을 버리고 떠난 술주정뱅이 아버지는 모종의 죄까지 저지른 통에 그 마을을 떠나야 했다. 그런데 주님은 그 아버지가 질병 수혜 단체에 냈어야 할 회비 연체금 일체를 리즈더러 대신 갚아 주라고 말씀하신 것이다. 리즈에게는 회비를 그만 내라고 하셨으면서 어떻게 그 사람의 회비는 내라고 하신단 말인가?

그러나 성령은, 리즈에게 잘못된 것은 회비를 납부한다는 사실 자체가 아니라 그가 그 회비를 계속 내려고 하는 그 동기라는 사실을 가르쳐 주셨다. 하나님은 그를 믿음의 학교로 부르셨다. 그렇다면 이제 한번 얻어진 그 믿음의 자리는, 설사 그가 구빈원으로 가는 한이 있더라도 이전 수혜 단체의 자리를 대신해 주는 완전한 대치물代置物의 실체가 되어야만 한다. 리즈는 이렇게 말했다.

"내가 포기했다고 해서 다른 사람에게도 그것이 잘못된 것이라고 말할 수 없다. 그건 분명한 사실이다. 그것은 각자의 삶의 자리나 수준에 따라 다른 것이다." 그래서 리즈는 이 아버지의 연체금을 지불해 주었는데, 아무도 이 일을 알지 못하고 있었다.

그 사람으로부터는 단 한 마디의 소식도 없다가 5개월이 지나서야 편지가 한 통 왔다. 자기는 지금 폐병에 걸려 병상에 누워 있으며 아주 심한 각혈을 하고 있다는 것이었다. 그는 혼자 힘으로 무릎을 꿇고 주님께 용서를 빌어 보려고 2주일 동안 가진 애를 다 썼다. 그러나 너무 부끄러워 도저히 그럴 수가 없었다. 자신은 '찬송 받으실 주님의 이름'을 욕했던 죄인이었기 때문이다. 그러던 중 어느 주일 아침에 구세군의 사역자들이 그가 머물고 있던 집 앞에서 모였다. 그들이 찬양을 하고 있는 동안 그는 침대에서 나와 무릎을 꿇었다. 그리고 드디어 용서와 평안을 얻었다. 그러면서 지금 자기는 용서를 빌기 위하여 편지를 쓰고 있다고 말했다. 자기가 유혹에 넘어가 죄악에 빠져 리즈 일행 전도단을 욕했던 것에 대해 이제 정말 죄를 뉘우친다며, 주님도 그리하셨듯이 이제 친구들도 자기를 용서해 달라고 말했다. 그는 하숙비를 낼 돈이 한 푼도 없었다. 그러나 의사가 잘 조처해 주어 이제 다음주면 구빈원으로 가게 되어 있었다. 그는 나중에 리즈 하월즈가 연체금을 내주었다는 얘기를 들었다. 그 순간 그는 하나님의 사랑에 완전히 깨어지고 말았다.

그는 구빈원으로 가지 않고 자기 아버지의 집으로 가게 되었다. 그는 거기서 5개월 동안 매주 1기니21실링를 받으며 지내다가 마침내 평화 속에서 주님 계신 곳으로 부르심을 받았다. 그가 죽은 후 그의 아이들에게는 38파운드가 돌아왔다. 이 사건은 그 마을에 커다란 영향을 주었다. 이것은 또한, 주님께서 리즈만 구빈원에 가지 않도록 하신 것이 아니라 그가 성령께 완전히 순종했을 때 다른 사람들까지도 구빈원에 가지 않도록 지켜 주실 수 있는 분이라는 사실을 당신의 종에게 입증해 주시는 사건이 되기도 했다.

 상실이 아니라 구원이다

이 모든 경험들을 주실 때 주께는 두 가지 목적이 있었다. 하나는 어려

운 자들을 축복해 주시는 것이고 또 하나는 당신의 종을 변화시키시는 것이었다. 리즈는 이렇게 말했다.

"성령은 나를 한 단계 한 단계 변화시켜 가셨다. 한 사람의 본성을 변화시키는 데 인간 자아의 본성을 신의 성품으로 바꾸어 가는 매우 오랜 시간과 고통이 따랐다. 그 변화란, 날마다 나는 죽고 그리스도의 생명만 나타내는 것이었다. 그 생명은 그리스도께서 우리를 위해서 희생하신 생명이었다. 십자가의 그리스도는 인류 역사상 가장 큰 희생양이었지만, 부활하신 그리스도는 역사상 최고의 승리자이시다.

나의 매일의 여정은 바로 십자가의 길이었다. 성령은 이기적인 동기나 이기적인 생각이 나올 때마다 한시도 지체하지 않으시고 엄격하게 다루셨다. 어릴 적 내가 가장 엄격하다고 생각했던 분은 우리 학교 교장 선생님이셨다. 그러나 나는 성령께서 그보다 천 배는 더 엄격하시다는 고백을 얼마나 자주 드렸던가! 교장 선생님은 행동을 보고 판단하는 게 고작이었지만, 성령은 동기를 보고 판단하셨다."

한번은 이런 일이 있었다. 옥외 저녁 집회에서 리즈는 친구와 함께 말씀을 전하게 되어 있었다. 친구가 먼저 설교했는데 성령께서 그를 아주 놀랍게 사용하셨다. 리즈는 그 설교에 뒤이어 자기가 설교를 해야 한다는 사실이 은근히 겁이 나면서 그는 옥외 집회 설교에는 별로 은사가 없었다 질투심이 일기 시작했다. 그는 이렇게 말했다.

"물론 아무도 그걸 몰랐다. 그러나 그날 밤 성령은 내게 채찍을 드시고 나를 먼지와도 같이 낮추셨다. 그분은 내게 질투가 얼마나 못난 짓이며, 마귀가 그런 것을 이용해 얼마나 그 사람들의 영혼을 해롭게 할 수 있는지 보여 주셨다. 나는 질투보다 더 소름 끼치는 것을 보지 못했다. 그것 때문이라면 나 자신을 저주라도 하고 싶은 심정이었다. 주님은 이렇게 말씀하셨다. '네가 오늘 옥외 집회에 나간 것은 그들에게 하나님의 축복을 전하기 위해서가 아니었더냐. 만일 그렇다면, 내가 누구를 통해 그들을 축복하든 그게 무슨 상관이란 말이냐?' 주님은 친구를 찾아가 죄를 고백하라고 말씀하셨다. 그리고 만약 한 번만 더 내 안에서 그런 질투가 발견된다면 그때는 대중 앞에서 죄를 고백해야 할 것이라고 말씀하셨다.

그날 이후 나는 감히 질투 같은 건 품을 생각도 못하게 되었다. 성령은 단 한 번도 당신의 말씀을 철회하신 적이 없었기 때문이다. 성령이 일단 한 번 매질을 경고하셨는데 내가 불순종했을 때는 나는 영락없이 그 매질을 당해야 했다.

혹자는 굴레와 두려움의 삶이라고 말할는지 모른다. 아마 육신에 속한 사람에게는 그러할 것이다. 그러나 그리스도 안에서 새로운 사람이 된 자에게는 이것은 가장 넘치는 자유의 삶이다. 처음엔 나도 자신이 딱하게 느껴지고, 혹 불순종하여 매질을 당할 때면 불평도 나오곤 했다.

그러나 나는 나의 이 타락한 자아를 여기서 완전히 잃게 되지 않는다면, 이후로도 계속 그것을 지니고 다녀야만 한다는 사실을 깨닫게 되었다. 그 자아가 드러나게 될 때마다 나는 수치를 당하게 될 것이다. 그래서 나는 내 생각을 버리고 성령의 편에 서기로 했다. 그리고 그분께서 내게서 무엇을 가져가실 때마다 그것을 손실로 생각하기보다는 오히려 구원으로 생각하기로 했던 것이다."

열린 문으로
들어가라

모든 것의 끝은 두고 봐야 한다.

1909년 8월에 있은 랜드린다드 사경회에서 리즈는 친구 존 고셋을 다시 한 번 만났다. 고셋 씨는 리즈가 기도 및 중보 기도에 관해 열린 한 모임에서 전한 말씀을 듣고 커다란 은혜를 받아, 그것을 자기 친구 래드스탁 경에게 이야기했다.

얼마 뒤 래드스탁 경이 특별 집회에 와서 말씀을 전해 달라고 리즈에게 부탁을 해 왔다. 리즈는 체험을 통하여 깨달은 바, 평범한 기도와의 차이에 대하여 그들과 말씀을 나누었다. 그때 그가 강조한 사항들은 이미 앞장에서 얘기한 적이 있지만, 다시 한 번 정리할 가치가 있다.

단순한 기도의 전사는 어떤 일이 이루어질 것을 위해 기도하되 그것이 반드시 자기를 통해 응답되어야 한다고는 생각하지 않는 사람이다. 또한 그는 기도가 응답이 될 때까지 계속해서 기도해야 할 의무도 없다.

그러나 중보 기도자는 자기의 목표가 달성될 때까지는 결코 자유를 누릴 수 없다. 그 기도가 자신을 통하여 응답이 될 때까지는 결코 자유를 누릴 수 없다. 아무리 오랜 시간이 걸린다 할지라도 계속해서 기도해야만 한다.

그러나 일단 중보 기도의 자리를 얻어 주님의 시험과 인정을 받은 중보 기도자는, 모든 축복들을 주장할 수 있는 권리가 생긴다. 그것이 하나님의 뜻이기만 하다면 언제고 그 축복을 갖다 쓸 수 있다. 이것은 유클리드의 기하학과도 일맥상통한다. 일단 명제들을 터득하여 일정 수준에 도달한 사람은, 그 명제들을 바탕으로 하여 응용 문제들을 풀 수 있다. 물론 아직 그 이상 깊이는 들어가지 못한다. 그러나 확실히 이해가 안 되지 않는 한 똑같은 단계를 두 번 반복할 필요는 없다.

리즈는 하나님의 치유 역사에 대해서도 언급했다. 폐병으로 죽은 여인을 통해 주께서 자기를 다루셨던 이야기를 들려주었다. "모든 첫 열매는 하나님께 속한 것이기 때문에 나 또한 그 첫번 기회는 제단에 바쳐야 했습니다. 성령께서는 내 안에서 나의 승리를 증거하셨지만 내겐 큰 실패로 느껴졌습니다. 그 사건을 통하여 주님은 내가 육에 대해서 죽었다는 것과 따라서 미래에 이런 치유의 기회가 또 오게 되면 나의 자아는 거기서 아무런 영광도 취할 수 없다는 사실을 확인시켜 주셨습니다."

이 이야기를 나누면서 리즈는, 래드스탁 경 또한 주님으로부터 자기와 똑같은 방식으로 인도하심을 받았으리라고는 꿈에도 생각하지 못했다. 래드스탁 경의 이야기는 후에 그의 전기에 기록된다. 그는 하나님이 병든 자를 치유하신다는 진리를 야고보서 5장 15절 말씀을 통해 받아들이게 되었다. "믿음의 기도는 병든 자를 구원하리니 주께서 저를 일으키시리라." 그는 이 말씀을 그대로 따르리라 스스로 다짐했다. 뿐만 아니라 그는 교회가 이 명령을 경시하고 있기 때문에 많은 어려움이 야기되고 있다고 믿었다.

그가 이런 것을 깨닫고 난 뒤 어느 날 그의 맏딸이 중병에 걸렸다. 의사로 일하는 친구들이 치료해 보겠다고 나섰지만, 그의 마음에서 도움을 거부했다. 그러나 하나님의 말씀을 향한 그의 믿음에도 불구하고 '하늘은 침묵했고 딸아이는 죽고 말았다.'

죽은 딸아이가 누워 있는 침대 맡에 서서 그는 이렇게 고백했다. "그가 나를 죽이실지라도 나는 그를 의뢰하리라."욥 13:15 이것은 그의 믿음에 대한 엄청난 시험이었다. 심령의 고통은 이루 말할 수 없었다. 그러나 그 고통을 이겨 낸 뒤 그는 정복자보다 더 훌륭한 모습으로 나올 수 있었다. 그는 후에 수백 번도 더 넘게 하나님의 치유 사역에 사용되었다.

하지만 여전히 그는 왜 자기 딸이 죽어야만 했는지 이유를 도통 알 수 없었다. 그러다 첫 열매는 제단에 드려져야 한다는 리즈의 말을 듣고 나서야 이유를 깨달았다. 얼마나 큰 감동이 왔던지 래드스탁 경은 리즈에게 이렇게 말했다. "하나님이 당신에게 비추어 주신 그 빛은 주님의 모든 교회에 다 전달되어야 합니다. 당신이 대학 교육을 받는다면 그것이 큰 유익이 될 것입니다. 당신은 대학에 가서 공부해야 합니다. 비용은 내가 부담하겠습니다."

고셋 씨는 집회를 끝내고 떠나는 리즈에게 런던에도 한번 방문해 달라고 부탁했다. 체신부 장관을 하는 로버트 앤더슨 경을 비롯하여 그의 친구들과도 리즈의 말씀을 나누고 싶었기 때문이다. 젊은 광부가 '고위급 사람들'을 만나는, 새로운 문의 열림이었다. 리즈는 후에 이렇게 말했다.

"구원받지 않은 사람에게 그보다 더 큰 행운은 없을 것이다. 하지만 내게 맨 먼저 드는 생각은 이것이다. 모든 것의 끝은 두고 봐야 안다는 것이었다. 새로운 문은 많은 방향에서 열리지만 사실 이보다 더 사람의 마음을 솔깃하게 하는 것도 없을 것이다. 돌아와 친구들에게 그 얘기를 했더니 그들 역시 아주 좋아하는 것 같았다. 그들은 이번 기회에 나의 괴상한 생활, 박한 음식 따위가 드디어 끝이 나나 보다고 생각하기까지 했다.

외적으로 보면 래드스탁 경이나 로버트 앤더슨 경 같은 분들에게 기도와 중보 기도에 대해서 말씀을 전해 달라는 부탁을 받는다는 것은 과연 커다란 영광이다. 하지만 주께서 그것을 통하여 나에게 가르치셔야만 했던 참으로 커다란 교훈이 있으리라고는 전혀 생각지 못했다."

모든 부르심은
복되다

좋은 때에든 궂은 때에든 나는 주님의 거룩하신 뜻에 연합하는 것 외에
그 어떤 것도 더 필요하지 않습니다. ─ 잔느 귀용

주님은 리즈에게 또 하나의 중보 기도 제목을 주셨다. 그 마을에
서는 이미 많은 술꾼들이 놀랍게 회심하는 역사가 있었지만, 아
직도 손이 닿지 못한 사람들이 꽤 있었다. 그들도 모임에 참석하였고
주님을 따르고자 하는 열망도 있었지만, 그야말로 완전히 술에 묶여 사
는 술의 노예들이었기 때문에 마귀는 여전히 그들을 꽉 붙들고 놓아주
지 않았다. '강한 자를 결박하고 나서 세간을 늑탈해야 할' 필요성이
또 한 번 생기는 것이다. 사실 중보 기도란 대중 사역에서 숨은 인생으
로 가는 첫 단계라 할 수 있다.

지난 3년 동안 리즈는 직장 일이 끝나면 매일 밤 집회에 참석했다.
집회는 1주일에 다섯 번 있었고 나머지 두 번은 심방을 가서 가졌다. 탄
광에서 일하는 시간은 아침 7시부터 저녁 4시 반까지였다. 거기서 집회

장소까지는 3킬로미터가 조금 넘었는데, 그는 좋은 날이고 궂은 날이고 한 번도 거르지 않고 그 길을 걸어다녔다. 리즈는 랜드린다드 사경회에 참석하는 주간을 빼고는 거의 자기 양 떼를 떠나 본 적이 없었기 때문에, 다른 모임에 참석할 시간은 전혀 없었다. 그는 사경회에 갈 때면 가능한 많은 새 회심자들을 데리고 갔다. 그의 사역은 매우 안정되어서 주일 밤이면 많은 사람들이 모여들었다.

부흥이 불러온 가장 큰 외적인 변화는 바로 술이었다. 3년 전만 해도 양조장에서는 한 달에 두 번 있는 봉급날이면 세 대의 짐마차에 맥주 통을 가득 실어 내보내곤 했다. 그러던 것이 이제는 마차 하나로 줄었으며 그것도 겨우 반만 찰 정도였다. 양조장이 리즈 하월즈와 그 일행을 설득하여 자기네 주주로만 만들었더라도 한몫 톡톡히 수지를 맞았을 것이라는 우스갯소리도 나돌 정도였다. 리즈는 이렇게 말했다.

"우리에게 적이 있다면 그것은 오직 마귀뿐이었다. 사람들은 하나같이 다 우리를 칭송했다. 우리가 자기들의 유익을 위해 일하고 있다는 걸 잘 알고 있었기 때문이다. 비록 우리 안에는 끊이지 않는 시련과 시험들이 있었지만, 우리는 사람들에게 한 번도 그런 얘기를 하지 않았다. 그들에게는 영원한 부흥만이 있었다. 오, 주님의 이름은 얼마나 귀하신 이름인가! 옥외 집회를 할 때면 온 구역은 '예수님 찬양'의 노랫소리로 떠나갈 듯했다."

리즈의 어려움은 기도 시간을 확보하는 것이었다. 사실 그가 확보할 수 있는 유일한 기도 시간은 집회 장소까지 3킬로미터를 걷는 그 시간뿐이었다. 그 길은 반 정도가 한적한 공터였는데, 그곳을 걷는 동안 언제나 조용히 혼자만의 시간을 갖고자 노력했다. 길가에 있는 집들 가운데 맨 마지막 집이 딱 끝나는 그 순간 그는 모자를 벗고 계속 기도하는 자세로 걸어가곤 했다. 당시 인습으로 보자면 집 바깥에서 모자를 쓰지 않은 채로 다닌다는 것은 있을 수 없는 일이었다. 하지만 혼자 있을 때면 하나님의 임재가 너무도 생생히 느껴져 리즈는 늘 모자를 벗곤 했다.

🪶 세상의 반응을 내려놓으라

모자를 벗고 다니는 일은 얼핏 보기에는 사소한 습관 같아 보이지만 실은 성령께서 그를 사람들의 눈을 의식하지 않게 하는 데 사용한 첫 번째 도구였다. 어느 주일 이른 아침이었다. 이날도 리즈는 기도로 주님과 교제하고 있었다.

"그날 아침 그 영광은 햇빛보다도 밝은 것이었다. 그 평화와 그 위엄스러운 침묵! 그곳이 마치 거룩한 땅처럼 느껴질 정도였다. '햇빛이 칠 배나 밝아져 일곱 날의 빛과 같이 될 것이라' 한 이사야의 말이 그대로 이루어진 것만 같았다. 그때 주님은 나에게, 당신이 부르신 바대로 중보 기도를 통하여 그분 안에 거하게 하기 위해서 이제 하루 종일 모자를 벗고 기도의 자세를 유지하라고 말씀하셨다. 모자를 벗어 들고 가야 했는데, 도저히 그럴 수 없을 것 같아 망설였다. 그러자 곧 영광은 사라져 버리고 햇빛은 도로 평상시의 빛으로 바뀌었다."

드디어 집회에 가야 할 시간이 되었다. 성령은 리즈에게, 순종하지 않는 한 갈 수 없다고 말씀하셨다. 무릎을 꿇고 기도하고 있는데, 주님은 그에게 순종하지 않으려는 이유를 물으셨다. 주님의 임재 바깥으로 나가고 싶어서인가? 그건 아니다. 이유는 딱 한 가지였다. 사람들의 반응을 도저히 감당할 수 없으리라는 점이었다. 그러자 주님은 바로 그것이 주께서 그에게 이것을 명하시는 이유라고 말씀하셨다. 주님은 또한, 리즈 자신이 먼저 세상을 이기지 못한다면 이제 그는 다시는 '세상을 향하여 죽는다는 것'에 대한 설교를 하지 못할 것이라고 말씀하셨다. 리즈는 이렇게 말했다.

"우리는 종종 자신이 세상에 대해 죽었다고 생각하지만 사실 우리 안에는 세상이 얼마나 많이 들어 있는가! 나는 전에 구세군 모자를 쓰고 다니는 사람을 보면 비웃곤 했는데, 그날은 '성령께서 나에게 그 모자라도 쓰게 하셨으면' 하는 생각이 들었다. 하지만 그분은 절대 타협을 허락하시는 분이 아니었다. 나는 고백할 수밖에 없었다. 주께서 나를 강권하시니 나는 주의 종이옵니다."

어머니만 곁에 안 계셨어도 마음 쓰지 않았을 것이다. 그렇지 않아도 금식에 대해 이견을 갖고 있는 터에 이제 모자까지 벗는다면 어머니는 필시 리즈에게 뭔가가 잘못되어 가고 있다고 생각할 게 분명했다. 정말이지 어머니의 마음을 아프게 하는 일만은 피하고 싶었다. 리즈의 집안은 그 고장에서 명성이 높았고, 다들 부모님을 존경했다. 그런데 이제 부모님의 명예를 욕되게 할 것이라 생각하니 시험은 두 배로 더 어려워졌다.

어머니는 리즈가 평상시보다 좀 늦는다고 생각했다. 그때 그가 계단을 내려오는 소리가 들렸다. 어머니는 모자를 손에 들고 가 계단을 내려오는 아들을 맞이했다. 어머니는 모정이 가득 담긴 손으로 모자를 곱게 쓸어 내리고 서 계셨다.

"어머니에게 모자를 쓰지 않겠다고 말씀드리는 순간 시므온 할아버지가 마리아에게 주었던 말씀이 생각났다. '또 칼이 네 마음을 찌르듯 하리라.' 자기 자식이 남다른 길을 걸어가는 것을 보아야만 하는 부모의 심정은 어떠한 것이겠는가! 그날 거리를 지나가던 일은 내 평생 결코 잊을 수 없다. 겉으로는 각자 교회를 향하여 사람들이 지나가고 있었다. 세상을 향하여 죽는 것에 대해 설교한다고? 내 속에 살아 있는 신경

2부 성령의 중보자로, 기름 부음 받는 삶

131

이란 신경은 모두 다 사람들의 반응을 향하여 일제히 곤두서고 있었다.

나는 소경보다 하나도 더 나을 게 없는 사람이었다. 마귀는 지옥의 모든 세력들을 다 동원하여서 나의 이 단순한 순종을 어떻게든 훼방하려고 안간힘을 쓰고 있었다. 이 순종 자체에는 하나도 이상할 것이 없었다. 나는 하루를 기도하는 자세로 보내라는 명령을 받았고, 그것을 위해 세상으로부터 어느 정도 격리되어 있으면 되는 것이다. 아, 그러나 나의 본성이 그토록 단단하고 뿌리 깊을 줄이야!

하지만 그것은 분명 신의 성품을 향하여 변화되고 있는 과정에 있었다. 집회 장소에 다다르니 안도의 한숨이 나왔다. 그것은 피의 보수자를 피하여 가는 자에게 도피성과도 같은 것이었다. 우리끼리 모이게 되면 언제나 시험 뒤에는 폭소가 뒤따르곤 했다."

하지만 그렇게 기도하라는 명령은 단지 주일에만 국한된 것이 아니었다. '일을 할 때든, 길을 걸을 때든, 그 무엇을 할 때든' 자기가 중보기도를 해 주는 그 영혼들을 언제나 마음에 두고 살아야만 했던 것이다. 간단히 말하면 매일 모자 없이 다녀야 한다는 뜻이었다. 그는 이렇게 말했다.

"내가 그 문제에 있어서 승리하게 될 때까지는 그래야만 했다. 하지만 모자를 안 쓰고 직장에 간다는 것은 정말 죽는 것과 같았다. 그래도 결국은 순종하는 것보다 불순종하는 것이 더 어려운 일이었고 차츰 사람들과 거기에 익숙해져 갔다." 주님은 리즈를 세상과 분리시켜 당신 뜻에만 따르는 자가 되게 하시려고 이제 그를 데리고 한 단계 더 깊이 들어갈 준비를 하고 계셨다. 대중 사역에서 완전히 손을 떼게 하시려는 것이었다.

이 차기 단계는 적이 리즈의 한 친구에게 공격을 가해 옴으로써 시작되었다. 그는 같은 사역 팀 안에 있는 리즈의 절친한 친구이자 동역자였다. 그들은 서로 진심으로 아꼈다. 그런데 언젠가부터 몇몇 신자들이 그 친구에게 이런 말을 했다.

"네가 리즈하고 같이 이 마을에 남아 있는 한 너는 평생 빛을 보지 못할 것이다. 너한테도 너만의 일이 필요하다."

주님은 리즈에게 이 공격이 얼마나 중대한 것인지 보여 주셨고, 또 리즈만이 친구를 그 공격에서 구해 줄 수 있다고 말씀하셨다.

"그가 결코 얻지 못할 것이라고 한 바로 그것을 네가 친구에게 주는 것이다. 이제 사역 팀의 리더십을 그에게 주도록 하라. 너는 뒤로 물러나서 그의 중보 기도자가 되어라. 이 사역 팀이 네가 지도할 때보다 그가 지도할 때 더욱 놀랍게 부흥하도록 기도하라."

리즈는 이 일이 자기 인생에 미칠 영향을 생각해 보아야 했다. 그는 이렇게 말했다.

"꼬박 3년 동안 이 사역을 위해 나의 돈과 시간과 모든 것을 쏟아 부었다. 그런데 이제는 지금까지 그가 뒤에서 나를 도왔듯이 내가 그를 도우라고 하셨다. 사역 팀은 날로 성장해 갔고, 계속 더 확장되어 갈 추세였다. 그렇게 되면 그 성공의 공을 모두 내 친구에게 돌릴 것이다. 그전에 누군가가 기초를 놓았다는 사실은 기억조차 못할 것이다. 자신의 공이 친구에게만 가는 걸 두고 볼 수 없었다. 이것이 자아에 대하여 성령께서 다루시고자 하는 다음 단계였다.

자아의 자리에 신의 성품이 들어서도록 한다는 것은 참으로 어려운 과정이었다. 그렇게 사흘이 지났다. 하지만 나는 하나님은 밖으로 드러나는 성공적인 삶을 통해서뿐 아니라 숨은 인생을 통해서도 그와 똑같은 기쁨을 맛볼 수 있는 자로 우리를 자라게 하신다는 걸 알고 있었다. 우리 인생의 목적이 과연 하나님의 뜻을 행하는 것이라면, 우리는 그 두 가지 삶 가운데 어떤 것이든 내게 똑같이 기쁨이 된다고 진심으로 말할 수 있다."

당시 그에게는 마담 잔느 귀용-Madame Guyon 의 이야기가 도움이 되었다. 그녀의 삶 속에는 성화의 과정이 아주 분명하게 나타나 있다. 그녀는 지하 감옥에 갇혀서도 이렇게 고백했다.

"좋은 때에든 궂은 때에든 나는 주님의 거룩하신 뜻에 연합하는 것 외에 그 어떤 것도 더 필요하지 않습니다."

결국 하나님은 리즈를 움직이셨고, 그의 본성에 또 하나의 깊은 변화를 이루셨다. 리즈는 이 이야기를 친구와 나누면서 이제부터 사역 팀은 그의 것이며 자기는 뒤에서 기도로 돕겠노라고 얘기했다.

"이 팀을 커다란 사역팀으로 세워 나가게. 주님은 자네를 통해서 영혼들을 구원하실 것이네. 나는 뒤에서 자네를 위해 기도하겠네. 우리 사역 팀이 내가 지도할 때보다 자네가 지도할 때 더욱 크게 부흥하기를 원하네."

사랑의 이끄심을
따라가라

성령은 결코 '몰아붙이는' 일은 없으신 분이다. 주님이 지신 십자가를
보여 주시면서 오직 사랑의 줄로 우리를 인도하신다.

리즈가 친구에게 사역 팀을 넘겨주고 얼마 뒤 다음주에 런던으로 올라와 달라는 고셋 씨의 초청 편지가 왔다. 리즈는 처음엔 갈 수 없다고 생각했다. 왜냐하면 이제 막 새로운 중보 기도의 제목을 받아 그것을 위해 기도하라는 부르심을 받은 터였으며, 그 기도는 줄잡아 3개월은 걸릴 것이었기 때문이다. 그는 진짜 커다란 희생을 치렀다고 생각하면서 잠자리에 들었다.

그러나 이튿날 아침 주님은 그에게 이렇게 물으셨다.

"왜 런던에 가지 않으려고 하지?"

"중보 기도 때문입니다."

"런던에서는 중보 기도를 할 수 없다더냐?"

성령은 언제나 우리 자아의 가장 깊은 뿌리까지 손대고 싶어 하시며

그 바닥까지 추적하여 내려오신다. 그분은 말씀하셨다. "런던에 가지 않으려고 하는 진짜 이유를 말해 보아라."

리즈는 고백할 수밖에 없었다. 실은 모자도 안 쓰고 런던에 가기가 너무 두려웠기 때문이다. 그는 이렇게 말했다. "나는 우리 동네에서는 모자 문제에 대해 승리했다. 하지만 런던까지 가서 그런 고위급 사람들을 만나는데 모자를 벗고 갈 수는 없었다. 또한 래드스탁 경은 자신을 모욕한다고 여길 것이 분명했다. 그때 나의 육체는 온갖 잡다한 이유들을 다 만들어 냈다. 하지만 그 가운데 단 한 가지도 성령께는 이유가 되지 못했다. 그분은 내가 정말 사람에게보다 하나님께 순종하는가를 보기 위하여 이런 상황을 일부러 계획하신 것이다. 사람들은 그리스도를 위하여 바보가 되는 것은 영광스러운 일이라고 아주 쉽게 얘기한다. 하지만 정말 바보가 되도록 성령께 부르심을 입으면 상황은 아주 달라진다. 갈등이 얼마나 컸던지 이런 생각까지 들었다. '이렇게 완전히 헌신된 삶, 종으로서의 삶, 매일 매일 죽는 삶일랑 다 그만두고 그저 복음을 전하고 가난한 사람들을 도와주며 사는 평범한 그리스도인의 삶으로 돌아갈 수는 없을까?' 사실 많은 친구들이 그렇게 살고 있었다."

하지만 성령은 그를 '살아 있는 순교자의 자리'라는 실존에 꽉 묶어 두었다. 그는 이 땅을 사는 동안 자기 인생에 대해 아무런 권리를 주장할 수 없었다. 리즈 역시 자신이 그 일에 선택권이 없음을 잘 알고 있었다. 또한 성령은 결코 '몰아붙이는' 일은 없으신 분인지라, 리즈에게 주께서 지셨던 쓰라린 십자가를 보여 주시면서 오직 사랑의 줄로 그를 인도해 가셨다. 성경에도 나와 있듯이 "그는 고운 모양도 없고 풍채도 없은즉 멸시를 받아서 사람에게 싫어 버린 바 되었으며 간고를 많이 겪었으며 질고를 아는 자라."

겟세마네 동산까지 주와 함께 가려 하네

피땀 흘린 동산까지 주와 함께 함께 가려네

주의 인도하심 따라 주의 인도하심 따라

어디든지 주를 따라 주와 같이 가려네

우리 사역 팀은 이 노래를 즐겨 부르곤 했다. 하지만 바로 그 순간 주님과 함께 간다는 것은 왜 그리도 쓰라린 고통이었던가! 나는 주님께, 성경 속의 주의 종들에게 주님이 전에도 이런 일을 요구하신 적이 있는지 말씀으로 보여 달라고 기도했다. 혹시 고셋 씨나 그의 친구들이 나한테 모자를 쓰지 않는 행동에 대해 성경에 무슨 근거가 있느냐고 물어 올는지도 모를 일이었기 때문이다. 주께서 성경으로 보여 주시면 그때는 가겠노라고 말씀드렸다. 섬광과도 같이 주님은 내 앞에 세례 요한과 엘리야를 보여 주셨다. 세례 요한은 약대 털옷을 입고 메뚜기와 석청을 먹었던 자이며, 엘리야는 3년 반을 동굴과 한 과부의 집을 오가며 살았던 사람이다. 과부의 집에선 날마다 그날 먹는 게 마지막 양식이었다. 이것이 그들에겐 십자가의 길이었고 그들은 그것을 통해 능력을 얻었다.

주님은 언제나 나를 코너에 몰아넣으신다. 그러면 나는 웃으면서 이렇게 말씀드린다. '예, 주님. 주님께서 저를 강권하십니다.' 그리고는 포기한다. 하지만 이번 경우에는 약간 불평을 했다. 주께서 내게 세례 요한을 생각하게 하셨을 때, 내 마음에는 주님이 혹시 탈모보다 더한 것을 요구하시며 나를 런던으로 보내시는 것은 아닐까 하는 두려움이 일었다. 그래서 나는 주님이 혹시라도 순종할 거리를 더 보태시지는 않을까 두려워 하루 온종일 쉬지 않고 바쁜 일에 파묻혀 보냈다."

이윽고 런던에 갈 날이 이르렀다. 기차가 증기를 뿜으며 패딩튼

Paddington 역에 들어서자, 마치 자신이 지금 단두대로 가는 것 같은 생각이 들었다. 고셋 씨가 마중을 나와 기다리고 있다가 차에서 내리려는 그를 아주 정중하게 맞아 주었다. 그 순간 그는 갑자기 고개를 차 안으로 들이밀고는 이렇게 말했다.

"자네, 모자를 두고 내렸어."

"아닙니다. 모자를 안 쓰고 왔습니다."

"뭐야? 런던에 오는데 모자를 안 쓰고 왔다고? 말도 안 되네. 이봐, 리즈. 지금 자네는 시골마을이 아니라 런던에 있어. 런던은 모자 없이는 다닐 수 없는 곳이라네."

"그렇다면 돌아가겠습니다."

"돌아가고 말고 하는 문제가 아니야. 모자를 써야 한다니까."

그때 일을 떠올리며 리즈는 이렇게 말했다. "나는 그때까지 그렇게 딱한 꼴을 한 사람은 처음 보았다. 무개차無蓋車를 타고 패딩튼에서 피카딜리까지 가는 동안 고셋 씨의 얼굴은 홍합만큼이나 붉어져 있었다. 가는 길에 그는 이렇게 말했다. '집에 새 모자가 하나 있는데 아주 비싼 것이라네. 나한테는 맞지 않으니 내 그걸 자네에게 줌세.'

나는 그에게 분명히 말했다. 런던에 있는 모자를 몽땅 다 갖다 준다고 해도 단 하나도 받을 수 없노라고. 지금은 모자를 벗고 다니는 것이 중보 기도의 자리를 얻기 위해 지녀야 할, 주님 안에 거하는 태도 가운데 하나였기 때문이다. 그는 나중에 자기 평생에 그때만큼 자존심이 상해 본 적은 없었노라고 얘기했다. 전에도 주님이 그 자존심을 꺾으려고 하신 적이 있었지만, 그는 아무도 자기 자존심을 건드리는 것을 허락하지 않았던 것이다. 그러면서 이때까지 살아오면서 그 차 안에서만큼 얼굴이 붉어진 적은 없었다고 덧붙였다."

모자 하나로 그토록 큰 갈등을 불러일으켰는데 금식과 절식 이야기를 하면 어떤 반응이 나올까? '다니엘의 메뉴'에 대해서 그는 어떻게 생각할까? 식사를 기다리고 있는 동안 그는 리즈에게 저녁식사 초대장들을 하나하나 다 읽어 주었다. 리즈는 이렇게 말했다.

"나는 또 한번 싸워야만 했다. 나는 내가 매일 두 끼, 그것도 가장 간단한 음식으로만 먹어야 한다는 걸 잘 알았다. 그러니 저녁 식사가 무슨 소용이란 말인가? 꼭 말해야 하는 상황이 아니고서는 말할 수가 없었다. 벨이 울리고 우리는 저녁 식탁에 앉았다. 그는 말했다. '모두 자네를 위해 준비했다네. 식탁에 있는 음식들을 하나도 빼놓지 않고 다 먹어 보게.' 그 상황에서는 고백해야 했다. 앞으로 석 달 동안 하루 두 끼밖에 먹을 수 없으며 그것도 빵과 치즈와 수프만 먹어야 한다는 것을 얘기했다. 그는 두 손을 위로 추켜들며 큰소리로 말했다. '리즈, 사람들이 내 손님인 자네를 보고 뭐라고 말하겠나? 자네가 구약 시대 선지자라도 된다는 말인가?' 우리는 둘 다 폭소를 터뜨렸다.

나는 그에게 모자를 안 쓰고 런던에 오는 것은 주님께서 나에게 주신 시험이며 나는 거기에 순종해야 한다고 이야기했다. 또한 내가 주님 안에 거하기를 선택하는 것이 그의 그런 친절을 모욕으로 갚는 것이 될 줄은 꿈에도 생각하지 못했다는 얘기도 했다. 그는 이렇게 대답했다. '자네가 이렇게 하는 것은 다 잃어버린 영혼들을 구원하기 위함이라고 생각하네. 설사 왕이 자네를 초대해 식탁 앞에 있다 할지라도 하나님께 불순종하지는 말도록 하게.' 그러나 그는 동시에 이런 말도 했다. '나는 피카딜리에서는 자네와 함께 걸을 수 없네. 자네가 2미터 정도 앞서 걷거나 아니면 그 정도 뒤에서 걷도록 하게.' 우리는 또다시 한바탕 웃었다. 십자가는 그런 것이었다. 하지만 그것은 영광스러운 승리였다."

고셋 씨 친구들과의 자리는 정말 특별했다. 하지만 이번 방문에 대한 하나님의 참목적이 어디에 있었는지는 마지막 날이 돼서야 밝혀졌다. 리즈가 그곳을 떠나기 전날 밤 고셋 씨가 리즈의 방으로 찾아와서 이런 말을 했다.

"하나님이 내게 뭔가를 보여 주셨다네. 그분은 마치 하나님의 언약궤가 있었다는 이유로 오벳에돔의 집을 축복하셨던 것처럼, 자네가 우리 집에 와 있기 때문에 우리 집을 축복하실 것이라고 말씀하셨네."

이튿날 아침 주님은 리즈에게 수넴 여인의 이야기를 읽게 하셨다. 그날 리즈는 고셋 씨에게 이렇게 말했다. "당신은 이 여인이 선지자에게 했던 것과 똑같이 제게 해 주셨습니다. 이제 저도 당신께 '내가 당신을 위하여 어떻게 하리이까?' 하고 물어야 하겠습니다. 당신이 하나님으로부터 원하는 축복이 있으면 말씀하십시오. 그것이 무엇이든 하나님이 들어주실 것입니다." 그러자 그가 갑자기 주저앉아 울었다.

그는 자기에게 큰 소원 하나가 있다고 말했다. 자기 아들 랄프 고셋이 지금 군 장교인데 어렸을 때부터 배운 대로 삶의 길을 찾아 떠났다는 것이다. 마침 그 아들이 지금 아프리카에서 돌아오고 있는데, 자기는 그 아들이 자기 집안의 명예를 훼손시키는 일을 하지 않았으면 좋겠다고 했다. 리즈는 이렇게 대답했다.

"하나님이 그 이상으로 응답해 주실 것입니다. 아드님이 다시 귀대할 때에는 반드시 회심한 사람이 되어 있을 것입니다."

주님께서 70문도에게 주셨던 말씀이 여기서도 그대로 이루어졌을 것이다. "어느 집에 들어가든지 먼저 말하되 이 집이 평안할지어다 하라 만일 평안을 받을 사람이 거기 있으면 너희 빈 평안이 그에게 머물 것이요." 눅 10:6

하나님의
보좌를 움직이라

세상에 대하여 죽는 것을 너무나 쉬운 일이라고 생각한다. 그러나 그것은
잘못된 생각이다. 우리는 한 발짝 한 발짝씩 강권함을 입어야만 한다.

리즈의 중보 기도자로서의 사명은 점점 분명해졌고, 이를 위해 또
하나의 어려운 관문을 통과해야 했다. 그동안 했던 중보 기도의
경우들은 대상이 모두 마을 사람들이었고 또 그의 개인적인 영향력 아
래 있는 사람들이었다. 그러나 고셋 씨의 아들은 한 번도 본 적이 없으
며 이후로도 만날 가능성이 거의 없었다. 그러니 그에게 영향력을 미칠
수 있는 방법은 전혀 없었다. 오직 하나님의 보좌를 움직이는 길밖에
없었다. 주님이 말씀하셨다. "이것이 네 중보 기도의 시험대가 될 것이
다."

주님은 당신의 종에게 지금껏 생각했던 것보다 훨씬 더 높은 중보
기도의 자리를 주시려고 준비해 오신 것이 분명했다. 이제 리즈는 사람

들을 직접 상대하며 일하는 것을 일체 그만두고 오직 하나님만 움직이는 법을 배워야 했다.

리즈는 이 중보 기도를 더욱 명확하게 하기 위해서 고셋 씨의 기도 제목과 자신의 기도 약속을 카드에 적은 뒤 고셋 씨와 나란히 사인했다. 그러고는 사본을 만들어 똑같이 한 장씩 나눠 가졌다. 리즈는 그 기도카드를 보물처럼 소중히 여겼다.

> 나는 랄프 고셋이 회심하기를 간절히 바란다. 그러므로 나 리즈 하윌즈는 여기에 전적으로 마음을 같이하여 이 문제를 놓고 하나님의 크신 긍휼을 구하기 위하여 중보 기도를 해 주기로 약속했다. 우리는 랄프가 이번 휴가가 끝나기 전에 회심하게 되기를 간절히 바란다.
> - 1909년 10월 29일, 피카딜리 가 89번지에서

리즈가 런던에서 돌아오자 주님은 그에게 탄광에서 돌아와 저녁 6시부터 9시까지 세 시간씩 무릎을 꿇으라고 말씀하셨다. 리즈는 몇 주 전 사역 팀의 리더십을 친구에게 넘겨주게 하셨던 것도 다 이를 위한 준비였음을 그제야 깨달았다. 이제 주님은 리즈에게 외적인 영적 활동은 모두 다 포기할 것을 명하셨다. 심지어 사역 팀의 집회에도 참석하지 말라고 하셨다. 그저 무릎 꿇고 앉아 성경을 읽으면 성령께서 직접 교사가 되어 가르쳐 주겠다고 하셨다. 그는 이렇게 말했다.

"나는 얼마 지나지 않아서 그분의 임재 안에 온전히 잠잠해지는 법을 배울 수 있었다. 나는 그간 설교하는 게 너무나 몸에 배어 있어서 말씀을 읽다가 뭔가 새로운 것을 깨달을 때마다 나도 모르게 혼자서 설교를 하고 있곤 했다. 앞에 사람이라고는 단 한 명도 없는데 말이다. 그러다가 다시금 자신의 위치를 깨닫곤 했다."

주님 안에 거하기 위해서는 먼저 다음과 같은 조건들이 필요했다. (1) 금식, 즉 하루 두 끼만 먹는다. (2) 기도하는 자세로 생활한다. 이것은 모자를 안 쓰고 다니는 것을 뜻한다. (3) 사역 팀의 모든 외적인 사역을 다 그만둔다. 집회에도 전혀 참석하지 않는다. (4) 매일 저녁 세 시간을 무릎을 꿇고서 보내되 처음 두 시간은 말씀을 읽고 다음 한 시간은 하나님을 바라본다. 리즈는 이외에 다른 조건들도 있으리라는 것을 알고 있었지만, 그러나 주님이 주신 것은 아직 여기까지였다.

이는 그동안의 삶과는 완전히 다른 삶이었다. 동료 그리스도인과 교제를 나누는 대신 이제는 오직 주님과만 함께 있어야 했다. 더욱이 그는 자기가 친구에게 사역 팀을 물려주고 그 대신 중보 기도의 삶의 길로 들어섰다는 것을 식구들에게든 친구들에게든 알려서도 안 되었다. 그래서 주위엔 이런 소문이 나돌았다. 리즈가 런던에 가서 무슨 절망적인 일을 당하여 그것 때문에 사역 팀도 포기하고 예배에도 참석하지 않는다는 것이었다.

처음에 리즈는 이런 숨은 인생에는 활동적인 삶이 가져다 주는 그런 기쁨이 없을 거라고 생각했다. 말씀만 붙들고 있어야 한다고 생각하니 참으로 비극처럼 느껴졌다. 심지어 하나님이 다시는 설교할 기회를 안 주시는 게 아닌가 하는 생각마저 들었다. 어려운 점은 그것 말고 또 있었다. 저녁에 기도를 하자니 왠지 아침처럼 쉽지 않았다. 하루 동안 있었던 일들이 떠올라 마음을 어지럽혔기 때문이다. 처음에는 그런 생각들을 떨쳐 내기가 여간 어려운 일이 아니었다. 그는 종종 이렇게 말하곤 했다.

"사람들로부터 떨어져 혼자 있다 할지라도 자기 자신의 목소리들을 잠재우기란 참으로 쉽지 않은 일이다. 그러나 주님은 6시면 어김없이 나를 부르셨다. 시간이 좀 지나자 이제 6시 정각에 방문을 닫고 나면 세상은 완전히 나를 떠나고 나는 곧 하나님의 임재 속으로 들어갈 수 있게 되었다. 그것은 완벽한 교제였다. '하나님께 참으로 가까이 나가니 이보다 더 가까울 수는 없으리. 나 그 아들 예수 안에 있으니 나 역시 그처럼 가깝도다.' 나는 정말 이렇게 고백할 수 있었다."

주님은 리즈에게 하나님이 선지자들이나 사도들에게 하신 것처럼 이제 리즈를 어떤 자리에 갖다 두신다 하더라도 리즈는 거기에 온전히 마음이 열려 있어야 한다고 말씀하셨다. 리즈는 이렇게 말했다.

"나는 이스라엘 나라의 불법이 에스겔에게 얼마나 커다란 짐을 지워 주었는지를 보았다. 그러나 에스겔처럼 음식으로 시험을 받는다면 그것은 두렵지 않았다. 예레미야도 별로 두렵지 않았다. 그러나 이사야는 두려웠다. 이사야는 왕족의 혈통이요 가장 위대한 정치가와 저술가 중의 한 사람이었다. 이런 선지자는 이사야 한 사람뿐이었다. 그러나 성령께서는 그런 이사야를 낮추시는 모습을 보여 주셨다. 당신이 부르신 일을 하게 하시기 위함이었다. 사 20장 나에게 오직 한 가지 위안이 있었다면, 내가 이제 막 창세기부터 읽기 시작했기 때문에 이사야까지 가려면 적어도 두 달은 걸릴 것이라는 사실이었다. 그러나 채 이사야까지 미치지 못하여 나는 도저히 피할 수 없는 다른 말씀을 만나게 되었다.

창세기에서는 별 시험이 없었다. 그러나 민수기 6장 2-6절에 왔을 때였다. '남자나 여자가 특별한 서원 곧 나실인의 서원을 하고 자기 몸을 구별하여 여호와께 드리거든 … 그 서원을 하고 구별하는 모든 날 동안은 삭도를 도무지 그 머리에 대지 말 것이라 … 그는 거룩한즉 그 머리털을 길게 자라게 할 것이며 … 시체를 가까이하지 말 것이요.' 성령께서는 이렇게 말씀하셨다. '이 중보 기도 기간 동안 너도 이와 같이 살아야 한다. 설사 아버지나 어머니가 죽는다 하더라도 가까이 가서는 안 된다. 그리고 어떤 경우에도 삭도를 사용해서는 안 된다.'

나는 주님께 차라리 죽는 게 낫겠다고 말씀드렸다. 나는 이제 겨우 서른이었고, 하나같이 다 가장 훌륭한 삶을 살아온 여섯 형제 가운데 하나였다. 그들이 우리 집안에 그런 일이 일어나는 것을 절대로 허락하지 않으리라는 것을 나는 알고 있었다. 모자를 안 쓰고 다니는 것만으로도 이미 충분했다. 이것은 그보다 천 배나 더 심한 일이었다.

턱수염을 기르는 사람이라면 누구나 적어도 일주일에 한 번씩은 수염을 손질해 주었다. 그러나 나실인은 머리든 턱수염이든 일절 손을 댈 수 없었다. 마귀는 이렇게 속삭였다. '이 속도로 자란다면 네 머리는 여섯 달이면 무릎까지 자랄 것이다. 너는 빈민가에나 가면 딱 맞는 그런 사람이 될 것이다. 너만 간다면 그것도 그렇게 나쁘지는 않을 것이다. 그러나 너는 네 부모마저 그리로 보내는 최악의 사태를 빚고 말 것이다.'

나는 성령께 우리 세대에 이런 일을 하도록 부르심을 받은 사람은 아무도 없는 것으로 알고 있다고 말씀드렸다. 어떻게 유독 나 혼자만 그런 일을 해야 한단 말인가? 그러나 언제나 그렇듯이 성령은 한사코 나의 거부에 대한 진짜 이유를 추궁하셨다. 그분께는 변명이 절대 통하지 않는다. '나에게 진실을 말해라. 왜 사무엘이나 세례 요한처럼 그런 길을 걸으려 하지 않는 것이지?' 나는 대답했다. '부모님 때문입니다. 정말 제 부모님이 무덤이나 빈민가로 들어가는 것을 보셔야 하겠습니까?' 나는 정말 이것이 진짜 이유라고 생각했다.

그러나 주님은 이렇게 말씀하셨다. '네 부모를 십자가 앞에 내려놓아라. 나의 어머니는 내가 십자가에 달릴 때 군중들 속에 있었다. 지금까지 세상에 있었던 희생자들 가운데 가장 큰 희생자였다. 자, 이제 네가 이 일을 하지 않으려고 하는 진짜 이유를 말해 보아라.' 그래서 나는 주님께 이렇게 말씀드렸다. '실은 다른 사람들이 보는 눈이 너무 크게 의식되기 때문입니다. 저는 제가 그것에 질까 봐 두렵습니다.' 그러자 주님은 말씀하셨다. '이제야 바로 말했다. 내가 너에게 그 일을 시키려는 이유 또한 바로 그것이다. 네 안에 세상이 없다면 어떻게 세상이 의식될 수 있느냐? 세상이 어떻게 죽은 사람에게 영향을 줄 수 있단말이냐? 이제 네 안에서 이것이 뿌리 뽑힐 때까지 너는 나실인이 되어야 한다.'

나는 주님께 한 가지 더 말씀드렸다. '집에 부랑자들을 데려왔던 것만으로 충분합니다. 이제 저 자신이 부랑자가 된다면, 우리 형제들은 절대로 저와 함께 살려 하지 않을 것입니다. 그러니 저는 하숙을 하겠습니다.' 그러나 주님은 '그건 안 된다. 너는 너의 집에서 그 일을 행해야만한다. 네가 이것을 통과할 때까지는 인간의 모든 애정과 따뜻한 끈들조차도 다 깨뜨려야만 한다. 그때에야 비로소 다른 사람들의 영혼이 너 자신의 영혼과 같이 똑같이 소중하게 될 것이다.' 라고 말씀하셨다."

리즈는 받아들여야만 한다는 것을 알았다. 가시채를 뒷발질해 봐야 아무 소용도 없었다. 그저 언제나 그랬듯이 "저를 강권하옵소서!"라고 말씀드릴 수밖에 없었고, 과연 그 일에는 강권함이 필요했다. 리즈가 자신이 앞으로 삭도를 대지 않을 것이라는 사실을 집안 식구들이나 외부 사람들에게 알리기 전에, 주님은 그에게 은혜를 베푸사 며칠 간의 여유를 주셨다. 다른 사람들에게 줄 영향을 생각해서 그에게도 준비 기간이 필요했던 것이다.

 성령이 주시는 사랑과 평안을 맛보라

사람들이 보기에는 리즈가 런던에 초청을 받고 다녀와 이제 그의 인생에도 밝은 전망이 펼쳐지나 싶었는데, 바로 그때에 이런 엉뚱한 일이 일어나게 된 것이었다. 고셋 씨의 아버지는 국왕 에드워드 3세와 가까운 친구 사이였다. 따라서 리즈가 고셋 씨의 집에 다녀온 것은 리즈 아버지의 인생에도 일대 사건이었다. 이미 지방 신문에는 그것이 기사가 되어 실렸고, 리즈도 그것이 아버지의 기고로 이루어진 일임을 알고 있었다. 이제 사람들은, 성령과 함께하는 사람은 부랑자들뿐 아니라 세력가들과도 친구가 될 수 있다는 사실을 보게 되었고, 또 그것은 전적으로 맞는 말이다. 리즈의 부모는 리즈가 정말 자랑스러웠으며, 이제는 또 어떤 문이 열리려나 하고 앞날을 잔뜩 기대하고 있었다.

비록 리즈가 지난 몇 달 동안 아주 이상한 길로만 인도함을 받는 모습을 보긴 했지만, 그래도 그들은 한 번도 리즈의 성실함을 의심해 본 적은 없었다. 다만 그들이 반대했던 것은 리즈가 너무 극단적으로 치우치려 한다는 것 하나뿐이었다. 그러나 이번만큼은 정말이지 리즈가 '더 없는 바보'라고 생각했다.

우선 그들의 눈에 띈 것은 리즈가 전처럼 저녁 집회에 전혀 가지 않는다는 사실이었다. 그들은 사역 팀에 무슨 문제가 생겼나 하고 생각했다. 이어 리즈가 주일이 되어도 아래층으로 내려오지 않았다는 사실이 드러났다. 주일이면 그의 부모도 교회에 다녀와 집에서 쉬곤 했는데, 리즈의 귀에 그들이 아래층에서 속삭이는 소리가 들렸다. "저 애한테 무슨 일이 있나 봐요. 지난번 런던에 갔던 일이 잘 안 되기라도 했을까요?" 드디어 리즈가 면도도 하지 않으면서 온통 방 안에만 틀어박혀 있다는 사실이 눈에 띄자, 그의 부모는 그야말로 올 것이 왔다고 생각했다. 리즈는 이렇게 말했다.

"나는 그 잔을 마지막 한 방울까지 다 마셨다. 내가 그 일을 하는 통에 우리 부모님도 큰 값을 치르셨다. 그분들은 내가 만인의 눈앞에 인생 실패자로 드러나게 되는 것을 막을 수만 있다면 어떤 일이라도 불사하겠다는 태도였다. 나는 정말이지 부모님께 상황 설명을 해드리고 싶었다. 그렇게만 하면 다 이해하실 수 있었을 것이다. 그러나 나는 그럴 수 없었다. 주님이 나의 입을 열지 않으셨기 때문이다. 그렇게 하고 바깥 세상을 나다닌다는 것은 그야말로 죽는 것만큼이나 고통스러운 일이었다.

그것은 위대한 죽음이었다. 사람들은 두 사람만 모였다 하면 내 얘기를 했다. 내게는 육체가 조금이라도 남아 있어서는 안 되었다. 사람들은 내가 실패를 비관해 그런 거라고 수군거렸지만 그들은 참 실패가 무엇인지 알 턱이 없었다. 또한 주께서 제일 좋은 옷을 남에게 주고 옷은 꼭 한 벌만 가지고 있으라고 명하셨던 터라 처음 두 주는 직장에 출근하는 일이 참으로 고역이었다. 전에 내가 월 배터리와 함께 걸어가곤 할 때 사람들이 둘러서서 우리를 쳐다보면 나는 그만 얼굴이 붉어지곤 했다.

그때 퍼뜩 이런 생각이 들었다. '주님은 나를 대신하여 나의 죽음을 죽으셨으며, 그로 인하여 당신의 이 땅의 가족들은 그 모든 불명예를 당해야만 했다. 그런데 나는 지금 이 사람과 함께 걷는다는 것만으로도 신경을 쓰면서 얼굴을 붉히고 있다.' 그러더니 이어서 이런 생각이 들었다. '언젠가 나도 저런 모습으로 걷게 될 것이다.' 그 생각은 정말로 그렇게 되었다. 내가 어떤 특정한 사람들 곁을 지나가면서 얼굴이 붉어지면, 주님은 반드시 그 길을 다시 걷게 만드셨다. 그분은 내가 진짜 사제처럼 다른 사람들을 향하여 죽게 될 때까지 나를 매순간 꼼꼼히 지켜보셨다. 잃어버린 영혼들이 소중하지 않았다면 나는 결코 그 일을 하지 못했을 것이다."

비난은 세상으로부터만 온 것이 아니다. 신앙인들 역시 같은 비난을 해왔다. 그들은 전에 자기들이 예견한 바대로 과연 이런 낭패가 찾아온 것이라고 말했다. 그것은 시편 69편 8절의 체험 그대로였다. "내가 내 형제에게는 객이 되고 내 모친의 자녀에게는 외인이 되었나이다." 그 이유가 그 다음절에 잘 나와 있다. "주의 집을 위하는 열성이 나를 삼키고 주를 훼방하는 훼방이 내게 미쳤나이다." 리즈가 자원함으로 이러한 중보 기도의 길을 선택했고, 지금 그가 이 수치의 길 참으로 많은 사람들이 죄로 인하여 이 길로 빠져 들고 있다 을 걷는 것은 성령의 인도하심 때문이라는 것을 알아주는 사람은 가장 가까운 이들 몇 명에 지나지 않았다. 세상은 그를 수도사 내지는 '머리가 좀 이상하게 된 사람'으로 취급했다.

그러나 처음엔 세상이 그에게 영향을 주었다면, 끝에 가서는 그가 세상에 영향을 미치게 되었다. 사람들이 그에게서 하나님의 임재를 느꼈고 길거리에서 그를 만나면 정중히 모자를 벗곤 했다. 한 노인은 사람들에게 이렇게 말하곤 했다. "내 말 좀 들어 보시오. 여기 현대의 세례 요한이 지나가고 있소." 여기 그가 이 지역에 미쳤던 영향력을 잘 대변해 주는 한 사건이 있다. 리즈의 이름조차 모르는 어떤 한 사람이 기차역에서 역무원에게 그저 '성령의 사람이 사는 곳'이 어디냐고 묻자, 그는 대번 리즈가 사는 곳을 가르쳐 주었던 것이다.

리즈 자신도 이 시험에 대해서 이렇게 말했다.

"두 주가 지나면서부터 나는 승리할 수 있었고, 세상이 보는 눈에 대해 정말 죽을 수 있게 되었다. 바울의 고백이 나의 고백이 되었다. '이 짧은 고통은 영원히 다함이 없는 영광을 가져올 것입니다.' 고후 4:17 오, 나의 내면의 삶에 넘쳐나는 그 영광! 이제 저녁의 세 시간은 영광 속에 파묻히는 시간이었다. 그것은 말씀이 성령의 조명을 통하여 밝히 드러나는 것 그 자체였다. 성령은 내게 온전한 평화를 주셨고, 잃어버린 영혼들을 향한 깊은 사랑을 주셨다.

그때까지만 해도 나는 성령께서 나를 감찰하시는 것에 대해 늘 두려움이 있었다. 나는 주님 안에 거하는 것에 대해서 더 깊이 배우는 것이 내심 두려웠다. 그것은 언제나 내가 거부할 수 없는 것이었기 때문이다. 그러니 두려움이 조금이라도 남아 있는 곳에는 온전한 자유가 있을 수 없다. 우리는 종종 자기에게 두려움이 없다고 생각하지만 그것은 시험을 당하기 전의 얘기이다.

나 역시 세상과 세상의 가치관을 거슬러 사는 것에 대해서 나한테 아무 두려움이 없는 줄 알았다. 세상을 향하여 죽는다는 것을 너무나 쉬운 일이라고 생각했다. 그러나 그것은 잘못된 생각이었고 최대의 오류였다. 나는 한 발짝 한 발짝씩 강권함을 입어야만 했던 것이다. 나의 본성과 그 모든 정욕을 하나님의 성품으로 바꾸어 가는 일, 즉 성화는 하나의 과정이었던 것이다. 롬 6:6, 벧후 1:4 날마다 나는 쇠해 갔고 그분은 흥해 갔다. 한마디로 말해서 그것은 삼층천에 올라가 영원한 세계를 보고 온 것이었다."

🪶 자유를 누리라

이렇게 6개월 동안을 나실인으로서 살고 나자 주님은 그에게 이제 중보기도가 응답되었다는 확신을 주셨다. 그리하여 리즈는 이제 하나님의 임재 가운데 놀라운 자유를 맛보게 되었다. 그는 곧장 어머니에게로 가서 이 사실을 전했다. 그리고 이제 면도도 할 수 있게 되었다고 말했다. 어머니는 기쁨에 차서 거듭거듭 "하나님, 감사합니다!"만 되풀이할 따름이었다.

이후 몇 달 동안 리즈와 고셋 씨 사이에 오고 간 서신들을 보면 이러한 확신들이 곳곳에 잘 나타나 있다. 그들의 기도 응답을 예견해 주는 당시의 표징들은 이런 것들이었다. 고셋 씨의 아들이 이제는 살아가는 방식이 바뀌어 금주禁酒 각서에도 서명했으며, 군대도 그만두고 나와 농장을 경영하러 캐나다로 간다는 것이었다. 리즈가 이 중보 기도의 완전한 응답 소식을 들은 것은 그로부터 12년이 지난 뒤였다. 남아프리카 선교회South Africa General Mission 총무인 에드가 훼이스풀Edgar Faithful 씨가 케이프 타운에서 보내 온 1921년 8월 3일자 편지에는 다음과 같은 내용이 담겨 있었다.

존경하는 하월즈 씨께

지난 3월 12일 존 고셋 씨께서 돌아가셨다는 소식을 전합니다. 그분은 돌아가시기 전 1주일 동안 폐렴을 앓으셨습니다. "주님이 오셨습니다." 하는 말을 마지막으로 하신 뒤 운명하셨습니다. 피루엣Pirouet 씨는 이 소식을 고인의 아들 랄프 고셋으로부터 전해 들었습니다. 랄프는 그 소식에 이어 자기의 회심에 관한 이야기도 같이 적었습니다.

한번은 어떤 전도자가 그 지역에 와서 전도 집회를 열고 있었는데, 그는 아내와 함께 거기에 참석했다고 합니다. 그 전도자의 설교는 탕자에 대한 것이었습니다. "이에 스스로 돌이켜"라는 말이 그의 귓전을 때려 왔습니다. 다음날 농장에서 일을 하고 있는데도 그 말씀이 계속 그를 따라다녔습니다. 며칠 후 그는 아내와 함께 결심을 하고 일어섰습니다. 그리고 앞에 나가 간증을 했습니다. 이것은 정말 놀라운 소식입니다. 선생님도 이 소식을 듣고 굉장히 기뻐하실 줄로 압니다. 저는 선생님이 지금으로부터 몇 년 전에 그를 위하여 시간을 정해 놓고 기도하셨으며 마침내 응답의 확신을 갖게 되셨다는 얘기를 들었습니다. 랄프 고셋은 지금 캐나다 어느 곳에서 농장을 경영하고 있다고 합니다.

잠잠히
주의 주 되심을 보라

사람들은 언제나 '왜?'를 묻는다. 그들에게 줄 수 있는 대답은
한 가지뿐이다. 때를 정하시는 분은 하나님이시다.

1910년 부활절까지 6개월 동안 고셋 대위를 위한 중보 기도를 다
마치고, 리즈는 다시 정상적인 생활로 돌아왔다. 그러나 주님
은 다시 4개월 동안 숨은 사역을 계속하라고 명하셨다. 또다른 중보 기
도 제목들이 있었기 때문이다. 하나는 인도의 어린 과부들을 위한 기도
였는데, 그들은 기존의 사회 체제에서 이루 말할 수 없는 고통을 겪고
있었다. 리즈는 감사하는 마음으로 다시 숨은 인생을 선택했다. 그 이
유를 그는 이렇게 말했다.

"주님과 나누는 교제는 인간과 나눠 온 어떤 교제보다 뛰어났다. 또
한 성령과 함께 성경을 통독하는 일도 아직 끝나지 않았다. 세상에서
가장 고역스럽던 일이 이제는 가장 감미로운 일로 바뀌었다."

주님은 리즈에게 이 어린 과부들은 하루에 쌀 한 줌 정도의 양식만

먹고 산다는 사실을 가르쳐 주셨다. 그러면서 누군가를 위하여 중보 기도를 하려면 바로 그 사람처럼 살아야만 한다는 중보 기도의 법칙을 다시 상기시켜 주셨다. 그래서 이제 리즈는 식사량을 줄여서 이틀에 오트밀 한 끼 분량만 먹어야 했다. 주님은 또한 그에게 집을 떠나서 하숙을 하라고 말씀하셨다. 그의 어머니가 리즈가 그렇게만 먹는 걸 결코 지켜보지 못할 것이기 때문이었다.

리즈는 이전에 경험한 부르심을 통해 이제 중보 기도의 의미를 충분히 알고 있었다. 기도에 완전히 응답하실 때까지는 결코 물러나지 않을 자세로 나아가야만 한다. 이제 성령께서 그의 입맛을 바꿔 주심으로 박한 음식도 집에서 먹는 음식처럼 훌륭한 것으로 여기고 자족하게 해 주실까? 그는 후에 이렇게 말했다.

"굶주림의 고통이란 참으로 혹독한 것이었다. 주님은 그 일을 결코 쉽게 해 주지 않으셨다. 그분은 언제나 우리를 독수리 날개로 업어 가시는 것은 아니다. 승리는 우리가 모든 과정을 통과한 뒤에야 얻을 수 있다. 먹을 것이라고는 빵 한 조각도 없던 첫날의 기분이 지금도 생생하다. 딱딱한 빵 한 조각만 얻을 수 있다면 뭐든 다 할 수 있을 것만 같았다. 다른 사람의 자리에 처한다는 것은 곧 그 사람의 고통을 같이 짊어진다는 것을 뜻한다. 손톱만큼도 틀리지 않게 똑같은 삶을 살아야 하는 것이다. 식사 시간이 돌아와도 먹을 게 하나도 없었다. 내가 거기에 굴하지 않고 포기하지 않았다는 건 정말 기적이다. 에스겔 선지자가 친구가 되어 주었다. 그의 삶을 보면서 '도대체 어떻게 그럴 수 있었을까?' 하는 말밖에 나오지 않았다." 겔 4장

그러나 리즈의 중보 기도가 단지 값지불이 따르는 순종의 행위라고만 생각해서는 안 된다. 자신이 직접 고통을 겪고 있기에, 그는 자기가 기도로 짐을 져 주고 있는 그 고난받는 자들을 구원해 주실 것을 위해

서 하나님께 끊임없이 울부짖지 않을 수 없었던 것이다.

이러한 기도는 열흘 동안 계속되었다. 그리고 승리는 열흘째 되는 날부터 찾아왔다. 그는 음식의 요지는 곧 우리 몸을 성령께 굴복시키는 데 있다는 것을 깨달았다. "만일 우리가 성령의 인도하심을 받아서 하기만 한다면, 금식이란 한 번 할 때마다 우리 몸을 남의 짐을 져 줄 수 있는 몸으로 무장시켜 준다."

일단 승리를 얻게 되자 이틀에 한 끼만 먹어도 하루 세 끼를 먹는 것과 똑같이 느껴졌다. 그는 이렇게 말했다. "내가 얻은 승리는 주께서 그 과부들을 구원하시고자 당신 자신의 영광을 위하여 주신 승리라는 것을 나는 알고 있었다."

1949년 인도가 독립하고 새 헌법이 제정되면서 과부들의 생계를 보장하기 위하여 상속법 조항에 최소한의 법률적 변화가 생겼다. 여성 해방의 조짐도 밝게 비치기 시작했다. 그런 여러 변화와 오늘날 인도 전역에 복음의 문이 활짝 열리게 된 사실에 당시 리즈의 중보 기도가 어떤 공헌을 했는지는 오직 하나님만이 아실 것이다.

이 시기의 중보 기도에서 하나님께서 부르신 금식의 마지막 지점은, 처음엔 사흘 간격으로 한 끼만 먹다가 후엔 꼬박 15일 동안 금식하는 것이었다. 제7일째 되는 날에 대해 그는 이렇게 말했다. "금식은 기쁨으로 진행되고 있었고 나는 전혀 요동하지 않았다. 일곱째 날이나 첫날이나 하나도 다를 바가 없었다. 힘은 조금도 쇠진하지 않았으며 음식을 먹고 싶은 생각도 들지 않았다."

그러나 주님은 그에게 이제 중보 기도가 응답되었으니 금식은 그만해도 좋다고 말씀하셨다. 사실 리즈 자신은 보름까지 다 채우고 싶었다.

이 중보 기도의 마지막 몇 달 사이에 사건 하나가 벌어졌다. 리즈는 언제나 이것이야말로 자기 평생에 가장 위대한 체험들 가운데 하나라고 생각했다. 아직도 블랙 마운틴에 있는 할아버지의 옛집 펜트윈에는 딕 삼촌이 살고 있었다. 그날은 설날이었다. 리즈는 삼촌을 보러 가기 전에 2층 자기 방으로 막 뛰어 올라갔다. 언제나처럼 주님께 자기를 보혈의 그늘 안에 품어 주시고 또 자기 도움을 필요로 하는 사람에게로 인도해 달라고 기도하기 위해서였다. 그런데 그날 아침에는 성령께서 이런 말씀을 하셨다. "네 삼촌의 몸을 회복하는 것이 아버지의 뜻이다." 그는 너무나 기뻐 사실 같지가 않았고 너무나 큰일이라 잘 믿어지지 않았다. 삼촌은 지금까지 30년이나 그렇게 누워만 있었는데 이제 삼촌도 다른 사람들처럼 걸을 수 있게 되다니!

리즈가 펜트윈에 도착하자 삼촌은 언제나처럼 반가이 맞았다. 삼촌은 늘 그렇듯이 "주님께서 새롭게 주신 것이 있었니?"하고 물었다.

"네, 있었습니다. 바로 삼촌에 관한 말씀이었습니다."

"나에 대해서라고? 나한테 뭐 잘못된 거라도 있는 거니?"삼촌은 놀라며 물었다.

"그게 아닙니다. 주님은 제게 삼촌의 몸이 치유받는 것이 당신의 뜻이라고 말씀하셨습니다."

이 말이 그의 귀에 어떻게 들렸을까? 우리로선 감히 상상하기 어렵다. 그는 그저 잠깐 밖에 나가서 주님께 여쭈어 보아야겠다고만 말했다. 그는 뒤뜰의 작은 정원에 가서 15분쯤 있다가 얼굴이 아주 환해져서 돌아왔다. 그리고는 이렇게 말했다. "맞다. 나는 지금부터 4개월 반 후에 치유가 될 것이다. 그날은 5월 15일이다."

만일 그들이 특정 날짜를 정하지 않고 그냥 모호하게 넘어갔다면, 사람들에게 이야기하기도 훨씬 쉬웠을 것이다. 그러나 성령이 강조하신 사실은 이것이었다. 이들이 먼저 이에 대해서 확신을 갖고 있고 또 사람들에게 그렇게 말해야만, 나중에 일이 실제로 이루어졌을 때 그들도 과연 이들의 말이 사실이었음을 알게 될 것이라는 점이었다. "믿음은 바라는 것들의 실상이요 보지 못하는 것들의 증거니."히 11:1

이 놀라운 소식은 한 주 만에 온 구역에 쫙 퍼졌다. 많은 사람들은 리즈의 삼촌이 오죽하면 저런 턱도 없는 생각을 하랴 싶어 그를 딱하게 여겼다. 어떤 사람들은 주님이 왜 한 달이나 일주일이나 하루가 아니라 하필이면 4개월 반이라고 하셨느냐고 와서 물어 보기도 했다. 리즈는 이렇게 말했다. "그거야말로 우리도 모르는 일이었기에 우리는 설명하려 들지 않았다. 사람들은 언제나 '왜?'를 묻는다. 그들에게 줄 수 있는 대답은 한 가지뿐이다. '선지자들은 하나님이 그들의 심령에 넣어 주는 말씀만 전했다'는 것이다. 날짜를 정하시는 분은 하나님이시다."

이것이 알려진 뒤 두 주 후 삼촌은 상태가 더욱 악화되어 꼬박 한 달 동안을 침대에 누워 있어야만 했다. 그러자 사람들은 그것 보란 듯이 말했다. "넉 달 반 뒤에 병이 낫기는커녕 무덤으로나 가게 생겼군." 삼촌의 병세가 매우 심했음에도 불구하고 성령은 그들에게 기도하지 못하게 하셨다. 만일 기도를 하게 되면 그 기도는 의심의 기도가 될 것이라는 이유에서였다. 주님은 삼촌에게 오히려 이렇게 말씀하셨다. 이제는 하루에 열 시간씩 기도하던 그 기도를 그만두고, 몸이 나은 후 하게 될 사역을 준비하라고 하셨다.

몸이 낫기로 되어 있는 날 두 주 전에 주님은 리즈에게 몇 달 동안 집을 떠나 있으라고 말씀하셨다. 왜냐하면 사람이 영광을 취하게 되는 것은 하나님의 뜻이 아니었기 때문이다. 리즈는 떠나기 전에 성령이 명하신 대로 삼촌에게 그 이야기를 전했다. 그러자 삼촌은 주님의 영광이 가득 찬 얼굴로 이렇게 물었다.

"혹시 주님께서 너에게 왜 넉 달 후인 5월 15일을 날짜로 정하셨는지 말씀해 주셨니? 그날은 성령 강림 주일이야. 주님은 오순절을 기념하여 나를 고쳐 주시려고 하시는 거야. 주님은 내게 이렇게 말씀하셨어. 나는 그날 아침 5시 정각에 치유를 받고, 30년 만에 처음으로 걸어서 교회5킬로미터 정도 떨어져 있음에 다녀오게 될 것이라고 말야."

매주 한 번씩 삼촌을 찾아가던 리즈가 이제 그 집에 발길을 뚝 끊자, 사람들은 수군거렸다. 삼촌을 궁지에 빠뜨린 채 내버려 두고 리즈는 발뺌을 했다는 것이다. 리즈는 후에 그 이야기를 듣고 이렇게 말했다. "우리는 하나님의 그 광대하신 계획을 보면서 온종일 기쁨의 웃음을 웃었다. 나머지 두 주 동안 우리가 계속해서 붙들었던 말씀은 이것이었다. '너희는 잠잠하여 주께서 너희를 어떻게 구원하시는가를 보라.'"

성령 강림 주일 전날이 되었다. 그날도 딕 삼촌은 평소와 같은 시간에 잠자리에 들었다. 그는 침대에 오랫동안 계속 누워 있을 수가 없기 때문에 매일 새벽 1시에서 2시 사이에 꼭 한 번 자리에서 일어나야만 했다. 그날도 똑같았다. 그것은 적의 마지막 공격이었다. 적은 이렇게 속삭였다. "다 끝났어. 다른 날 밤이나 오늘이나 하나도 다를 바 없잖아? 이제 세 시간밖에 남지 않았어." 그러나 주님께는 단 1분도 얼마든지 긴 시간이다. 다시 잠자리에 들어 그는 깊은 잠에 빠져 들었다.

괘종 시계가 다섯 번 종 치는 소리를 듣고서야 그는 잠에서 깨어났다. 몸을 보니 완전히 고쳐져 있었다. 그는 기쁨에 찬 목소리로 가족들을 불렀다. 온 집안에 엄숙한 두려움이 가득 차 식구들은 그 두려움에 감히 움직이지조차 못했다. 드디어 교회에 갈 시간이 되고, 삼촌이 걸어서 나가려 하자 마귀는 만약을 위해 지팡이를 짚고 가야 한다고 유혹했다. 그러나 그는 "사탄아, 내 뒤로 물러나라!" 하고 단호하게 물리쳤다.

그가 교회에 도착하자 사람들은 이 감사의 주일날 '또 하나의 감사 제목'을 목도하고 있었다. 이튿날 온 구역 구석구석에서 사람들이 그를 보러 왔다. 웨인 에반스Wynne Evans 목사는 그 책의 한 기사에서 이 놀라운 치유에 대해서도 기록하고 있다.

리즈는 그날 친구 둘을 초대해 함께 차를 마시기로 했는데, 그들 중 누구도 삼촌의 몸이 고침을 받았다는 소식을 듣지 못했다. 리즈 역시 아직 아무 소식도 듣지 못했다. 그날은 시험의 날이었다. 차를 마시면서 화제는 오직 "딕 삼촌이 나음을 입었을까?" 하는 데만 집중돼 있었다. 리즈의 가장 친한 친구는 자기는 도저히 믿을 수 없다고 말했다. 그러나 하나님은 월요일 밤 11시가 될 때까지 당신의 종 리즈를 견고하게 붙들어 주셨다. 월요일 밤 그 시간에 친구들 몇 명이 찾아와 창 밖에서 리즈를 불렀다. "교회에서 자네 삼촌을 보았는데 정말 기적 같더군."

그 소식을 듣고 리즈는 이렇게 말했다. "만일 내가 의심했다면 이렇게 기뻐할 수 있었을까? 주님은 우리가 믿지 않는 한 결코 증거를 주시지 않을 것이다. 만일 믿음이 있다면 우리는 늦어지는 것도 충분히 기다릴 수 있다. 나한테는 치유 자체보다도 더 큰 것이 있다. 그것은 하나님께서 내게 중보 기도의 자리를 주셨으며 앞으로도 뜻하시는 경우라면 언제든지 사용하실 것이라는, 미래에 대한 확신이었다."

리즈의 삼촌은 그 구역에서 일하는 일종의 명예 국내 선교사로 임명되었다. 이후 5년 동안 그는 반경 5킬로미터 내에 있는 집들을 가가호호 방문하면서 많은 기도 모임을 새로 열었다. 하루는 조카와 함께 30킬로미터를 걷기도 했는데, 그는 치유받은 뒤 단 하루도 아픈 적이 없었다.

9

Rees Howells

온실 속의
신앙을 벗으라

그의 삶은 수도원의 삶이 아니었다. 이 세상에 전혀 물들지 않으면서도
바로 이 세상 안에서 살아가는, 성령 안에서 걷는 삶이었다.

성령 안에서 강도 높은 씨름을 하며 또 승리를 경험하는 3년 동안 리즈가 날마다 직장 생활을 계속해 왔다는 것은 정말 믿기 어려운 사실이다. 그것도 그토록 고된 탄광 일을 말이다. 그의 삶은 온실 속의 삶, 수도원의 삶이 아니었다. 이 세상에 전혀 물들지 않으면서도 바로 이 세상 안에서 살아가는, 성령 안에서 걷는 삶이었다.

그러나 이제 리즈에게는 한 단계 더 깊은 부르심이 찾아왔다. 지금껏 의지해 왔던 것마저 이제 손에서 놓게 하시려는 인도였다. 주께서 말씀하셨다.

"너는 시간당 2실링을 벌려고 하루 7시간을 일하고 있다. 그러나 지금부터는 더 이상 이 땅의 주인을 위하여 일하지 말아라. 이제 거기서 나와 너의 그 7시간을 나를 위해 일하는 데 쓸 수 있겠느냐?"

리즈 하월즈는 좁은 개울 건너편에 있는 작은 나무 다리 위에 서 있었다. 주님은 그에게 이렇게 물으셨다.

"먹고 살기 위해 이제 더 이상 사람에게 기대지 않겠다고 내게 말할 수 있느냐? 그렇다면 손을 들고 이렇게 따라하라. '이제 나는 주님이 따로 명하시기 전에는 그 어느 누구로부터도 실 한 가닥, 신발 끈 하나라도 취하지 않겠다.'"

아브라함은 전쟁에서 승리하고 얻은 탈취물들을 조금도 취하지 않았다. 사람들이 그의 재산이 세상 자원으로부터 왔다고 말하는 것을 원치 않았기 때문이다. 하나님은 이제 아브라함이 취했던 이 입장을 당신의 종 리즈가 자신의 남은 생애 동안 똑같이 취하기를 원하셨던 것이다. 그리하여 그날 그 다리 위에서 그는 두 손을 들고 엄숙한 서원을 드렸다. 그리고 이렇게 말씀드렸다.

"저는 주님이 우리 회사 사장보다 저를 더 잘 지켜 주실 것을 믿습니다."

그가 서원을 드리는 순간 주님은 그 서원의 의미가 무엇인지 분명히 보여 주셨다.

"명심해야 한다. 너는 집에서도 돈을 내지 않고는 결코 한 끼도 먹어서는 안 된다. 네 형제들이 자기들이 너를 부양하고 있다고 말하게 해서도 안 된다."

주께서 그에게 참 믿음의 삶이란 자신의 모든 필요를 오직 하나님께만 받는 것을 뜻한다는 사실을 심어 주고 계셨던 것이다. 모든 시간을 하나님을 위해서만 사용하면서도 자기에게 드는 돈을 자기 힘으로 다 해결할 수 있는 것을 말한다. 사람을 의지하지 않는 것, 특히 자기 가족을 의지하지 않는 것을 뜻한다.

리즈가 하나님이 자기에게 새로 주신 말씀을 어머니께 말씀드리자 어머니는 무척 놀라며 말하셨다.

"아버지가 뭐라고 말씀하시겠니? 네가 돈을 낸다면 너는 아들이 아니라 하숙생이 되는 거야."

그러나 그것은 하나님께 드린 서원이었다. 그의 고백과 같이 하나님이 뜻을 바꾸시지 않는 한 약속을 깰 수는 없었다. 그는 어머니께 말씀드렸다.

"어머니가 제게 음식 값을 내게 해 주신다면 저는 집에 있을 수 있지만, 그렇지 않다면 저는 오늘 저녁 당장 집을 나가야만 합니다."

만일 어머니가 매달 돈을 낼 것을 허락해 주지 않는다면 그는 정말 집을 나가 하숙집을 구해야만 했다. 그래서 주님은 그에게 한 달 간의 휴가를 주셨다. 그 기간 동안은 중보 기도를 하거나 남의 짐을 져 주지 않았다. 온전히 하나님의 임재 속에서 살아 있는 교제를 나누었다. 그는 종종 그 한 달이야말로 자기 평생에 가장 소중했던 시간들에 속한다고 말하곤 했다.

그는 달랑 1페니를 가지고 한 달을 시작했다. 주님은 거기에 조금도 더해 주시지 않았다. 그리하여 처음 며칠 동안은 산에만 올라가려고 하면 마귀가 와서 "네 기도는 아직 응답되지 않았잖아?"하고 유혹하곤 했다. 어느 날 아침이었다. 집과 들판을 뒤로하고 철문을 막 지나가고 있었다. 그때 주님이 이렇게 말씀하셨다.

"네가 이 문을 닫는 순간 더 이상 마귀가 너한테 말하는 것을 허락지 말라."

리즈는 이렇게 말했다.

"그래서 나는 적에게 일격을 가했다. 그리고 그 달 말까지는 돈을 구하는 기도는 단 한 마디도 하지 않겠다고 말해 주었다. 나는 광산에서 일할 때 그 사람들이 토요일이면 나에게 봉급을 준다는 사실을 한 번도 의심하지 않았다. 그렇다면 왜 하나님을 의심하겠는가? 나는 그 뒤로 단 한마디도 기도하지 않고 오직 하늘에 계신 나의 신랑 되신 그분을 경배하기 위해서만 살았다."

그 달 말일 정오쯤 되어서 주님은 그에게 산에서 내려가 집으로 가라고 말씀하셨다. 그가 집에 도착하자마자 아버지가 점심을 먹으러 막 집으로 들어왔다. 믿음의 삶으로의 새로운 부르심에 대한 마지막 시험이 찾아온 것이었다. 그의 아버지는 이렇게 말했다.

"그 사장이 네 일자리를 아직 그대로 놓아두었다면서 너만 원한다면 다시 와서 일해도 좋다고 하더라."

리즈는 소리쳤다.

"그 사람도 참 어리석군요. 왜 그러죠?"

그러자 아버지가 말을 이었다.

"하지만 네가 돈을 벌지 않는다면 도대체 누가 너를 먹여 살린단 말이냐?"

리즈는 아버지께 되물었다.

"제가 하나님을 위해서 일한다면 하나님도 이 땅의 주인처럼 저를 먹여 살리신다고 생각하지 않으십니까?"

"하지만 이렇게 사는 사람이 단 한 사람이라도 어디 있다더냐?"

"조지 뮬러가 이렇게 살았습니다."

"하지만 그 사람은 죽었다. 죽은 사람을 불러다가 도와 달라고 할 작정이냐?"

아버지는 재빨리 말을 되받았다. 리즈는 대답했다.

"아버지는 '주머니나 전대를 가지지 말라… 일꾼이 저 먹을 것 받는 것이 마땅함이니라.' 하신 주님의 말씀을 믿지 않으십니까?"

이 성경말씀이 아버지에게 확신을 주었던 것 같다. 그는 이렇게만 말했다.

"실은 나도 너한테 그 말을 해 주려고 오던 참이었다."

그 말이 채 끝나지 않아서 우체부가 오더니 리즈에게 편지 한 통을 전해 주었다. 고셋 씨로부터 온 편지였다. 그는 리즈에게 런던 도시 선교회London City Mission의 한 직위를 제의하면서 봉급으로 연 100파운드를 받게 될 거라고 말해 주었다. 그러고는 "복음을 전하는 자는 복음으로 말미암아 살리라."는 말씀을 덧붙인 뒤 거기에 밑줄을 그어 놓았다. 리즈는 아버지의 얼굴 표정이 확 달라지는 것을 보았다. 그는 '매사가 이렇게 잘 풀리다니.' 하고 생각하면서 리즈에게 이렇게 말했다.

"그것 봐. 복음을 전하는 자는 복음으로 말미암아 살리라 하시지 않았느냐?"

리즈는 대답했다.

"그렇고 말고요. 그리고 믿음을 전하는 자는 믿음으로 말미암아 삽니다."

시험은 승리로 끝났고 아버지는 웃음을 터뜨렸다. 채 30분도 안 걸려 주께서 구원의 손길을 내미셨던 것이다. 이것은 "우리에게 일용할 양식을 주옵소서" 기도하라 하신 주님의 가르치심을 따른, 향후 40년간의 기도와 그 풍성한 응답을 향한 아주 멋진 출발이었다.

말씀의 반석 위에
견고히 서라

"진심으로 드리는 말씀입니다. 가서 주님께 구하십시오.
그분께 가서 고쳐 달라고 하십시오."

딕 삼촌이 나음을 입던 바로 그 즈음, 조 에반스 Joe Evans 라는 한 젊
은이가 허파에 심한 출혈 증세를 나타냈다. 그는 초창기 오두막
집 모임에서 놀라운 축복을 받고 그 사역에도 커다란 도움을 준 젊은이
였다. 요양소로 가야 한다는 의사들의 말을 듣고는 리즈에게 조언을 구
하러 찾아왔다.

리즈는 자기 판단이 인간적인 욕망에 의해 좌우되지 않게 하기 위해
서 며칠 동안 하나님께 기도한 뒤 조에게 의사의 지시를 따르라고 말해
주었다. 그것은 일견 믿음이 없는 것처럼 보이기도 했으나, 하나님은
그에게 인간의 의술이 손을 드는 곳에서 당신이 일을 시작하신다는 사
실을 가르쳐 주셨다. 그래서 그는 조에게 이렇게 말했다.

"요양소에 가도 절대 안전할 것이네. 주님은 아마도 인간의 약이 이

병을 고칠 수 없다는 것을 보여 주기 원하시는 것 같네."

그는 거기서 다섯 달을 보냈지만 병세는 더 악화됐다. 이후 의사들의 조언대로 공기 좋은 산으로 올라가 지내기도 했지만, 병세는 좀체 호전되지 않았다. 그러자 의사가 이번에는 마데이라 제도 같은 열대 지방으로 가지 않는다면 이번 겨울을 넘기기 힘들겠다고 말했다. 하지만 조의 집은 너무 가난해 열대 지방에서 요양하는 데 필요한 돈은커녕 그토록 먼 곳에 갈 여비조차 없었다.

바로 그날 리즈는 누군가로부터 320파운드를 선물로 받았다. 그는 '나는 하루 2페니면 살 수 있는데 이 320파운드로 무엇을 할 것인가?' 하고 생각했다. 답은 멀리 있지 않았다. 그것은 '하나님처럼'이나 분명한 것이었다. 그 돈은 조를 위한 것이었다. 그래서 리즈는 조의 아버지에게 이렇게 물었다.

"만일 돈이 있다면 아드님을 열대 지방으로 보내시겠습니까?"

그러자 그는 대답했다. "보내야 되지 않겠습니까?"

그래서 리즈는 320파운드를 조의 아버지에게 선뜻 내놓았고, 그는 감격하여 눈물을 터뜨렸다. 그는 하나님의 은혜에 대해서는 아직 문외한이었다. 그러나 리즈의 말처럼 "그는 하나님의 사람이 자신을 부자와 똑같은 사람이 되게 해 주는 것을 보았다. 나는 그 한 사람을 구원할 수 있다면 그 돈을 다 주는 것도 충분히 가치 있는 일이라고 생각했다."

그 다음 문제는 조가 어떻게 마데이라까지 가느냐 하는 문제였다. 그는 도저히 혼자 여행할 만한 상태가 못 되었다. 그런데 어느 밤 주께서 리즈에게 말씀하셨다. "누가 조와 함께 가며 그를 간호해 주겠느냐? 네가 같이 갈 수 없거든 그 누구와도 같이 가게 하지 말아라. 네가 할 수 있는 일을 남한테 하게 해서는 절대 안 된다."

그것은 첨예한 시험이었다. 그는 이 일이 무엇을 의미하는지 잘 알고 있었다. 그는 첫 번 경우 이후로 많은 폐병 환자들을 다루어 왔다. 그 일은 그에게 언제나 질병에 대한 공포를 가져다 주곤 했다. 게다가 그 해에는 폐병 예방에 대한 일대 캠페인이 있었다. 가까이 접촉할 경우 전염될 위험성이 높다는 사실이 강조되고 있었다.

리즈는 가장 먼저 존스 양에게 얘기했다. 그는 그녀에게 이 일이 무슨 의미를 갖는 것인지 차근차근 얘기한 뒤, 어쩌면 3개월 뒤에는 자신도 폐병에 걸릴지 모른다고 말했다. 그녀가 뭐라고 말할 수 있었을까? 그녀는 이 문제를 놓고 이틀 동안 기도했다. 주께서 그녀에게 이렇게 말씀하셨다.

"만일 리즈가 지금 폐병 환자라 하고, 다른 사람이 리즈와 함께 가겠다고 나섰다면, 너는 그 사람에게 그렇게 하라고 말하지 않겠느냐? 말씀에도 '그러므로 무엇이든지 남에게 대접을 받고자 하는 대로 너희도 남을 대접하라.'고 하지 않았느냐?"

마침내 그녀는 그분의 뜻을 깨달았다. 그리하여 조와 리즈는 1910년 여름에 마데이라 섬을 향하여 출발했다. 섬에 도착한 그들 일행을 휜철Funchal에서 사역하는 선교사가 반갑게 맞아 주었다. 리즈는 미리 그에 대해 소개를 받았다.

그는 조를 보더니 이내 그의 병이 말기 단계임을 알아차렸다. 그리고 여러 의사들이 모두 같은 의견으로 이곳에 가 보라고 권하지 않았느냐고 물어 보았다. 그는 이어 이들에게 어느 호텔을 사용하겠느냐고 물었다. 영국 호텔은 하루에 7실링 6페니였고 포르투갈 호텔은 4실링 2페니였다. 주님은 이미 리즈에게 늘 주님 안에 거하는 자리를 지키며 돈은 반드시 필요한 데만 쓰라고 말씀하셨다. 그래서 그들은 포르투갈 호텔로 정했다. 지금까지 이틀에 한 끼만 먹고 살아온 리즈에게 있어서는 이 요금도 1급이었다.

그러나 그것은 그렇게 오래 가지 못했다. 포르투갈 음식이 조에게 맞지 않았던 것이다. 결국 조만 영국 호텔에서 지내게 하고, 리즈는 선교사 사택 지하에 있는 선원 휴게소에서 지내기로 했다. 물론 그는 리즈에게 한결 더 친절을 베풀어서 선교 센터의 한 방을 내줄 수도 있었다. 그러나 그 제안조차도 하나님이 주관하고 계셨다. 그분께는 특별한 목적이 있으셨던 것이다. 리즈는 이렇게 말했다.

"그 선원 휴게소는 열댓 명 정도의 사람들이 들어갈 수 있는 방이 있는 커다란 건물이었는데, 몇 달 간 아무도 사용하지 않고 있었다. 열대 지방의 한지閑地에서 서식하는 이런저런 동물들만 보일 뿐이었다. 바로와 그 백성이 애굽에서 당했던 세 번째와 네 번째 재앙이 과연 어떤 것이었는지 알 것 같았다. 첫날 밤엔 아예 잠을 잘 수가 없었다. 밖으로는 벌레들과 싸워야 했고 안으로는 두려움이 찾아왔기 때문이다.

이튿날 아침 식사를 하려 할 때 사태는 절정에 달하였다. 식사를 하려고 상자를 열어 보니 이미 다른 손님들이 와서 갉아 먹고 있었다. 순간 기어 다니는 짐승들을 보고 불평을 했던 베드로가 생각나면서 나 또한 그렇게 불평할 권리가 있다는 생각이 들었다. 그러자 마음속에서 그 선교사에 대한 반감이 스며 나오기 시작했다. 정말 피곤했다. 산다는 게 다 부질없는 짓 같아 보였다. 나는 어느덧 성령을 모시고 사는 사람이 아니라 그냥 평범한 한 인간이 되어 버린 것 같았다. 울고 싶었다. 그러나 주님은 이렇게 말씀하셨다.

'네가 울기 전에 내가 너한테 할 말이 있다. 너는 전에 하루에 2실링만 갖고 살아가는 몽골의 제임스 길모어James Gilmour에 대해서 설교하지 않았느냐? 너는 또한 에스겔과 그가 살아가는 방식에 대해서도 설교하

지 않았느냐?'

나는 주님께 용서를 구했다. 그러나 그분은 이렇게 말씀하셨다.

'잘 새겨 두어라. 내가 너를 이곳 마데이라에 데리고 온 것은 내 사랑과 네 사랑이 얼마나 다른 것인지를 보여 주기 위해서다. 너의 본성속에는 아직도 내가 제거해야만 하는 것들이 들어 있다는 것을 보여 주기 위해서이다. 너는 선교사가 너를 대한 것보다 훨씬 더 못되게 나를 대하지 않았느냐? 그런데도 나는 너를 사랑했다. 내가 이 땅에 살 때 나는 나를 대적하는 사람들을 사랑했고, 혹 누가 나를 대수롭지 않게 여겨도 나는 그를 마치 나를 가장 극진히 대해 준 사람처럼 대하며 사랑했다. 이제 나는 너를 통해서도 그런 사랑을 하고 싶지만 너는 나에게 그 위치까지는 허락해 오지 않았다.'

나는 내 속에 있는 그런 모습을 지적해 주신 하나님을 찬양했다. 나는 그 선교사가 내게 어떻게 해 주었기 때문에 사랑하는 것이 아니라 사랑하지 않을 수 없기 때문에 그를 사랑해야 했던 것이다. 나는 우리 주님의 성품의 뿌리는 바로 사랑이라는 사실을 볼 수 있었다. 만일 내 성품의 뿌리도 사랑이었다면 그 선교사가 나를 어떻게 대하든 그것이 내게 하등 상관이 없었을 것이다. 그것을 깨닫는 순간 나는 무릎을 꿇고 내가 이 문제를 다 통과하기까지 나를 거기서 벗어나게 하지 말아 달라고 성령께 구했다. 내가 그냥 소경과 어리석은 자로 남아, 여전히 내 본성 속에 그런 것들을 지닌 채 계속하여 산상수훈에 대한 설교를 한다고 생각해 보니 눈앞이 아찔했다. 내가 주님을 사랑한 적이 있었다면 그것은 바로 이때였다. 나는 그분이 자기를 죽음에 몰아넣는 사람들을 사랑하는 모습을 보았다. 그 사랑은 정말이지 제한이 없는 사랑이었다.

그날 나는 마데이라의 산에 올라가 자연 속에서 그분의 아름다움을 보며 그분을 경배했다. 친구 조도 잠시 잊어버리고, 완전하시고 거룩하신 주님과만 함께 있었다. 내가 그렇게 변화되기만 한다면, 즉 내 안에 계신 성령께서 다른 사람들을 향하여 완전한 사랑과 완전한 용서와 완전한 자비를 행하실 수 있게만 된다면, 그것은 정말 놀라운 일이다.

혹자는 한 시간이면 그런 변화를 경험할 수 있다고 생각할는지도 모른다. 또 어떤 사람은 나에게 '당신은 이미 사람들을 용서하며 살아오지 않았습니까?' 하고 물을는지도 모른다. 그건 그렇다. 그러나 나의 용서는 어쩌면 가짜 용서였는지도 모른다. 용서하지만 뒤돌아서면 다시 되살아나는 그런 용서 말이다. 그러나 우리가 주님처럼 되지 않는 한, 주님처럼 용서하지 않는 한, 우리는 결코 진정으로 용서할 수 없다. 여러 번 나는 내 용서가 진짜라고 생각했고 그 선교사를 정말 사랑한다고 생각했다. 그러나 그것은 안 볼 때뿐이었다. 얼굴을 보면 온갖 감정들이 다시 되살아나곤 했던 것이다.

그러나 6주가 지나자 나는 드디어 변화되었다. 그 변화는 마치 술주정뱅이가 주께서 자기를 위해서 해 주신 놀라운 일을 깨닫고 나서 변화되는 것 같은 그런 변화였다. 그만큼 전적인 변화였던 것이다. 주님은 내 안에 완전한 생명을 불어넣어 주셨다. 아, 그 완전한 사랑! 그 사랑은 이튿날 내가 한 현지인 사역자를 만났을 때 입증되었다. 그 사람은 평소에 나에게 별로 말을 걸지 않는 사람이었는데 그날 아침에는 이렇게 말했다.

'지금 어디 살고 있습니까?'

'선교사 사택에 살고 있습니다.'

'사택이라고요?'

'이 마귀!' 나는 속으로 그렇게 되뇌었다. 나는 그 사람 뒤에 있는 사탄을 볼 수 있었다. 그는 계속 물었다.

'선원 휴게소 말입니까?'

나는 그렇다고 대답했다. 그러자 그는 큰소리로 말했다.

'당신네 나라에서는 사람을 그따위 곳에다 집어넣는 것도 기독교라고 부릅니까?'

만일 이 사람이 며칠 전에 그렇게 물어 왔다면 어떻게 되었을까? 나는 다른 질문을 던짐으로써 그의 질문에 대답했다.

'당신은 전기세와 세탁료를 지불하고 계십니까?'

그러자 그는 '예, 아주 비싼 세금을 내고 있습니다.' 라고 대답했다.

'하지만 저는 무료로 살고 있습니다. 이것이 기독교입니다. 바로 그 선교사님이 나에게 이런 조치를 취해 준 것입니다.'

오, 그 자유! 오, 그 승리! 그 이후로 나는 그 선원 휴게소보다 더 하나님이 충만한 곳에서 살아 본 적이 없다. 훌륭한 식사가 나오는 호텔에서 온종일 나누는 교제보다도 훨씬 더 깊은 교제를 그곳에서는 단 한 시간 동안에도 충분히 나눌 수 있었다. 그 선원 휴게소에서, 나는 내가 거기 사는 것과 하나님이 거기 사시는 것의 차이를 배우게 되었다."

하나님의 음성에 의지하여 행하라

한편 조는 영국 호텔에서 두 달을 지냈는데도 도무지 좋아질 기미가 안 보였다. 그러던 어느 날 그는 완전히 무너지고 말았다. 자신이 곧 죽는다고 생각하자 조국과 고향에 대한 그리움이 사무치게 밀려왔다. 정말 암울한 순간이었다. 리즈는 뭔가 조치를 취해야 될 것 같았다.

"자네는 주께서 자네를 여기로 오게 하신 뒤, 우리에게 아무런 뜻도 계시해 주시지 않은 채 그냥 죽게 내버려 두실 것이라고 생각하는가?"

이렇게 묻고 나서 그는 다시 덧붙였다. "이 병은 죽을 병이 아니라 하나님의 영광을 나타내기 위한 병이라네."

이제 헤어져 산 밑으로 내려가는 작은 전차를 타려 하는데 조가 그만 울음을 터뜨리고 말았다. 차마 발걸음이 떨어지지가 않았다. 리즈는 조가 혹시 밤사이 각혈이라도 하지 않을까 걱정되었다. 게다가 그의 눈물을 보자 더욱 마음이 아팠다. 그러나 그는 떠나야 했다. 그는 이렇게 말했다.

"전차에 들어서는 그 순간 하나님의 음성이 들려왔다. '한 달 뒤 조의 병은 나을 것이다.' 하나님의 영광이 전차 안에 가득 임하였다."

선원 휴게소에 돌아오자마자 리즈는 본국으로 세 통의 편지를 썼다. 각각 그의 집, 조의 아버지, 그리고 존스 양에게 보내는 편지였다. 그는 편지에 앞으로 한 달 후에 돌아갈 것이라고 썼다.

"인간과 의술이 모두 실패로 돌아갔을 때, 주님은 더 차원 높은 법칙이 효력을 나타내게 될 거라고 말씀하셨다."

이튿날 아침 그는 이 소식을 조에게 전해 주기 위해서 다시 영국 호텔로 갔다. 그는 장난을 좀 쳐 볼 양으로 우선 그에게 물어 보았다. "자네 앞으로의 전망이 어떻다고 생각하는가?"

조는 비탄에 잠겨 대답했다. "무덤밖에 더 있겠습니까?"

그러나 영국 호텔로 거처를 옮기면서 그는 다시는 불평하지 않기로 약속했다. 하나님의 뜻을 받아들였던 것이다. 리즈는 그간 하나님께서 요양소에서, 옥외 치료에서, 그리고 마데이라에서 그에게 보여 주셨던 선하심을 다시 들려주면서 조용히 이렇게 덧붙였다.

"그분은 가장 좋은 포도주를 나중까지 보관해 두셨다네. 한 달 후 하나님께서 자네를 고쳐 주실 것이네."

조의 눈에서 눈물이 흘러내리기 시작했다. 리즈는 이렇게 말했다.

"마치 샘이 뚫린 것 같았다. 눈물은 이틀이고 사흘이고 계속 흘러내렸다. 집에 돌아가 친구들을 만난다고 생각하니 너무 좋아 믿어지지가 않는 모양이었다. 조는 내게 우리 삼촌의 사건은 믿을 수 있었지만 막상 자기 일에 대해서는 잘 믿어지지가 않는다고 말했다. 그러나 하루 이틀이 지나고 나자 그는 진정으로 그 사실을 받아들이게 되었다."

리즈는 그날 밤 선교사의 아내를 만났다. 그녀는 여느 때처럼 조에 대해서 물어 보았다. 리즈의 대답은 이랬다.

"많이 아픕니다. 하지만 주님께서 나에게 한 달 뒤 그의 몸을 고쳐 주시겠다고 말씀하셨습니다."

그녀는 도무지 믿을 수가 없다는 듯이 이렇게 외쳤다.

"어떻게 그런 말을 하실 수가 있죠? 양쪽 폐가 다 절단나다시피 한 상황에서 그런 일이 일어날 수 없다는 것은 당신이 더 잘 알지 않나요? 전에도 그런 일이 있었다는 말은 못 들어 봤어요."

리즈는 대답했다.

"그런 일이 일어나지 않는 것은 불신 때문입니다. 하지만 주님은 조를 고쳐 주시겠다고 말씀하셨습니다. 우리는 한 달 후면 집으로 돌아갈 것입니다."

다음날 아침 리즈는 선교사를 만났다. 그는 아내로부터 그 전날 있었던 얘기를 다 들어 알고 있었다. 그는 리즈에게 이렇게 말했다.

"한 달 후에 돌아가신다고 들었습니다. 겨울을 나려고 오셨는데 아직 한겨울입니다. 이 한겨울에 어떻게 폐병 환자를 데리고 돌아가시겠다는 겁니까? 전문의가 한 분 있는데 만나 보시지 않겠습니까?"

리즈는 대답했다.

"좋습니다. 아직 200파운드가 있으니 웬만한 약은 다 써 볼 수 있습니다. 그리고 의사가 하라는 것이라면 무엇이든지 다 해 보겠습니다."

그는 선교사에게, 자기는 약을 사용하는 것에 대해서 전혀 갈등이 없으며, 하나님은 우리가 자연의 법칙을 다 사용해 볼 때까지는 영적인 법칙을 가지고 개입해 들어오시지 않는다는 것을 설명해 주었다. 그리고 나서 물었다.

"그 전문의가 두 손을 들고 난 뒤 조의 병이 나으면, 그때는 하나님이 고쳐 주신 것이라고 믿겠습니까?"

"믿겠습니다. 이보다 더 앞뒤가 잘 맞는 얘기가 또 어디 있겠습니까?"

이렇게 대답하는 그의 눈에는 눈물까지 고여 있었다. 그는 이 사실을 마데이라에 있는 모든 호텔에 다 알렸다. 그는 나한테 200파운드가 있다는 얘기에도 무척 놀랐다. 그런 돈이 있으면서 왜 선원 휴게소에 사는지 도저히 이해가 가지 않았던 것이다.

그 전문의는 조를 심층 진단해 본 결과, 지금 조는 아주 심각한 상태이며 조만간 다시 각혈을 하게 될 것 같다고 말했다. 그는 리즈에게 조 곁을 떠나지 말고 지켜보라고 말한 뒤 지금으로서는 본국으로 돌아가는 것이 최선의 방책이라고 덧붙였다. 리즈는 그때에 대하여 이렇게 말했다.

"조와 나는 드디어 자연의 법칙이 다 끝났다는 사실 앞에서 마음에 흡족함을 느꼈다."

브리너맨의 집에 한 달 후 조의 병이 나을 것이라는 내용의 리즈의 편지가 도착하자, 리즈의 어머니는 그 편지를 전에 조에게 요양소로 가라고 권해 주었던 그 의사에게 보여 주었다. 편지를 읽고 난 그는 웃음을 터뜨리면서 이것은 불가능한 일이라고 말했다. 그러면서 만약 그런 일이 정말 일어난다면 자기는 그날로 그리스도인이 되겠노라고 말했다.

리즈는 그 전문의에게 조 곁을 떠나지 않겠노라고 약속했기 때문에 바로 조가 있는 호텔로 거처를 옮겼다. 그는 이렇게 말했다.

"그 한 달은 나에겐 휴가와도 같았다. 왜냐하면 이번 경우에는 기도가 전혀 필요하지 않았기 때문이다. 주님은 조의 병이 나을 것이라고 말씀하셨고 우리는 그 말씀을 믿었다. 우리의 마음은 새처럼 행복했다. 휜철에 있는 많은 사람들이 이 얘기를 알게 되었다. 그들은 깊은 관심을 가지고 결과를 지켜보고 있었다."

치유 예정일 일주일 전, 리즈와 조는 배표 예약을 하는 등 곧 떠날 모든 준비를 갖추었다. 리즈 하월즈는 조에게 딕 삼촌의 경우도 주님께서 미리 시간을 약속해 주시고 그 시간에 정확히 치료해 주셨노라고 얘기해 주면서, 이제 주님께 가서 토요일 아침 정확히 몇 시에 치료해 주실 것인지를 여쭤 보라고 권면했다. 그래야 본인도 마음의 준비를 할 수 있기 때문이었다. 조는 가더니 웃으면서 돌아와서는 이렇게 말했다.

"새벽 3시와 6시 두 개가 있습니다. 그러나 3시는 마귀한테서 온 것입니다. 시간이 너무 이르기 때문입니다. 그래서 6시를 붙들기로 했습니다."

그들은 조의 병이 낫는 날 고국에 계신 조의 아버지에게 해외 전보를 치기로 했다. 리즈는 이렇게 말했다.

"그 전날 밤은 정말 스릴 있는 시간이었다. 나는 조에게 다음날 아침 6시가 되면 내 방으로 와서 병이 치료된 이야기를 들려 달라고 얘기했다. 전날 밤 악수를 하고 헤어지는데 조가 이렇게 말했다.

"이 폐병을 몸에 지닌 상태로는 마지막 잠자리인데 마음이 굉장히 착잡합니다."

나 자신으로 말할 것 같으면 너무 기쁘고 흥분되어서 밤새 거의 한 잠도 잘 수가 없었다. 정말 장엄한 순간이었다. 특히 예정된 시간을 코앞에 두고 있는 새벽 5시에서 6시 사이에는 더욱 비장감이 돌았다. 그러나 6시가 되었는데도 조에게서 아무런 기별이 없었다. 그래서 내가 가서 조를 불러왔다. 조는 머리에 이불을 뒤집어쓰고 와서 아주 일그러진 상을 하고는 내 침대 밑에 앉더니 이렇게 말했다.

'아무 변화도 없어요. 어제와 하나도 달라진 게 없습니다.'

그 순간 성령께서 나에게 이렇게 말씀하셨다.

'너는 그래도 전보를 칠 수 있느냐?'

나는 조에게 돌아가서 나를 위해 기도해 달라고 부탁했다. 그는 자기가 왜 그래야 하는지 이해가 가지 않았다. 정작 기도가 필요한 사람은 자기 자신이라고 생각됐기 때문이었다. 나는 다시 주님 앞에 가서 이 연기延期의 원인이 무엇인지를 여쭈었다. 그분은 이렇게 말씀하셨다.

'내가 너에게 조가 회복되었다고 말한다면 너는 고국으로 전보를 치겠느냐? 네가 만일 네 눈으로 보는 것과 조가 하는 말을 초월하여 내 말만 듣고 조가 치유되었다는 것을 안다면, 너는 네 삼촌의 경우 때보다 한 차원 높은 차원에 들어가게 되는 것이다.'

이것은 정말 첨예한 문제였다. 나는 딕 삼촌이 고침을 받은 바로 그 장소로 전보를 친다는 것이 무엇을 의미하는지를 알고 있었다. 만약 이번에 내가 실패한다면 사람들은 전부 다 딕 삼촌의 병 나음이 우연이었다고 말할 것이다. 하나님을 믿는 진정한 믿음만이 나로 하여금 그 일을 하게 할 수 있었다. 주님은 내게 백부장의 종을 치유해 주셨던 사건을 떠올려 주셨다. 나는 과연 내 눈으로 보는 것을 초월하여 하나님의 말씀만을 의지하여 전보를 치기로 했다. 그때는 아직 치유가 일어나기 전이었다.

그날 아침 8시도 못 되어서 나는 우체국으로 갔다. 그리고 전보엔 '승리'라는 단 한마디만 실어 보냈다. 전보 치는 일을 마치고 나서야 내 손이 온통 땀으로 흠뻑 젖어 있는 것을 알았다.

다음날은 주일이었다. 정오에 조와 나는 점심을 기다리면서 호텔 대기실 앞에 앉아 있었다. 그때 주께서 소나기처럼 조에게 내려오셨다. 바로 그 순간 조는 완전히 나았다. 조는 즉시 그 얘기를 하고는 너무 기뻐 춤을 추고 있었다. 그는 나하고 달리기 경주를 하자고 했다. 우리는 달렸다. 끝내는 조가 나를 앞지르고 말았다. 조는 아합 앞에서 달리는 엘리야와도 같았다. 이 세상 모든 힘이 다 그의 다리 속에 들어가 있는 것 같았다. 너무 기뻐서 안식일을 범했다. 계속 달리기 경주를 했던 것이다.

그것은 말로 표현할 수 없는 기쁨이었다. 단지 병이 나아서만이 아니라 우리의 믿음이 승리했기 때문이다. 우리는 그날 오후에 나란히 그 선교사의 모임에 참석했다. 그것은 조가 꼭 12개월 만에 처음으로 참석하는 집회였다. 선교사는 모든 사람 앞에 그 치유의 소식을 전했다. 그 승리는 정말 놀라운 승리였다."

이틀 후 그들은 마데이라를 떠났다. 주께서 축복하신 많은 사람들이 호텔에 와서 거대한 환송식을 해 주었다. 선교사 가정과 헤어지는 모습은 정말 잊지 못할 이별의 장면이었다. 그들은 토요일날 영국에 도착했다. 이튿날 의사가 왕진을 와서 조에게 혹시 다시 검진을 받는 것에 대해 반대 의사가 있느냐고 물어 보았다. 조는 기꺼이 응했다. 검진 후 의사는 이렇게 말했다.

"정말 놀랍습니다. 병을 앓았다는 흔적조차 찾을 수 없습니다."

그 의사는 그 지역으로 이사 온 뒤 처음으로 그 주일날 교회에 나갔다. 몇 달 후 다른 폐병 환자가 찾아오자 그는 이렇게 말했다.

"이것 보십시오. 의사는 당신을 위해 아무것도 해 줄 수 없습니다. 주님께 가서 그분께 고쳐 달라고 하십시오."

그러자 젊은 환자는 누굴 놀리느냐는 듯한 표정으로 의사를 빤히 쳐다보았다. 그러나 의사는 또다시 말했다.

"진심으로 드리는 말씀입니다. 가서 주님께 구하십시오!"

진정으로 내어 드리는
예배를 받으신다

그리스도의 구속과 부활은 믿으면서도 자기가 사망에서 생명으로
옮겨졌다는 사실에 대한 확신이 없는 사람들이 너무도 많다.

마데이라에서 돌아오고 얼마 뒤 리즈는 엘리자베스 한나 존스와 결혼했다. 그녀 역시 브리너맨 출신이었다. 그날이 1910년 12월 21일이었다. 리즈 여사는 남편과 전적으로 뜻을 같이하여 그야말로 하나님이 주신 돕는 배필이 되었으며, 언제나 성령 안에서 짐을 나누어지는 훌륭한 동역자가 되었다.

몇 달 후 리즈는 친구와 함께 미국으로 건너가 다시 말씀을 전하기 시작했다. 그는 많은 옛 지인知人들, 특히 자신이 회심했던 그 마을에 있는 사람들을 찾아갔다. 세 달 뒤에 그들은 다시 영국으로 돌아왔다. 그런데 얼마 안 있어 성령은 리즈에게 다시 교회 출석을 시작하라는 말씀을 주셨다. 지금껏 숨은 인생을 살아온 그에게는 생소한 느낌을 주는 인도였다. 리즈와 그의 아내는 5년이 넘도록 교회 출석을 하지 않고 있

었다. 리즈는 전에 회중 교회 멤버였고 그의 아내는 침례교인이었다. 주님의 인도를 구하는 가운데 그들은 어느 작은 회중 교회로 인도함을 받았다. 그때 그 교회에는 사역자가 없었다. 이 인도는 전에 그가 숨은 인생으로 인도함을 받았을 때보다도 신자들을 더욱 당황케 하는 인도였다. 왜냐하면 대부흥 이후에, 축복을 받은 사람들과 기존 교회들 사이에는 뭔가 이상한 거리감 같은 것이 쭉 있어 왔기 때문이다. 많은 사람들이 교회를 떠나 선교회를 만들었다.

한 예로 리즈의 맏형이자 집안에서 언제나 가장 귀한 대접을 받아 오던 존은 대부흥 때 회심했는데, 그때 그는 집사였다. 그러나 회심 후 몇몇 친구들과 함께 브리너맨에 복음 회관Gospel Hall을 세웠다. 이 회관은 지금도 이 지역의 전도 중심지가 되고 있다. 대부흥 때 목회자들도 함께 축복을 받았던 교회에서는 회심자들이 그대로 남아서 교회를 돕고 있긴 했지만, 그래도 교회와 선교회 사이의 거리감은 시간이 갈수록 점점 심해졌다.

이런 상황에서 리즈가 다시 교회에 나가기로 했으니 이 소식을 들은 사람들은 하나같이 그것을 타락의 조짐으로 간주했다. 특히 그가 나가기로 한 그 교회는 선교회로부터 채 2킬로미터도 떨어져 있지 않은 곳에 있었다.

그가 집회에 참석하자 그 교회에는 성령의 역사가 나타나기 시작했다. 그러던 중 어느 주일날 교회에 예배드리러 가는 길에 하나님은 리즈에게 사역을 시작하라는 말씀을 주셨다. 그는 곧장 집으로 가서 아내에게 말했다.

"당신이 사역자와 결혼했다는 것을 알고 있지요?"

다른 사람들에게는 일절 아무 얘기도 하지 않았다. 그러나 어느 날 밤 장로들이 찾아와서 그에게 같이 사역에 동참하지 않겠느냐고 했다.

교회 회의가 있은 후 리즈는 그 제의를 받아들여 드디어 첫 설교를 하게 되었다.

사역으로 부르심은 곧 훈련을 뜻한다. 리즈는 처남과 함께 카마덴Carmarthen에 있는 신학 대학에 입학했다. 그는 이렇게 말했다.

"그 당시 나는 설교 시간에 내 중보 기도나 내 과거 생활에 대해서 전혀 말하지 않았다. 마치 사도 바울이 아라비아에서 보낸 시절에 대해서 함구했던 것처럼 말이다. 나는 오직 복음을 전하는 일에만 부르심을 받았기 때문에 늘 그 일만 행하고자 했다. 강단에 서는 것은 얼마나 놀라운 특권인가! 주님은 나로 다시 가장 자연스러운 생활로 돌아갈 것을 허락하셨던 것이다.

십자가를 선포하는 일보다 더 영광스러운 일은 없다. 나는 성령 하나님의 거룩하신 성품에 대해서보다는 영생에 대하여 더 많이 설교하도록 부르심을 입었다. 우리 나라에는 그리스도의 구속과 부활은 믿으면서도 자기가 사망에서 생명으로 옮겨졌다는 사실에 대한 확신이 없는 사람들이 너무도 많기 때문이다."

그러던 어느 날, 카마덴에서 한 동료 학생과 함께 어떤 부랑자 곁을 지나가게 되었다. 그 사람은 옷도 거의 입지 않은 채 추위에 떨고 있었다. 리즈는 당장 자기 외투를 벗어서 그 사람한테 주었다.

이런 생활들이 한참 계속되고 있을 때 리즈는 랜드린다드 사경회에 참석했다가 새로운 도전을 받았다.

"그날 나는 거기서 아프리카의 환상을 보았다. 알버트 헤드Albert Head 여사가 남아프리카 선교회를 대표하여 이야기했는데, 그녀는 에드가 훼이스풀 부부가 이제 곧 본부 총무 일을 맡게 되었으므로 그들의 자리를 이어받을 부부를 찾고 있다고 말했다. 나는 전에도 많은 사람들이 선교지의 필요에 대해 이야기하는 것들을 많이 들었지만 절박한 필요 가운데 있는 이방인들을 '눈으로' 본 것은 그날 오후가 처음이었다. 주님은 내게 그들을 향한 비전을 주셨다. 그들은 마치 목자 없는 양처럼 내 앞에 서 있었다."

그는 토요일에 집에 돌아와서 아내에게 모임 이야기를 들려주면서 특별히 결혼한 부부가 필요하다는 이야기를 해 주었다. 그날 밤 이들은 그 부부를 구하는 기도를 했는데, 기도는 아주 오랫동안 이어졌다. 기도가 끝나고도 그들은 잠을 잘 수가 없었다. 아침이 밝기 전, 주님은 그들에게 이렇게 말씀하셨다.

"나는 너희들을 통하여 이 기도를 응답하겠다. 내가 너희 둘을 그곳에 보내겠다."

리즈는 이렇게 말했다.

"그것은 우리 평생 가장 충격적인 일이었다. 우리에게 아프리카 사람들에 대한 비전을 주신 것은 곧 누군가 다른 사람을 보내 주시기를 위하여 기도하라는 중보 기도의 부담을 주신 것인 줄 알았다. 그러나 주님께 다른 사람들한테 어떤 일을 시키시기를 구할 때, 먼저 자신이 그 일을 기꺼이 할 수 있을 때만 진심으로 그렇게 구할 수 있는 것이다. 장애물이야 찾으려면 수도 없이 많겠지만, 주님은 변명을 용납하지 않으신다. 뜻이 있는 곳에는 길도 있는 것이다."

가장 큰 문제는 이들 부부에게도 아이가 태어났다는 사실이었다. 리즈는 이렇게 말했다.

"우리는 선교사들은 아이를 포기하고 모든 시간을 사역에만 바쳐야 한다고 종종 함께 얘기하곤 했다. 그러나 그것이 곧 자기 덫에 자기가 걸리는 일이 될 줄은 꿈에도 생각하지 못했다. 다른 사람들이 해야 된다고 생각했던 그 일을 이제 우리 자신이 하도록 부르심을 입고 있었던 것이다."

아이가 태어나기 몇 달 전 주님은 그들에게 그 아이의 이름을 사무엘이라고 부르라고 말씀하셨다. 그들 집안에는 사무엘이라는 이름은 아직한 명도 없었다. 사가랴 집안에 요한이라는 이름을 주신 경우와 똑같았다. 그런데 이 아이의 생애에는 사무엘의 인생과 비슷한 점들이 여러가지 나타나게 된다. 첫째는 리즈의 아내 이름이 한나였다는 점이고, 또 하나는 이 아이의 어머니 역시 자기 아들을 제단에 바치려 하고 있었다는 사실이다.

리즈는 이 이야기를 자신의 말로 이렇게 들려주고 있다.

"그것은 우리의 부르심에 대한 첫 번째 시험이자 가장 큰 시험이었다. 주님은 '아들이나 딸을 나보다 더 사랑하는 자는 내게 합당치 아니하다.'고 말씀하셨다. 또한 성령은 우리에게 이렇게 말씀하고 계셨다.

'이제 너는 영생을 얻어야만 하는 저 아프리카의 영혼들을 네 친아들보다 더 사랑한다는 사실을 나한테 증명해 보여야만 한다.'

이것은 정말 진심으로 하시는 말씀일까? 나는 그렇다고 생각했다. 물론 그분은 진심으로 말씀하셨다. 아브라함에게 외아들을 산으로 데리고 가 번제물로 바치라고 말씀하셨을 때에도 그분은 진심이셨다. 나는 아브라함이 이삭을 바쳤던 것에 대해서 수없이 많이 설교했다. 그러면서 '네 아들 네 사랑하는 독자 이삭을 데리고' 라는 말씀을 참으로 많이 강조했다. 그러나 이 말이 아브라함에게 참으로 어떤 의미를 주었는지에 대해서는 거의 깨닫지 못하고 있었다.

나는 내 삶을 드린다는 것의 의미는 알고 있었다. 그러나 다른 사람의 인생까지 내어 맡긴다는 것은 전혀 다른 문제였다. 하나님은 사무엘이 태어나기 전부터 그의 이름을 우리에게 알려 주셨다. 그렇다면 그 하나님께서는 이 아이에 대한 목적도 분명히 있다는 사실을 나는 알고 있었다. 그것이 바로 우리의 시험이었다. 하나님은 이렇게 말씀하셨다.

'네가 그 아이를 포기한다는 것은 곧 다시는 그 아이를 향한 권리를 주장하지 않는다는 것을 뜻한다.'

그 이후로 우리에게는 정말 한 번도 사무엘이 우리 것이라는 생각이 들지 않았다. 하나님이 당신의 독생자를 내어 주셨듯이, 그리고 아브라함이 자기 외아들을 내어 드렸듯이, 이제 우리 또한 그를 온전히 내어 드려야만 했다. 만일 우리의 내어 드림이 진정한 것이 아니거나 주님이 요구하는 수준까지 못 미치는 것이라면, 우리는 얼마 지나지 않아서 곧 무너져 버리고 말 것이다.

우리는 사무엘을 본국에 남겨 놓고 떠나야 했다. 또한 그가 보고 싶다고 해서 다시 그 곁으로 돌아와서도 안 되었다. 사무엘에 대한 어떤 생각도 우리를 다시 본국으로 돌아오게 해서는 안 되는 것이었다. 아내가 성경 훈련 과정을 밟아야 할 시기가 찾아왔다. 우리는 주께서 어린 사무엘을 위하여 어떤 장소를 열어 주실지 알지 못하고 있었다. 우리는 그 문제를 전적으로 주님 손에 맡겼으며, 따라서 이제 감히 조금이라도 거기에 개입하려 들지 않았다. 만일 그런다면 우리는 중대한 실수를 범하게 될지도 몰랐다.

영국을 떠나기 몇 주 전 삼촌 집에 초청을 받아 갔다. 그곳에서 답을 얻었다. 그분은 딕 삼촌의 형으로, 마침 숙모가 그들이 사는 애먼포드 Ammanford 근처 가난트Garnant에 있는 시골 학교 여교장이었다. 두 분이 사무엘을 맡아 주겠다고 선뜻 말씀하셨다. 두 분은 지금껏 사무엘을 한 번도 본 적이 없었다. 그런데 며칠 전에 갑자기 사무엘 생각이 나 우리가 선교지에 나가 있는 사이 자기들이 사무엘을 데려다 돌봐 주고 싶은 마음이 들었다는 것이었다. 2, 3일 후 그들은 우리 집에 와서 사무엘을 보았다.

그날 걸어서 집으로 돌아가면서, 아내에게 이 이야기를 할 생각을 하니 마음이 한없이 착잡해졌다. 비록 우리 마음속에서 이 아이를 포기했음에도 불구하고, 주님이 실제로 아이의 앞길에 대하여 문을 열어 주시자 우리 마음은 산산조각 찢기는 것만 같았다. 그러나 집에 다 도착하기 전에 나는 자신을 통제할 수 있는 충분한 승리를 얻을 수 있었다. 지금 와서 내가 아내에게 그런 흔들리는 모습을 보여 준댔자 아무 소용없는 일이 되기만 할 것이었다.

집에 가니 아내는 사무엘과 함께 놀고 있었다. 그날따라 아이가 그렇게 예뻐 보일 수가 없었다. 한순간 주춤하여 차마 소식을 전할 수가 없었다. 그러나 용기를 내서 이야기를 했다. 그 다음 장면은 글로 쓰는 것보다 상상에 맡기는 것이 나을 것이다.

우리는 우리 평생에 이런 일을 딱 한 번만 겪으면 된다는 사실을 다행으로 생각했다. 그날 밤 우리는 아프리카가 우리로 하여금 뭔가 소중한 값지불을 하게 하고 있다는 사실을 절감하게 되었다. 우리는 조금씩 조금씩 승리를 향하여 올라가고 있었다. 그 과정은 느리고도 고되었다. 그것 또한 중보의 삶이었기 때문에 한걸음 한걸음씩 걸어가야만 했던 것이다.

삼촌과 숙모가 집에 왔다. 그들 보기에는 사무엘같이 예쁜 아이는 처음이었다. 주님께서 그들의 마음속에 사무엘을 향하여 아버지의 사랑, 어머니의 사랑을 주신 것을 누구나 다 분명히 알 수 있었다. 그들은 우선 내 여동생을 데려다가 유모로 삼기로 했다. 꼭 미리암과 모세 이야기와 같았다. 드디어 여동생이 사무엘을 데려가기로 되어 있는 날 아침이 왔다.

나는 영원이라는 관점에서 볼 때, 지금 우리가 통과하고 있는 이

일, 즉 주님께 우리의 가장 귀한 것을 드리는 이 일을 앞으로 옛말하듯 뒤돌아보게 될 날이 있을 것이라고 생각했다. 우리는 돈과 건강과 그 밖의 많은 것을 드리는 것에 대해서는 익히 알고 있었지만, 이것은 정말 가장 혹독한 시험이었다. 그날 아침에도 마귀는 조용히 있지 않았다. 그는 나더러 자기 어린 자식을 포기하는 나는 세상에서 가장 매정한 사람이라고 말했다. 무엇보다도 견디기 어려웠던 것은 사무엘의 옷가지들을 준비하고 있는 아내의 심정이 그대로 내게 전달되어 오던 일이었다.

사무엘이 간다는 것은 단지 집만 비우게 되는 것이 아니라, 우리의 마음 또한 비워 놓는 것이었다. 그날 밤 집에 돌아와 나는 아내에게 '당신 어떻게 그렇게 해낼 수 있었어?' 하고 물었다. 그러자 아내는 정원에 나가 울면서 혼자 이런 생각을 했노라고 얘기했다.

'나는 이 찬송가를 참으로 많이도 불렀지. 주 제단에 모든 것 바치기 전에는 그 사랑에 대한 보답 증명할 수 없네. 이제 오늘 아침에는 이것을 증명해 보여야만 하는 거야.'

그때 주께서는 '갈보리에 비교해 보아라' 하고 말씀하셨다. 아내도 그 말을 의지하여 끝까지 견뎌 냈다. 그 후 우리가 함께 기도하고 있을 때 주님은 내게 보상을 보여 주셨다. 그분은 우리에게 이렇게 말씀하셨다.

'너희가 나를 위해 포기한 그 모든 것들에 대하여 내가 백 배로 갚아 주겠다. 특히 이번 경우에 대해서는 아프리카의 1만 명 영혼들을 달라고 주장해도 좋다.'

우리는 그대로 믿었다."

리즈 부부가 아프리카로 떠난 뒤 사무엘은 삼촌의 양자로 입양되었다. 그는 그들 밑에서 자라나 나중에 옥스포드 대학교를 졸업하게 된다. 그는 구약의 사무엘과 이름뿐 아니라 어려서부터 주께 구별되어 그분을 섬겼다는 면에서도 똑같았다. 그는 열두 살 때 그리스도를 개인의 구주로 영접했다. 그의 양부모는 그가 의사가 되기를 원했지만, 그는 주께서 자기를 사역으로 부르시는 것을 느꼈다.

대학을 마친 후 그는 다시 친아버지 밑으로 돌아왔다. 물론 리즈 부부는 그를 이 방향으로 이끌기 위해 손가락 하나 움직이지 않았으며, 또한 그를 양육한 양부모도 그가 돌아가는 것을 기쁜 마음으로 동의했다. 그를 다시 친부모에게로 돌려보내신 분은 하나님이었다. 그는 성경학교의 부학장이 되었다. 그러다가 그의 아버지가 본향으로 부르심을 받은 이후로는 학장이 되어 지금에 이르고 있다.

이제 그는 다시 사무엘 리즈 하월즈라는 이름으로 모든 사람들에게 알려지게 되었다. 하나님은 그가 태어나기도 전부터 그의 부모에게 주셨던 약속을 얼마나 완벽하게 성취하셨던가! 또한 주님은 그의 부모가 자식을 포기함으로써 당신께 드린 그 제사와 그의 양부모가 그에게 쏟아 부어 준 사랑과 관심을 얼마나 존귀한 것으로 흠향하여 주셨던가!

Rees Howells

여호와 이레,
예비하시는 분

우리의 믿음을 강하게 해 주는 것으로써 시험보다 더 좋은 것은 이 세상에
아무것도 없다. 인간의 힘이 다한 곳에서 하나님의 일이 시작된다.

한편 리즈는 남아프리카 선교회 회장이자 케직 사경회와 랜드린
다드 사경회의 회장도 겸임하고 있던 알버트 헤드에게 편지를
보내 선교지에 나가고 싶다는 의사를 전했다. 그는 헤드에게 딕 삼촌과
조의 병 고침 이야기를 적어 보냈다. 얼마 후 리즈에게는 런던에 올라
와 선교회 이사회와 한번 만나 보라는 답장이 왔다. 또한 그 답신에는
조를 같이 데리고 오라는 말도 적혀 있었다.

런던으로 떠나던 날 아침, 리즈 부부의 수중에는 달랑 2파운드밖에
없었다. 하지만 리즈의 아내에게는 바로 그날 당장 돈이 필요했다. 그
러나 언제나 그랬듯이 이들에게는 '먼저 필요한 곳에 먼저 충당한다.'
는 것이 원칙이었다. 리즈는 우체부가 도착하기 전에 떠나야 했기 때문
에 우선 그 돈을 써야만 했다. 리즈와 조가 런던에 도착하자 거기까지

든 여비를 제하고 나니 그들 손에 남은 돈은 5실링이 다였다.

이튿날 저녁 리즈는 선교회 이사회와 만났다. 이사회는 리즈 부부를 선교지에 나갈 사람으로 받아들이기로 했다. 헤드 씨는 리즈에게 내일 특별 집회 하나를 마련해 두었으니 와서 중보 기도에 대하여 말씀을 전해 달라고 부탁했다. 주님은 그 집회를 축복하셨다. 이튿날 리즈가 떠나 올 때 헤드 씨는 리즈의 손을 붙잡고 이렇게 말했다.

"주님이 당신을 통하여 나에게 말씀하셨습니다. 나는 지금까지 어떤 선교사고 내가 후원할 사람으로 '붙들어 본' 적은 없는데, 하나님께서 당신만큼은 나의 선교사로 붙들라고 말씀하셨습니다. 나 외에는 어느 누구도 당신을 후원하게 하지 않을 것입니다. 당신은 아프리카에 가서 말씀을 전파하고 나는 여기서 그 추수에 참예할 것입니다."

돌아오는 기차를 타기 전 리즈와 조는 몇몇 친구들과 함께 점심을 먹었다. 막 떠나려는데 누가 리즈의 손에다 봉투를 쥐어 주었다. 1파운드 금화 다섯 개였다. 도착할 때는 5실링밖에 없었는데 떠날 때는 5파운드를 가지고 떠나게 되었던 것이다.

그들은 집에 돌아와 찬양 모임을 가졌다. 리즈 여사는 또한 리즈 여사대로 그들이 그 2파운드를 갖고 떠난 뒤 한 시간 반 만에 다시 하나님께서 2파운드를 주셨던 이야기를 들려주었다. 리즈는 이렇게 말했다.

"우리의 믿음을 강하게 해 주는 것으로써 시험보다 더 좋은 것은 이 세상에 아무것도 없다."

 주님의 전적인 인도하심이다

얼마 후 리즈 부부는 스코틀랜드에 갔다. 리즈 여사는 그곳에 있는 훼이스 선교회Faith Mission에서 1년 동안 훈련을 받았다. 한편 리즈는 런던 리빙스톤 대학에서 9개월 간의 의학 과정을 이수했다.

그는 이 대학에서 아주 특별한 친구 하나를 만나 성령 안에서 깊은 교제를 나누었다. 브레드렌 출신의 해롤드 세인트 존Harold St. John으로, 후에 성경 교사로 널리 알려진 인물이다. 그들은 매일 아침 하나님을 만나기 위해 새벽 5시에 일어나 중간에 있는 벽을 두드려 서로를 깨워 주곤 했다. 한편 리즈 여사는 스코틀랜드에서 자신의 모든 필요가 다 채워지는 경험을 하고 있었다. 리즈는 한 번도 아내에게 뭘 보내 줄 필요가 없었다. 그는 이렇게 말했다.

"우리는 믿음의 학교에 들어가 있었다. 승리하여 계속 그분 안에 거하게 해 주는 것으로 믿음에 견줄 만한 것은 아무것도 없었다. 믿음이 없이는 결코 승리할 수 없는 것이다."

한번은 리즈 여사에게 20파운드가 필요한 일이 생겼다. 런던의 시티 로드 병원에서 산과학産科學 과정을 배울 계획이었는데, 20파운드는 바로 그 과정에 들어가는 데 필요한 입학금이었다. 한편 리즈가 다니던 학교에는 캠브리지를 졸업한 젊은 학생 하나가 있었는데, 그는 자기는 지금까지 구체적이고 분명한 응답을 요구하는 기도는 한 번도 해 본 적이 없다고 말했다. 그래서 리즈는 20파운드를 구하는 이 기도에 함께 동참해 보면 어떻겠느냐고 말했다. 그는 이렇게 돈을 달라고 기도하고 그 응답이 올 것을 기대한다는 이야기는 한 번도 들어 본 적조차 없었다.

그들은 하루 오후를 정하여 각자 자기 방에 가서 두 시간씩 기도하기로 했다. 이 젊은이는 기도를 마치고 나자 아주 탈진해 버렸다. 그에게는 그 두 시간이 마치 두 달처럼 길고 지루했다. 한편 리즈는 그 두 시간 안에 해야 할 기도를 다하지 못했다. 그래서 그 젊은이에게 저녁 때 다시 두 시간씩 더 기도를 하자고 제의했다. 그러자 그 친구는 이렇게 외쳤다.

"뭐라고요? 20파운드를 얻자고 네 시간 동안 그 고생을 해야 합니까?"

그러나 결국 그는 자기 기도가 도움이 된다면 다시 한 번 리즈의 생각대로 해 보겠노라고 수긍했다. 그러나 이 두 번째 기도 시간이 채 끝나기 전에 리즈는 그의 방으로 가서 이렇게 말했다.

"이제 더 이상 기도할 필요 없네. 내 기도가 다 끝났다네."

그러자 그는 물었다.

"돈을 받으셨나요?"

"아니네. 하지만 내겐 믿음이 있네. 곧 돈이 올 걸세."

그날 밤 늦게 이들은 함께 산책을 하고 있었다. 그런데 갑자기 이 학생이 멈춰 서더니 담벼락에 몸을 기대고 서서는 큰소리로 웃어대는 것이 아닌가.

"뭘 보고 웃는 거지?"

리즈가 물었다.

"선생님께 그 20파운드를 가져다 주어야만 할 그 사람을 생각하니 웃음이 나옵니다."

그는 이미 그것을 보고 있었던 것이다. 이틀 후 리즈는 10파운드짜리 지폐 두 장을 받았다. 그는 그 친구의 방으로 찾아가 지폐를 높이 들어올려 보여 주었다. 얼마나 큰 축복이었던가! 그 후 이 대학의 학장에게는, 학교에 특별 손님이 찾아올 때마다 차를 마시는 자리에 리즈를 불러서 몇 가지 믿음의 체험들을 간증해 달라고 부탁하는 습관이 생겼다.

항간에는 이런 의혹을 품는 사람들이 있다. 주님께서 리즈에게 그토록 놀라운 병 고침의 체험들을 주신 바 있는데 무엇 때문에 굳이 의학을 공부해야 했는가 하는 것이다. 그러나 앞에서도 이미 얘기했듯이 핵심은, 그는 결코 의학에 반대하지 않았다는 사실이다. 그가 중보 기도의 삶을 살면서 발견한 원리는 "인간의 힘이 다한 곳에서 하나님의 일이 시작된다."는 것이었다. 그가 체험하였던 병 고침의 경우들 대부분이 의학이 한계에 도달했을 때 일어난 일이었다. 이 일에 관하여 리즈는 이렇게 말했다.

"내가 약을 처방하는 일을 거부했던 일이 딱 한 번 있었다. 사무엘이 막 태어나고 아내가 위급한 상태에 처했을 때였다. 그때 주님은 나에게 아내가 약을 사용하지 못하게 하라고 말씀하셨다. '이거야말로 시험이구나.' 하는 생각이 들었다. 그것은 나한테는 믿음의 싸움이었고 아내한테는 죽음과의 싸움이었다. 나는 조금도 요동하지 않았다. 내가 아는 것이라고는 오직 주님께서 나에게 그렇게 말씀하셨다는 것뿐이었다. 나는 아내에게 이렇게 말했다.

'당신은 약을 먹으면 안 돼. 하지만 당신은 죽지 않아.'

그렇게 극단까지 견디고 있던 어느 날 아침 우리는 함께 성경을 읽고 있었는데, '하나님을 신뢰하라.'는 말씀이 살아 있는 글자가 되어 우리 앞에 다가왔다. 우리는 믿었다. 그리고 그 순간부터 아내의 몸은 회복되기 시작했다."

의학과 믿음이라는 전반적인 주제에 대하여 리즈는 이렇게 말했다.

"인도의 확신도 없으면서 사람들한테 약을 사용하지 말라고 말하는 것은 하나의 비극일 뿐이다. 그러다 죽으면 어떻게 하겠는가? 그러나 나는 주님께서 특별히 약을 사용하지 말라고 인도하시는 경우들이 있음을 알고 있으며, 그런 인도를 받은 사람들은 모두 다 승리를 경험했다. 그 중 하나가 래드스탁 경의 경우인데 그는 나에게 주님이 믿음을 얼마나 존귀히 여기시는가를 보여 주는 많은 경우들을 들려주곤 했다.

또 하나 예로 들 수 있는 사람은 크리스천 선교사 연맹Christian and Missinary Alliance의 창설자인 심슨Simpson이다. 그는 보혈에 치유의 능력이 있음을 거듭거듭 입증해 보이곤 했다. 약을 사용하고 안 하고의 문제는 전적으로 주님의 인도하심에 달려 있다. 만일 성령께서 어떤 사람을 약을 사용하지 않도록 인도하신다면, 그분께는 그에 대한 보상책 또한 분명히 마련되어 있다. 나와 아내는 둘 다 간호학과 의학 과정을 이수하라는 인도를 받았다. 그리고 그것은 전적으로 주님의 인도하심이었다.

우리는 우리가 그런 일들을 능히 할 수 있게 해 달라고 기도했으며, 주님은 그 기도에 응답하셨다. 우리가 에딘버러와 런던에서 훈련을 다 받고 나자, 주님은 나에게 6개월 동안 한 의사 곁에서 약제사로 일할 수 있는 길을, 그리고 아내에게는 산과학 과정을 이수할 수 있는 길을 열어 주셨다. 나중에 우리가 선교지에 나갔을 때 이 두 가지가 얼마나 유용하게 사용되었는지 모른다.”

순종만이 유일한 길이다

배를 타고 떠나는 날이 일주일 앞으로 다가왔을 때, 선교회에서는 그들에게 런던까지 오는 여비로 쓰라고 돈을 보내 왔다. 하지만 이들에게는 떠나기 전 준비해야만 하는 몇 가지 물건들이 있었다. 먼저 필요한 것에 먼저 충당한다는 원칙을 또 한 번 적용했다. 리즈는 이렇게 말했다.

“선교지로 떠나기 전에 준비해야 할 물건들이 참 많았다. 그렇다고 여비가 따로 준비된 것도 아니었다. 하지만 어쨌든 물품까지 안 사고 그저 있을 수만은 없었다. 또 우리 세 사람 모두 하나님께서 채워 주시리라 확신했다. 하지만 마지막 우체부가 왔으나 돈은 없었다. 우리가 탈 기차는 이튿날 아침, 즉 우체부가 다시 오기 전에 떠나기로 되어 있었다. 한편 우리는 숙부와 숙모 그리고 어린 사무엘과 이별을 앞두고 마음이 많이 무거웠다. 그러나 차비에 대한 부담으로 인하여 이별은 훨씬 덜 힘든 것이 될 수 있었다. 이것이 종종 주님의 일하시는 방식인 것 같다. 우리 앞에 아주 어려운 일이 놓여 있을 때 그분은 다른 부담을 주심으로써 그 어려운 일을 덜 어려운 일이 되게 하시는 것이다.

이튿날 아침, 가족들과 헤어지는 일은 그렇게 어렵지 않았다. 돈이 없어 역까지 걸어가야만 했기 때문이다. 우리는 하나님께서 기차역 플랫폼에서 돈을 주실 거라고 확신했다. 그러나 기차가 떠날 시간이 다 되었는데도 아무 일도 일어나지 않았다. 우리가 할 수 있는 일이라곤 수중의 10실링을 들고 최대한 갈 수 있는 데까지 가는 것뿐이었다. 거기서 우리의 힘이 다하면 그때야말로 하나님이 개입하실 것이다.

우리는 집에서 약 30킬로미터 정도 떨어져 있는 레인리 역에서 기차를 갈아타야 했는데, 다음 기차를 기다리는 시간이 약 두 시간 정도 되었다. 그래서 일단 거기까지 가는 표를 끊었다. 많은 사람들이 역에 나와 우리를 환송해 주었다. 그러나 정작 우리에게 필요했던 것은 런던까지 갈 차비였다. 레인리 역까지 같이 가 준 사람들도 많았는데, 그들은 시종 차 안에서 찬양을 불렀다. '돈만 있었다면 찬양을 더 잘할 수 있을 텐데!' 문득 머리 속에 그런 생각이 들었다.

레인리에 도착하여 친구 몇 명과 함께 아침을 먹으러 밖으로 나갔다. 그러고는 아직도 아무 일이 일어나지 않고 있었기 때문에 다시 역까지 걸어서 돌아왔다. 드디어 다음 기차가 도착할 시간이 되었다. 그때 성령께서 나에게 이렇게 말씀하셨다.

'지금 너한테 돈이 있다면 너는 무엇을 하겠느냐?'

나는 '매표소에 가서 줄을 서겠습니다.'라고 대답했다.

'너는 사람들에게 나의 약속은 곧 손 안에 돈이 쥐어져 있는 것이나 마찬가지라고 설교하지 않았느냐? 그렇다면 지금 가서 줄을 서도록 하라.'

순종 외에는 아무것도 할 일이 없었다. 내 앞에는 여남은 명 가량의 사람들이 서 있었다. 마귀는 쉬지 않고 이렇게 떠벌였다.

'자, 이제 네 앞엔 몇 명 남지 않았다. 네 차례가 와도 너는 그냥 지나갈 도리밖에 없다. 앞으로는 홍해, 뒤로는 애굽 사람들에게 에워싸여 있던 모세에 대해서는 그렇게 설교를 잘도 하더니만, 이제 네가 꼭 그 꼴이 되었구나.'

나는 대답했다.

'그래, 나는 에워싸여 있다. 하지만 하나님은 나 역시 모세처럼 영광스럽게 통과하도록 하실 것이다.'

내 앞에 사람이 두 명밖에 남지 않았을 때였다. 어떤 사람이 무리 속에서 튀어나오더니 이렇게 말했다. '더 기다려 드리지 못해서 정말 죄송합니다. 가게를 열 시간이 되어서 가 봐야만 합니다.'

그는 작별 인사를 하면서 내 손에 30실링을 쥐어 주는 게 아닌가! 이 얼마나 영광스러운 일인가! 하지만 그것은 앞으로 주께서 아프리카에서 하실 일에 대한 맛보기에 지나지 않았다. 우리가 순종하기만 한다면 그분은 얼마든지 그런 일을 행하실 수 있는 것이다. 표를 사고 나자 우리를 전송하러 기차역에 나온 사람들이 그제야 우리에게 선물을 주기 시작했다. 주께서 우리가 시험을 통과할 때까지 그들을 저지하고 계셨던 것이다. 우리는 런던까지 가는 동안 쉬지 않고 그분을 찬양했다."

런던에 도착하자 헤드 씨는 다음날 아침 식사를 함께하자고 이들을 초청했다. 그는 거기서 이런 말을 했다.

"당신들께 드리려고 50파운드를 준비해 놓았는데 그만 부치지를 못했습니다."

리즈는 "보내시지 못한 것에 대해 하나님께 감사드립니다."라고 말한 뒤 속으로 이렇게 생각했다. '나는 그 어떤 대가가 지불된다 하더라도 줄을 서서 기다리던 그 시험을 기꺼이 받았을 것이다.'

이제 세 가지 물건만 제외하고는 모든 출발 준비가 완료되었다. 시계와 만년필과 각자의 우비였다. 그들은 이 물건들에 대해서 어느 누구에게도 얘기한 적이 없었다. 그런데 아침을 먹는 자리에서 헤드 씨가 이렇게 물었다.

"지금 가지고 계신 시계가 어떤 종류입니까?"

그러면서 자기 아들 알프레드가 이들 부부에게 각각 시계를 하나씩 선물하고 싶어 한다고 말했다. 그는 이어 이렇게 물었다.

"참, 아프리카의 우기를 맞이할 준비는 하셨습니까? 괜찮은 우비가 있으시냐는 말씀입니다."

이들이 아직 준비하지 못했다고 말하자 그는 명함에 주소 하나를 써 주면서 비용은 자기가 댈 테니 가서 각각 우비 하나씩을 얻으라고 말했다. 주소를 다 쓰고 나더니 그는 다시 이렇게 물었다.

"참, 이런 만년필 보신 적 있습니까?"

그들이 없다고 말하자, 그는 "자, 이것 하나씩 가지고 가십시오."라고 말했다. 이들 부부가 주님께 구했던 세 가지 물건을 이 사람이 이들 앞에서 쪽집게처럼 집어 냈던 것이다.

헤드 씨는 이들에게 다음날 아침에도 식사를 같이한 뒤 함께 기도하자고 말했다. 그는 리즈한테 그곳에 있는 주님의 종들에게 몇 가지 신앙 체험을 나누어 달라고 부탁했다. 그는 이렇게 말했다.

"당신은 전에 믿음의 삶을 살았지요?"

그러나 리즈는 이렇게 대답했다.

"예, 그리고 지금도 그런 삶을 살고 있습니다."

그리고는 줄을 서서 기다렸던 이야기를 들려주었다. 헤드 씨는 그가 그 위기를 어떻게 벗어났는지 그 다음 장면이 궁금하여 제대로 숨조차 쉬지 못할 정도였다. 다 듣고 나서 그는 이렇게 외쳤다.

"지금까지 이런 이야기는 들어 보지 못했습니다."

그러나 리즈는 얘기는 아직 끝나지 않았다고 말했다. 그는 바로 전날 밤 숙소에서 있었던 일이며, 시계와 우비와 만년필 이야기 등을 들려주었다. 헤드 씨는 이렇게 말했다.

"주님께서 나를 그렇게 인도하셔서 당신들에게 꼭 필요한 것을 주게 하셨다니, 이것이야말로 나한테는 돈 천 파운드보다도 더 귀한 것입니다."

그리하여 이들은 이 영광스러운 승리를 뒤로 남기고 1915년 7월 10일에 영국을 떠났다. 자신들을 이 삶으로 부르신 그분께서 그 어떤 상황에서든 자신들을 능히 건져 주실 것이라는 사실을 믿으면서….

성령의 일꾼으로,
충성하는 삶

그러므로 형제들아 내가 하나님의 모든 자비하심으로 너희를 권하노니
너희 몸을 하나님이 기뻐하시는 거룩한 산 제사로 드리라
이는 너희의 드릴 영적 예배니라

*Therefore, I urge you, brothers, in view of God's mercy,
to offer your bodies as living sacrifices, holy and pleasing to God--this is
your spiritual act of worship.. - 롬 12:1*

부흥의 근원은 성령이다

하늘이 활짝 열리자 그 축복을 다 받아들일 공간이 부족했다.
성령에 온전히 사로잡힌 내가 할 수 있는 고백이라는 것은
오직 '그분이 임하셨다' 는 것뿐이었다.

남아프리카 선교회는 남아프리카의 복음이 증거되지 않은 많은 지역에 복음을 전파한다는 목적으로 1889년에 창설되었으며, 초대 회장은 앤드류 머레이 목사였다.

리즈 부부가 파송될 당시엔 모두 25개의 지부에 170명의 유럽인 및 아프리카인 일꾼들이 선교회에 소속되어 있었다. 사역 범위는 북으로는 벨기에령 콩고의 남쪽 국경선까지, 그리고 동과 서로는 포르투갈령인 앙골라와 모잠비크의 미개척 지역까지 뻗치고 있었다. 리즈 부부는 포르투갈령 동아프리카의 경계선 근처에 있는 가자랜드Gazaland의 루시투Rusitu 선교 지부에 배속 받았다.

그들은 이미 그곳에 와서 7년 동안 사역을 해 오고 있던 햇취Hatch 부부와 합류하였다. 햇취 부부는 전임자들 뒤를 이어 이 지역 사람들에

게 복음을 전하는 데 견고한 기반을 놓았으며 소중한 값을 지불했다. 이들은 최근 주님의 재림에 대해 공부하면서, 자신들의 영혼에 더욱 깊은 축복을 사모하는 마음으로 말씀과 기도에 더 많은 시간을 들이고 있었다. 자신들의 영혼이 더 깊어져야 다른 사람들에게도 더 온전한 축복이 나갈 수가 있었다. 그러던 터라 리즈 부부가 도착했을 때는 이미 사람들의 마음밭이 다 준비되어 있어 성령의 역사를 기다리는 상황이었다.

선교지에 새 선교사가 부임하면 자연적으로 따라오는 일들이 있다. 언어 공부와 기후 적응, 그리고 낯선 나라 생활에 익숙해지기 위해 상당 기간이 필요했다. 그러나 사람들은 이미 리즈 부부가 대부흥이 휩쓸고 지나간 나라에서 온 사람들이라는 것을 들어 알았다. 그들은 기다릴 틈도 없이 이들 부부에게 대부흥 때 받은 축복을 가지고 왔느냐고 물었다.

리즈는 그들에게 모든 부흥의 근원은 성령이며, 그분은 웨일스에서 행하셨던 일을 이곳에 있는 사람들 사이에서도 똑같이 행하실 수 있는 분이라고 말했다. 그들은 그것에 대해서 설교를 해 달라고 했다. 물론 통역을 통해서였다. 그들 나라 말에는 부흥에 해당하는 단어가 없었다.

그래서 리즈는 오순절에 대해서 얘기했다. 그날 무리에게 임하사 심령들을 움직이셨고 또 많은 사람들을 하나님 나라의 백성이 되게 하신 분은 하나님이셨으며, 이제 그분은 이곳 사람들에게도 만일 그들이 회개하기만 한다면 그와 똑같은 일을 행하기 원하신다는 것을 이야기했다. 리즈는 집회가 열릴 때마다 그들에게 부흥에 대해서 이야기했다. 6주가 지나자 성령께서 그리스도인의 마음을 움직이기 시작하셨다.

어느 금요일 밤이었다. 여남은 명의 사람들이 리즈의 집에 모여 있었다. 리즈 여사는 그들에게 "주여 부흥을 주소서. 바로 내 안에서부터 시작되게 하소서."로 시작하는 찬송가를 가르쳐 주었다. 찬양을 부르는 사이 성령께서 그들 위에 임하셨다. 그날부터 그들은 마당에서고 어디에서고 계속 그 노래만 불렀다. 리즈는 그 노랫소리에서 웨일즈 대부흥 때 들었던 소리를 들을 수 있었다. 그는 이렇게 말했다.

"들어 보면 알 수 있다. 그러나 억지로 만들 수는 없다. 그 다음주 목요일까지 나 또한 계속 그 찬양을 불렀다. 거기에는 우리를 변화시키는 뭔가가 있었으며, 우리를 하나님의 안연함 속에 거하게 해 주는 뭔가가 있었다."

그날 밤 네 명의 선교사가 함께 모여 성경을 읽고 기도했다. 그들은 매주 목요일에 이 모임을 가졌다. 함께 무릎을 꿇고 있는데 주께서 리즈에게 말씀하셨다.

"내가 너희의 기도를 들었다. 이제 곧 부흥이 올 것이다."

그는 모두에게 이제 그만 일어나라고 말했다. 더 이상 기도할 필요가 없었던 것이다. 이 지역에 오순절을 주시기 위해 성령께서 임하셨던 것이다. 하나님의 말씀의 능력이 너무도 위대했기 때문에 그날 이후 이들은 늘 부흥의 순간을 기대하며 살았다. 누가 와서 문만 두드려도 어떤 사자使者가 와서 "성령이 오십니다."하고 전해 줄 것만 같은 확신이 들었다. 그렇게 이틀을 기다리고 드디어 주일, 그분은 과연 오셨다. 그날 이후의 일들에 대해 리즈는 이렇게 기록해 두었다.

"그 주일은 10월 10일이었고 마침 내 생일이기도 했다. 아침에 설교하는데 성령께서 회중 가운데 임하고 계신 것을 느낄 수 있었다. 저녁 집회 때는 그분이 완전히 임하셨다. 나는 이 일을 영원히 잊지 못할 것이다. 성령은 구파즈라고 하는 어린 소녀에게 임하셨다. 이 소녀는 자기가 주님을 맞을 준비가 되어 있지 않은 죄인임을 깨닫고 3일 동안 금식을 하고 있었다.

기도하는 중에 소녀는 완전히 깨어졌고 큰 울음을 터뜨렸다. 그러자 채 5분도 못 되어 온 회중이 다 눈물을 흘리면서 하나님께 부르짖었다.

능력은 번개와 천둥과도 같이 임하였다. 이것은 웨일즈 대부흥에서도 보지 못한 장면이었다. 그저 찰스 피니나 다른 사람들의 경우에 그런 일이 있었다는 이야기만 들은 적이 있을 뿐이었다.

하늘이 활짝 열리자 그 축복을 다 받아들일 공간이 부족했다. 나는 성령 안에 온전히 사로잡혀 그들과 똑같이 기도했다. 내가 할 수 있는 고백이라는 것은 오직 '그분이 임하셨다' 는 것뿐이었다. 밤이 깊어 가고 있었건만 모임을 끝낼 수가 없었다. 아프리카로 오기 전 주께서 말씀하셨던 일들이 6주밖에 지나지 않은 지금 그대로 다 일어나고 있었다. 성령이 임하시는 집회의 모습은 인간의 말과 글로는 결코 묘사할 수 없다. 그날 밤 그 지역 전체에 울려 퍼지던 소리, 모든 촌락마다 들려오던 그 기도 소리를 결코 잊지 못할 것이다.

성령은 이튿날에도 또 임하셨다. 사람들은 저녁 6시까지 계속 무릎을 꿇고 있었다. 이런 일이 6일 동안 계속되었다. 사람들은 죄를 고백하기 시작했고 성령의 자유케 하심을 좇아 자유함을 얻기 시작했다. 그들은 죄 사함을 받았으며 오직 성령을 통해서만 깨달아 알 수 있는 구주 예수님을 만나게 되었다. 가까이 오는 자마다 하나같이 다 성령의 역사하심 속에 사로잡혔다. 사람들은 저마다 일어서서 간증을 나누었는데 동시에 25명이나 일어나서 간증을 하는 모습은 아예 흔한 일이 되었다.

일주일이 다 지났을 때는 모든 사람들이 완전히 바뀌어 있었다. 우리는 15개월 동안을 단 한 번도 쉬지 않고 매일 두 번의 부흥 집회를 가졌으며 금요일은 하루 종일 집회를 가졌다. 회심한 사람들이 수백 명이 넘었다. 그러나 우리는 더 많은 사람들을 찾고 있었다. 주님은 우리에게 수천 수만 명의 사람들을 구원할 권세가 주어져 있다고 말씀하셨다."

🪶 성령의 역사는 멈추지 않는다

성령께서 이렇게 역사하신다는 소식이 영국과 아프리카 인근 국가들에 전해지자, 알버트 헤드 씨의 아내인 베시 포커 헤드 여사는 두 권의 소책자를 출간하였다. 그 제목이 하나는 「가자랜드에서의 복음의 진보 Advance in Gazaland」이고 다른 하나는 「가자랜드의 부흥 회고록Retrospect and Revival in Gazaland」이었다.

헤드 여사는 우선 1897년 루시투 지부 설립에 관한 이야기부터 시작한다. 몇몇 초창기 개척자들이 목숨을 바쳐서 사역의 기초를 다져 놓았는데 그 가운데 햇취 씨의 첫 번째 부인도 있다. 그들은 수년 동안 씨앗을 뿌렸다. 헤드 여사의 말과 같이, 그러다가 리즈 부부가 도착하면서부터 축복이 시작되었다.

"두 명의 전임자햇취 부부는 참으로 여러 해 동안 인내와 기도와 '눈물로' 생명의 씨를 뿌리는 수고를 하였다. 두 명의 후임자리즈 부부는 이제 그들이 '기쁨으로 커다란 수확의 단을 거두는' 것을 돕고 있다. 성령께서 하나님의 영광을 위하여 그 능력으로 수확의 단을 거두고 계신다."

그 첫 일요일의 성령의 강력한 역사에 대하여 얘기한 뒤 헤드 여사는 계속하여 이렇게 말하고 있다. "집회는 이른 아침부터 밤늦게까지 계속되었다. 중간에 잠깐씩 쉬는 시간이 있었을 뿐이다. 사람들이 울며 죄를 고백하는 바람에 선교사들도 감히 말을 계속하지 못하고 그들과 함께 울며 그들을 위하여 기도했다. 어떤 때는 모든 사람들이 다 무릎을 꿇고서 통회하는 심령으로 함께 죄를 고백하기도 했다. 그러노라면 한 사람 한 사람씩 '자유를 얻고' 기쁨의 찬양을 부르기 시작했다. 주일부터 목요일까지 날마다 이런 일이 계속되었다. 성령께서 심령들 속에 강력하게 죄를 깨우쳐 주심으로 제각기 자기 죄를 자백하게 하셨다. 아마 인간은 아무리 노력해도 강제로 그런 고백을 하게 할 수 없을 것이다.

루시투에서 하나님께서 이토록 놀랍게 역사하셨다는 소식을 듣자 미국 선교회American Board Mission Station, 남쪽으로 60킬로미터 정도 떨어져 있음에서 햇취와 리즈에게 실린다 산Mt. Silinda을 좀 방문해 달라고 초청장을 보내 왔다. … 그곳은 의사들과 목회자, 교육 사역자들 등의 간부가 갖추어져 있는 커다란 선교회였다.

첫 집회는 목요일 아침 9시에 있었다. 건물은 사람들로 꽉 들어찼다. 이들 선교사들은 루시투에 축복이 오게 된 경위와 축복을 받는 조건에 대해서 얘기했다. 두세 명의 루시투 그리스도인들이 간증을 하자 무리는 울며 긍휼을 구하고, 죄를 고백하기 시작했다. 그런 사람들이 얼마나 많던지, 집회가 오후 1시까지 계속됐는데도 불구하고 그들을 일일이 다 도와준다는 것은 불가능했다. 사람들은 오후 2시에 전부 다시 모였다. 역시 아주 놀라운 일이었다. 오전 모임 때에는 주저하던 사람 하나가 완전히 깨어져 앞에 나가 죄를 고백하는가 하면, 교사고 전도자고 학자고 할 것 없이 모두 다 기도하며 죄를 고백했다. 성령의 주관 아래 이런 일이 아무 혼란 없이 해질녘까지 계속되었다. 앞에서도 얘기했듯이 사람들로 하여금 죄에 대해 아픔을 느끼며 그 죄를 고백하게 만드실 수 있는 분은 오직 성령뿐이었다.

그날 약 100명 가량의 영혼들이 완전한 구원과 승리를 얻었으며, 토요일에도 20명이 평안과 헌신의 새 생명 가운데로 들어왔다. 고통당하던 영혼들이 이제는 대부분 찬양을 하며 기쁨으로 노래했다. 주일에는 200명도 넘는 사람들이 자유를 얻었다. 이제 선교사들은 더 이상 말씀을 전할 필요가 없었다. 사람들이 동시에 네다섯 명씩 일어서서는 돌아

3부 성령의 일꾼으로 충성하는 삶

203

가면서 간증을 나누었던 것이다.

아마도 이 지역에 있었던 가장 큰 축복은 하나님께서 능력으로 20명의 젊은 남녀들을 만나 주시고 성령으로 충만케 해 주신 일이다. 이들 20명의 남녀들은 부흥이 있기 몇 주 전에 포르투갈령 동아프리카에서의 전도 사역을 위하여 자신을 주님께 헌신한 사람들이었다.

그곳에서 있었던 하나님의 역사에 대해서 이렇게 간단히 정리하여 책으로 펴내거니와, 그 사이에도 가자랜드 지역에서는 하나님께서 성령을 부어 주시는 역사가 계속되고 있어 또 다른 숱한 소식들이 우리 손에 속속 들어오고 있다. … 햇취와 리즈가 멜세터Melsetter를 잠깐 방문했을 때는 성령의 능력이 집회 가운데 얼마나 강력하게 임하셨던지 백인들과 흑인들이 똑같이 죄를 깊이 깨닫고 아파하게 되었으며, 모두의 삶이 하나님께 완전히 드려지게 되었다. … 이들은 멜세터로 가는 길에 몇몇 농가를 찾아갔는데 네덜란드 사람과 영국 사람 모두 일곱 명이 회심하였으며, 이미 그리스도인이었던 또 다른 네 명의 주민은 자신을 하나님께 온전히 헌신하게 되었다. …

이러한 사실들은 우리 모두에게 '쉬지 말고 기도하라'는 도전을 주고 있지 않은가? 하나님은 가자랜드에서 뿐만 아니라 온 남아프리카 전역에서도 당신의 '크신 일들'을 계속하여 보여 주시지 않겠는가? 한쪽 지역에서 이미 불이 당겨진 이 작은 불꽃이 이제 우리의 기도를 통하여 거대한 불꽃으로 활활 타오르게 되기를 기도한다….”

 ## 주의 영광을 노래하라

이제 리즈 여사가 그 뒷이야기를 계속한다.

"15개월이 지난 후 케이프 타운에 있는 남아프리카 선교회 본부 사무실에서는 모든 지부에 특별 기도 요청을 보냈다. 선교사들과 아프리카 사람들은 매일 아침 7시부터 30분 동안 가자랜드 지부뿐 아니라 그 밖의 모든 지부들에도 루시투에서 있었던 것과 똑같은 축복이 임하기를 구하는 특별 기도를 해 달라는 요청이었다. 남편은 30분 간의 이 특별 기도를 위하여 작은 오두막을 찾곤 했다. 이렇게 기도를 시작한 지 한 달쯤 지난 어느 월요일 아침, 기도하러 간 지 15분밖에 안 되었는데 남편이 벌써 집으로 돌아왔다. 그의 얼굴을 보고서 뭔가 놀라운 일이 일어났다는 것을 알 수 있었다. 남편은 말했다.

'말라기 3장 10절에 나오는 그분의 말씀을 주장하며 기도하고 있는 중, 나는 성령이 내려오시는 것을 보았소. 그분은 나에게 나타나셨소. 나는 그분이 모든 선교 지부들 위에 내려오시는 것을 보았소.'

하나님의 영광이 어찌나 그의 얼굴 위에 흘러넘치던지 그는 평소의 그가 아니었다. 남편은 도저히 사무실에 앉아 있을 수 없다며 산에라도 올라가야겠다고 말했다. 과연 그는 가만히 있지를 못하고 하루 온종일 산에 올라가 걷고 또 걸으면서 큰소리로 하나님을 찬양했다. 그는 한 주간 내내 그 영광 속에 머물렀다. 그 영광은 우리가 감당하기에는 너무나 큰 영광이었다."

리즈는 자기가 각 지부를 순회하며 말씀을 전하게 되리라고는 꿈에도 생각하지 못했다. 그러나 한 달쯤 지나 각 지부에서는 더반Durban에서 열리는 수련회에 리즈를 초청했다. 이 수련회는 지부 상황이 허락하는 한 모든 선교사들이 다 참석하도록 되어 있는 수련회였다. 그런데 그들은 리즈 부부에게 앞으로 6개월 동안 입을 옷을 충분히 준비해 가지고 오라고 말했다. 이 부부가 각 지부를 돌며 말씀을 전해 주기를 원했기 때문이다. 리즈는 자기가 바로 하나님이 사용하실 그 장본인이 되어야 한다는 그 책임 앞에서 너무나 위축됨을 느꼈다. 그래서 갈 수가 없노라고 회답했다.

"나는 선교지에 온 지 이제 2년밖에 안 되었습니다."

곧 케이프 타운 본부장인 미들미스Middlemiss 씨로부터 회답이 왔다.

"당신의 지휘 계통 아래 있는 사람이오. 곧 오도록 하시오."

이들이 더반으로 내려가기 위해 길을 떠나기 전에 미들미스 씨로부터 이런 편지가 왔다.

"나는 당신들에게 은행 구좌가 없다는 것을 알고 있소. 그는 이들이 개인적인 믿음의 생활을 계속 지켜 나가기 위해 선교회에서 받는 봉급의 50%를 다른 사람들에게 주며 살고 있다는 것을 알고 있었다 만일 여비가 없거든 전보로 알려 주시오."

그러나 리즈는 이렇게 생각했다. '아니다. 나는 결코 전보를 치지 않을 것이다. 우리는 주님을 의뢰할 것이다.' 그는 이것을, 이 부름이 정말 주님으로부터 왔다는 것에 대한 좋은 입증의 기회로 생각했다. 그리고 믿음대로 되었다. 떠나는 날을 이틀 앞두고 생전 돈 같은 건 보낸 적이 없는 미국 사는 친구가 25파운드 정도를 우편으로 보내왔다. 그리하여 이들은 완전한 믿음과 확신 가운데 여행을 떠났다.

수련회에는 43명의 선교사들이 참석했다. 리즈는 자기가 다른 어떤 선교사들보다도 드러나리라고는 전혀 예상하지 못했다. 그러나 개회 예배에서 그의 간증이 준 축복이 너무나 컸기 때문에 사람들은 그에게 매일 얘기해 줄 것을 요청했다. 약 3주 동안 수련회는 부흥회가 되고 말았다. 집회가 아예 새벽까지 계속되는 날도 있었다.

모든 선교사들이 다 축복을 받았다. 그들은 모두 기쁨이 충만하여 시내 전차 안에서도 찬양을 그칠 줄 몰랐다. 수련회가 끝나자 모든 선교사들이 리즈에게 각 지부를 순회해 달라고 요청했다. 선교사들은 모두 다 자기 지부로 돌아가 기도하면서 그의 방문을 준비하기로 했다.

루시투에 임하셨던 성령께서 다른 지부들에도 똑같이 임하실 것을 기대하면서."

 성령이 우리와 함께 가신다

이제는 리즈의 이야기가 계속된다.

"과연 각 지부마다 많은 사람들이 구원받게 될는지 어떻게 믿을 수 있는가? 어떤 지부의 경우는 사람들의 마음밭이 돌밭인 곳도 있었다. 마귀는 이것을 가지고 나를 공격해 왔다. 서로 언어도 다르고 거리도 수백 킬로미터나 떨어져 있는데 어떻게 부흥을 이곳에서 저곳으로 가지고 갈 수 있느냐고 속삭였다. 이 시험은 하루 만에 이길 수 있는 시험이 아니었다. 이슈가 큰 만큼 많은 격전을 치러야만 했다.

그러나 결국은 모두 이겨 낼 수 있었다. 사람이 축복을 이 지부에서 저 지부로 가지고 다닐 필요가 전혀 없었다. 성령께서 우리 안에서 우리와 함께 가시며, 그분은 또한 오순절의 주인이요 부흥의 근원이시기 때문이다.

여행은 1만 8천 킬로미터에 달했으며 중간에 스와질랜드, 폰도랜드, 봄바나랜드, 템부랜드, 줄루랜드 이렇게 다섯 나라를 지나가야 했다. 우리는 지부를 떠나 2년 동안 외지에 있게 되었다.

맨 처음 방문한 지부에서 첫날은 아주 힘들었다. 그곳 선교사는 우리에게 그 교회에는 타락한 사람들이 아주 많다는 이야기를 해 주었다. 심지어 집사들도 말썽을 일으키고 있었다. 그러나 사흘째 되는 날 성령이 임하사 그곳을 온통 휩쓸어 버리셨다. 항상 맨 뒷자리에 앉곤 하는 집사 두 명이 있었다. 사람들이 죄를 고백하고 놀라운 축복을 경험하기 시작하자 그들이 내게 와서 말했다.

'정말 좋은 집회입니다. 하지만 그 아픈 부위가 조금 더 아래로 내려가는 날이 있을 것입니다. 당신들의 심령이 아파야만 하는 것입니다.'

그리고 나서는 이렇게 물었다. '우리한테도 죄의 고백이 필요하다고 생각하십니까?'

나는 대답했다. '만일 당신들이 하나님께 죄를 지었다면 그것은 당신과 하나님 사이의 문제입니다. 그러나 만일 당신들의 죄가 교회를 향한 것이라면 당신들은 교회 앞에서 그것을 고백해야만 합니다.'

그 두 집사 가운데 한 사람의 이름은 입다Jephthah였다. 그가 기도하겠다고 말하고 돌아간 뒤 3일이 지난 날 새벽 1시 무렵 그의 아내가 숨을 몰아쉬며 우리 집을 찾아왔다.

'빨리 와 보세요. 입다가 지금 너무 기뻐 미칠 지경이에요! 종을 쳐서 사람들을 다 모이게 할까요?'

'이 깊은 밤 시간에 종을 칠 수야 없지요.'

나는 말렸다. 그러나 그의 어머니가 일일이 돌아다니며 모든 사람들을 다 깨워, 새벽 3시에 교회는 사람들로 가득 찼다. 입다는 눈이 멀어 있었다. 꼭 사도 바울과 같았다. 사람들이 부축해서 그를 교회로 데려왔다. 그는 자기가 지은 죄를 모두 고백했다. 그러자 수많은 사람들이 회심하는 역사가 일어났다. 그는 며칠 후 시력을 되찾았다. 우리는 약 세 달 가량 그를 우리 여행에 함께 데리고 다녔다. 그가 간증할 때마다 사람들이 총알에라도 맞은 듯이 하나하나 성령의 깨우치심 아래 나가 떨어졌으며 매번 많은 사람들이 그를 통하여 회심했다.

그 다음에 찾아간 지역에는 학교가 하나 있었는데 모두 99명의 여학생들이 그 학교에 다니고 있었다. 이들은 사람들이 자기 죄를 고백한다는 말을 듣고는 모두 함께 모여 자기들은 절대로 죄를 고백하는 일

따위는 하지 않기로 굳게 의견을 모았다. 그래서인지 처음 두 번의 집회는 아주 힘들었다. 그러나 두 번째날 자정쯤에 한쪽에서 울음소리가 터져 나오더니 그들은 더 이상 버티지 못했다. 한 사람씩 죄를 고백하기 시작하여 마침내 99명 가운데 98명이 회심했다. 나머지 한 사람은 도망가 버렸다. 많은 사람들이 그 여학생의 가족을 위해서 기도하기 시작했다. 그들은 단 한 번도 집회에 참석해 본 적이 없는 사람들이었다.

그 다음 방문한 곳은 스와질랜드의 여왕이 사는 베다니라는 곳이었다. 첫날 무려 열세 시간을 교회 안에서 보내면서 줄곧 영혼들을 돌보는 일을 하고 있었다. 3일째 되는 날 그곳에 능력이 임하였다. 사람들을 변화시킨 것은 설교가 아니라 능력이었다. 어느 아프리카 사람은 이렇게 기도했다. '주님, 앞으로 사흘 동안 우리에게 100명의 회심자를 주시옵소서.' 그들은 모두 성령의 능력을 믿고 있었다.

스와질랜드 여왕이 나를 부르러 사람을 보내 왔다. 그녀는 내게 왜 자기 나라 백성들이 내가 믿는 하나님을 그렇게들 좇아가는지 물었다. 나는 그것은 그들이 살아 계신 하나님을 만났기 때문이며 또한 죄 사함을 받고 영생의 선물을 얻었기 때문이라고 말했다. 또 하나님께는 독생자가 있는데 바로 그 외아들을 내어 주사 우리를 위해 죽게 하셨다고 말했다. 그리고 우리에게도 아들이 하나 있는데 아프리카 사람들에게 하나님 이야기를 들려주기 위해 그 아들을 본국에 떼어 두고 왔다고도 덧붙였다.

우리 부부가 친아들보다 자기 나라 사람들을 더 사랑한다는 이야기를 듣자 여왕은 크게 감동을 받았다. 그녀는 나에게 자기의 측근 인물들과 사적인 모임을 가질 수 있도록 허락해 주었다. 단, 자기를 직접 쳐다보아서는 안 되며 오직 그 사람들에게만 평소 말하는 것처럼 말해야 한다고 했다.

나중에 교회에서 집회가 있었는데 하나님의 능력이 그 집회 위에 임하였다. 수를 세어 보니 정확히 50명이 일어났는데 그 가운데에는 여왕의 며느리인 왕자비도 있었다. 그때 100명의 영혼을 달라고 기도했던 그 사람이 벌떡 일어나더니 이렇게 외쳤다.

'우리의 기도에 응답하신 하나님을 찬양합니다. 50명의 영혼에 왕자비를 주시다니 … 이 왕자비 한 사람은 또 다른 50명이나 마찬가지입니다. 그러니 딱 100명이 채워진 것입니다.'

사흘 간의 모임을 통해 총 105명이 그리스도를 영접했다. 얼마 후 집에 돌아오니 여왕으로부터 개인적으로 좀 보자는 전갈이 왔다. 그녀는 우리에게 이런 이야기를 들려주었다. 그녀에게는 딸이 있었는데 얼마 전에 죽었다고 한다. 그런데 그 딸은 그 전에 이미 그리스도인이 되었으며 죽을 때에도 그렇게 평안하게 죽었다고 했다. 여왕은 그것을 통해 많은 감동을 받은 것 같았다. 그녀는 그 뒤로 자기 역시 마음속으로 예수님을 구주로 영접했노라고 덧붙였다.

폰도랜드의 한 지부에서는 예수께서 십자가에서 못박히신 사건에 대하여 말씀을 전하고 있었다. 그날은 마침 성 금요일이었다. 성령은 나를 통하여 '십자가에 못박게 하소서. 십자가에 못박게 하소서.' 라고 외친 군중들의 말의 의미를 분명히 파헤치셨다. 청중들은 마치 자기 앞에 지옥 문이 열려 있는 것을 보기라도 하는 것 같았으며, 단 한 번의 집회를 통해 온 회중이 전부 다 하나님과 바른 관계를 맺기 위해 앞을 다투어 몰려 나오는 역사가 일어났다. 강대상을 밀어 넘어뜨리지나 않을까 염려가 될 정도였다.

그 다음에는 줄루랜드의 어느 한 곳에 가서 말씀을 전했다. 한 전도자가 자기에게 영혼을 구하는 능력이 부족함을 인하여 하나님 앞에 자신의 죄를 깊이 깨달았다. 그는 숲속에 들어가 온밤을 지새우며 하나님께 부르짖었다. 이튿날 그는 성령을 받았다. 마침내 승리를 얻은 그의 모습은 참으로 영광스러운 모습이었다. 이 기름 부음의 결과로 머지 않아 그의 소지부_{지부의 지부}는 본부보다도 더 커졌다."

이와 같이 성령은 당신이 약속하신 말씀 그대로 각 지부마다 임하시며 부흥을 주셨고 만 명의 영혼을 주시겠다고 하신 약속을 성취하셨다. 또 한 예로 요하네스버그에서 있었던 일을 들 수 있다. 리즈는 그 지역에서 제일 크다는 교회에서 꼬박 21일 동안 성대한 부흥 집회를 가졌다. 그 큰 교회가 매일 밤 꽉꽉 들어찼다. 여러 다양한 부족들이 함께 있었기 때문에 그의 말을 세 명의 통역자들이 통역했다. 그리고 날마다 수백 명의 영혼이 구원을 받았다. 이 모든 일을 행하시는 분은 성령이라는 사실을 종 리즈는 누구보다도 잘 알고 있었다. 이것은 그야말로 "힘으로 되지 아니하며 능으로 되지 아니하고 오직 나의 신spirit으로 되느니라." 슥 4:6 말씀하신 바로 그것이었다. 그는 성령의 능력과 인도하심을 좇아 수백 명의 사람들에게 안수를 하였으며 그들은 즉시 치유를 얻었다.

🪶 주의 날개 그늘 밑에서 쉬라

루시투로 돌아온 리즈 부부는 다시 평범한 일상 업무에 들어갔다. 또한 햇취 부부가 휴가를 가 있는 동안에는 일반 집회와 성인 사역은 물론 남학교 및 여학교의 책임도 그들에게 맡겨졌다. 이 두 해 동안 있었던 일 가운데 딱 한 가지만 이야기할까 한다.

아프리카 기혼 남자들 중에는 회심한 사람이 거의 전무했다. 그들은 라볼라Labola라고 하는 아주 오랜 관습에 꽉 묶여 있었다. 라볼라는 라

반야곱의 외삼촌한테서 유래되었다고 말하는 사람들도 있었다. 아프리카에서 여자가 결혼할 때 가지고 가야 하는 돈은 25파운드로 정해져 있었다. 딸이 서너 명 있는 아버지일 경우에 이것은 엄청난 돈이었다. 그런데 회심을 한 사람은 절대로 딸을 팔 수가 없었다. 그래서 기혼 남자들은 아무도 주님께 돌아오지 않았던 것이다. 그때 성령은 리즈에게 전에 그가 한 잃어버린 영혼을 위하여 드렸던 중보 기도를 생각나게 해 주시면서, 이번에도 그때처럼 귀신을 대적하여 싸울 것과 갈보리의 승리를 사용하여 이 사람들이 그리스도를 자유롭게 받아들일 수 있도록 해줄 것을 말씀하셨다.

그때 리즈는 집 한 채를 짓고 있었다. 그는 기혼 남자들이 와서 일을 하게 해 달라고 기도했다. 여섯 명이 지원을 해 왔다. 그는 그들과 함께 매일 아침 기도했으며 또 복음도 들려주었다. 주께서 그에게 주신 첫 번째 인도는 그들을 주일 아침 예배에 나오도록 하라는 것이었다. 그러려면 그들은 그 시간에는 논밭일을 하지 않아야만 했다. 그들은 주일 아침 대신 평일 아침에 매일 오겠노라고 말했다. 그러나 매일 아침 모임은 바로 그들의 작업 시간 중에 있었다. 그냥 앉아서 돈을 번다니 그들에게는 반대할 이유가 하나도 없었다.

리즈는 그들에게 만일 그들이 주일에도 자원함으로 모임에 나온다면 그것은 하나님을 훨씬 더 기쁘시게 해 드리는 일이 될 거라고 말했다. 그들은 과연 주일에도 나왔고 그 가운데 다섯 명이 구원을 받았다. 적의 대열이 붕괴되는 첫 순간이었다. 그러나 아직도 복음을 모르는 사람이 수백 명이나 있었다. 과연 하나님은 그들을 어떻게 구원하실 것인가?

하나님께는 우리가 전혀 상상할 수도 없는 방법이 있었다. 그때는 제1차 세계 대전 직후였는데 아주 혹독한 유행성 감기가 전 세계를 휩쓸어 이미 수백만 명의 사람들이 목숨을 잃은 터였다. 이 처음 다섯 명의 기혼 남자가 복음을 받아들인 지 얼마 지나지 않아서 리즈는 이 지역에도 유행성 감기가 들어와 벌써 많은 사람들이 드러누워 있다는 소식을 듣게 되었다. 리즈는 이제 막 기혼 남자들 사이에 부흥이 일기 시작하는데 왜 하필 전염병이 이럴 때 찾아오는 것인지 못내 마음이 불편했다. 그러나 주님은 그에게 이렇게 말씀하셨다.

"너는 로마서 8장 28절 말씀을 믿지 않는단 말이냐? 나를 믿을 수 없느냐? 이것이 위장된 축복이라는 사실을 믿을 수 없느냐?"

주님은 리즈에게 이전 고향 마을에서 아픈 사람들을 위해 중보 기도했던 일을 상기시켜 주었다. 그때 주님은 여러 차례 그로 하여금 사망에 대적하도록 인도하셨다. 지금 이곳에서 일어난 일은 그때 마을에서 일어난 일보다 훨씬 규모가 크다. 이제 리즈는 여기서도 사망에 대적할 수 있을 것인가? 그는 아프리카에 온 후로 이미 아주 혹독한 시험 하나를 겪은 일이 있었다. 그는 그 시험에서도 생사의 문제는 하나님이 주관하심을 입증했다. 그가 아주 심한 말라리아에 걸렸을 때의 일이었다. 그는 그때 이렇게 말했다.

"나는 이것이 내 태도를 시험하기 위하여 허락된 것이라고 확신한다. 적과 대면하여 싸우게 되었을 때 만일 우리의 태도가 분명하지 않다면 우리는 적에게 과감히 공격을 가할 수가 없는 것이다."

열이 조금도 떨어지지 않은 채 여러 날이 지났다. 그는 일상적인 치료 방법들을 모두 거부했다. 상태는 급속도로 악화됐다. 그러던 어느 밤, 다음날 아침까지도 목숨을 부지하지 못할 것 같았다. 리즈 여사는 기도하기 위해 잠시 자리를 비웠다. 그가 혼자 있는 틈을 타 성령께서 그에게 말씀하셨다.

"왜 아버지께 고쳐 달라고 기도하지 않느냐?"

그는 기도했다고 생각했다. 그러나 성령은 이렇게 말했다.

"너는 믿음으로 구하지 않았다."

리즈는 그때 일을 이렇게 말했다.

"나는 그대로 침대 안에서 옆으로 돌아누웠다. 그 순간 내 몸은 완전히 나았다. 나는 아내가 이 사실을 알고 있을까 궁금한 생각이 들었다. 과연 아내는 기도의 짐에서 벗어나게 되었을까? 아내가 방으로 돌아왔다. 방문을 여는 순간 아내는 무슨 일이 일어났다는 것을 알아차리고 이렇게 말했다. '당신, 병이 나으셨군요.' 나는 큰소리로 웃으며 아내에게 그 이야기를 들려주었다."

사흘 뒤 그는 달구지 여행길에 오를 수 있었으며 말라리아에 걸리기 전 계획되어 있던 대로 몸 상태는 완전히 정상으로 되돌아와 있었다. 그 이후 그는 말라리아가 돌고 있는 지역들을 수차례 돌아다니며 일했지만 다시는 말라리아에 걸리지 않았다.

그러나 이번에 그가 대면하게 된 죽음은 훨씬 규모가 컸다. 선교 지부들의 순회 여행을 마치고 돌아왔을 때, 찰스 머레이 씨가 리즈 부부를 자기 지부로 초청했다. 찰스 머레이는 앤드류 머레이 박사의 아들이었다. 그런데 얼마 있지 않아 그는 다시 방문을 취소해 달라는 부탁을 전해 왔다. 그 지역에 유행성 감기가 돌아 선교사 두 명과 많은 회심자들이 이미 몸져누웠다는 것이었다.

루시투에서 감기는 선교회 사무실부터 찾아왔다. 나흘 만에 많은 일꾼들이 감기에 감염되었다. 그러자 본토인들은 그리스도인들이 라볼라의 규율을 깨뜨렸기 때문에 조상신들이 저주를 내린 것이라고 말했다. 그러나 감기는 곧 그들의 촌락들에도 찾아갔다. 많은 사람들이 죽어 가고 있었다. 2, 3일 후 추장은 선교회에 사람들을 보내 와 이렇게 물었다.

"선교회에 죽은 사람이 있습니까?"

리즈가 대답했다.

"없습니다. 마을에는 있습니까?"

"예, 많습니다."

"주술사들이 아무 도움도 주지 않던가요?"

"무슨 말씀이십니까? 제일 먼저 죽은 사람들 중 두 사람이 주술사였습니다."

"그러면 조상신들은 어떻습니까?"

그러자 그들은 이렇게 대답했다.

"우리 조상들은 이런 병에 걸려 본 적이 없어서 조상신들도 이 병에는 손을 쓰실 수가 없습니다."

리즈가 다시 말했다.

"그렇군요. 주술사들도 실패하고 조상신들도 손을 쓰지 못하고 있군요. 하지만 우리 하나님은 실패하지 않으셨습니다."

그들은 물었다.

"그러니까 선교회에서는 아무도 죽지 않을 거라는 말씀이십니까?"

그때 성령께서 당신의 종에게 이렇게 말씀하셨다.

"저들에게 선교회에서는 아무도 죽지 않을 거라고 말하라."

그래서 리즈는 이렇게 대답했다.

"물론입니다. 우리 선교회에서는 아무도 죽지 않을 것입니다."

리즈 하월즈는 이렇게 말했다.

"나는 믿음으로 승리했다. 주님은 앞일을 어떻게 처리해 나가야 할지 인도해 주셨다. 주님은 내게 교회를 병원으로 사용할 것과 밤에도 불을 지펴서 기온을 늘 일정하게 유지할 것을 말씀하셨다. 영국에서 받았던 15개월 동안의 의학 교육이 아니었더라면 나는 그 상황에서 속수

3부 성령의 일꾼으로 충성하는 삶

215

무책이 되고 말았을 것이다. 그러나 실수할 필요는 전혀 없었다. 환자들의 수는 계속 늘어나 한꺼번에 50명이 감염되어 쓰러진 적도 있었다.

며칠 후 추장이 두 번째로 사람들을 보내 왔다.

'아직 죽은 사람이 없습니까?'

이것이 그들이 맨 처음 물은 질문이었다. 나는 그들에게 한 명도 없다고 얘기했다.

'앞으로는 어떨 것 같습니까?'

'마찬가지입니다. 우리 선교회에서는 단 한 명도 죽지 않을 것입니다.'

만약 내가 성령이 죽음보다 더 강하다는 사실을 알지 못했다면, 어떻게 그런 대답을 할 수 있었겠는가? 그들은 말했다.

'만약 우리가 이 병에 걸릴 경우 목숨을 건지기 위해 이 선교회로 와도 되겠느냐고 추장님이 물어 보라고 하셨습니다.'

나는 말했다.

'추장님께 이렇게 전해 주십시오. 당신네 사람들 중 누구라도 원하는 사람이면 다 우리 선교회에 올 수 있습니다. 우리가 돌봐 줄 것입니다. 그리고 아무도 죽지 않을 것입니다. 단 한 가지 알아 두어야 할 것이 있습니다. 만약 여기에 올 거라면 당신들은 우리 하나님이 살아 계신 하나님이며 주술사들과 조상신들이 하지 못하는 일을 능히 하실 수 있는 분임을 인정해야만 합니다.'"

그로부터 몇 시간 후, 참으로 애처로운 행렬이 선교회를 향하여 나아오고 있었다. 그것은 기혼 남자들 가운데 복음 앞에 강퍅했고 제일 애를 먹였던 다섯 명의 죄인들의 행렬이었다. 머리에 담요를 뒤집어쓰고 천천히 걸어오고 있는 그들의 얼굴에는 죽음의 공포가 드리워져 있었다. 아내들이 이불과 식기를 들고 뒤따라오고 있었다. 리즈는 말했다.

"그토록 자상하신 안내자가 되시는 하나님을 나는 얼마나 찬양했던가!"

그 이후 여남은 명의 사람들이 더 선교회로 올라왔다. 리즈는 석 달 동안을 사람들을 돌보느라 밤낮을 가리지 않고 일했다. 리즈 여사도 남편과 함께 고된 일을 하다가 끝내는 자신도 병에 걸리고 말았다. 그녀는 8일 동안 끙끙 앓았다. 그러나 리즈는 '당신은 죽지 않을 것'이라는 말을 전했다. 한번은 리즈 자신도 병에 감염된 것 같은 느낌이 든 적이 있었다. 그는 계속되는 노동과 수면 부족으로 완전히 지쳐 있었다. 그러나 그가 어떤 환자를 돌봐 주고 있을 때 주님은 그에게 이렇게 말씀하셨다.

"내가 이 선교회를 죽음에서 지킬 수 있다면, 그리고 이 환자들을 돌봐 주는 데 내가 너를 필요로 한다면, 너는 내가 병균이 너에게 옮아 가지 못하게 할 수 있다는 사실을 믿지 않느냐?"

그는 이 말씀을 믿음으로 붙들었다. 그는 이렇게 말했다.

"그 순간 나는 승리를 얻었다. 내가 '하나님 안에 피난처 있네.'라는 찬송을 배운 것은 바로 그때였다. 그 찬송의 마지막 절 가사는 이렇게 되어 있다.

수많은 사람들 내 옆에 쓰러지고
수많은 사람들 내 옆에 쓰러져도
주님의 날개 나를 온전히 덮으시니
그 날개 밑 나 안전히 거하도다

나는 내 안에 계신 성령이 유행성 감기보다 훨씬 강하다는 사실을 깨달았다. 전염병 속에서도 하나님과 함께 거한다는 것은 얼마나 놀라운 일인가!

정말 커다란 시험이 되었던 환자가 두 명 있었다. 만일 마귀가 이 두 사람을 데려갈 수 있었다면, 그는 약 50명 되는 나머지 사람들도 다 데려갈 수 있었을 것이다. 나는 그들을 위해 의학적으로 할 수 있는 모든 일을 다 해 보았다. 그러나 아무리 용을 써도 체온은 조금도 떨어지지 않았다. 그래서 그들을 주님 앞에 데리고 가 그분의 말씀을 의뢰하며 간구했다. 내 안에 승리의 확신이 찾아오는 순간 체온은 떨어졌고 그들은 목숨을 건질 수 있었다. 그야말로 단 한 사람도 생명을 잃지 않았다."

백인들이 믿는 하나님이 죽음보다도 더 강하다는 이 소식은 곧 반경 30킬로미터 내의 전지역에 쫙 퍼졌다. 많은 사람들이 자신의 죄를 깨닫게 되었으며, 선교부에 와 있던 사람들 가운데 많은 사람들이 구주를 발견했다. 주님의 승리가 얼마나 큰 것이었는지는 다음 사실이 잘 보여주고 있다. 전염병이 지나간 뒤 교회 집회에는 교회당 한 쪽을 기혼 남자들이 완전히 다 메우고 있었던 것이다. 리즈는 이렇게 말했다.

"성령님은 얼마나 놀라운 분이신가! 그분은 이 일을 통하여 아프리카 사람들에게 내가 말로 복음을 증거하는 것보다 훨씬 더 강력하게 복음을 증거하셨던 것이다."

부흥 후 성령 충만한 이들 남자들 가운데 일부는 이 선교 지부와 '베이라 Beira'라는 항구 사이에 있는 포르투갈령 동아프리카로 종종 전도 여행을 떠나곤 했다. 그곳에서도 일부 사람들이 축복을 받았으며, 회심한 사람들이 모여 작은 예배 처소도 지었다. 로마 가톨릭 쪽에서는 이들에게 절대로 함께 모여 기도해서는 안 된다고 경고를 가해 왔지만, 그래도 그들은 밀고 나갔다.

어느 주일 아침이었다. 여섯 명의 무장 군인들이 그 작은 예배당 안으로 들어오더니 그 가운데 서른두 명 남녀 어른과 아이들을 포로로 잡아가 네 달 동안을 감옥에 가두어 두었다. 그러나 그들 가운데 믿음을 저버린 사람은 단 한 사람도 없었다.

"그들은 순교자의 정신을 가지고 있었던 것이다."

넉 달 후 군인들은 여자들과 아이들만 풀어 주었다. 그리고는 남자들에게 강제로 술을 마시게 했다. 그들은 여섯 명의 남자들에게, 전도를 그만두겠다면 당장 풀어 주겠다고 말했다. 그들은 거부했다. 설사 풀려난다 해도 그시로 당장 다시 전도를 시작하겠노라고 말했다. 그들은 2년 동안 감옥에 그대로 갇혀 있다가 그 중 네 명은 거기서 죽었다.

그들은 한시도 쉬지 않고 고문과 핍박을 받았다. 그들의 심중에 도대체 무엇이 들어 있는지를 간수들은 도무지 이해할 수가 없었다. 이들이 기쁨에 넘쳐 찬양하는 소리가 간수들은 정말로 듣기 싫었다. 그래서 간수들은 그 가운데 지도자인 매튜Matthew를 따로 떼어 어떤 나이 많은 불신자와 한 방에 넣었다. 그 사람은 평생을 감옥에서 산 거물급 죄인이었다.

처음 하루 이틀 밤은 아무 소리도 들려오지 않았다. 간수들은 이제야 그 소음이 끝났구나 생각하며 기뻐하고 있었다. 그러나 다음날 밤, 상황은 전보다 훨씬 더 심해졌다. 매튜뿐만이 아니라 그 나이 많은 불신자도 함께 큰소리로 하나님을 찬양하고 있었다. 그도 구원을 받았던 것이다. 매튜는 감옥 안에서 천연두에 걸렸다. 그는 자기가 곧 죽을 것을 알고는 친구들을 다 불러 모은 뒤 이렇게 말했다.

"나는 이제 주님 곁으로 갑니다. 여러분, 믿음 안에서 견고히 서십시오."

그는 친구들에게 작별 인사를 고한 뒤 영광의 본향으로 돌아갔다. '

🪶 완전한 승리에 감사하라

리즈는 그 나라에 영원히 뿌리를 내리고 사는 유일한 길은 바로 농장을 구입하는 것이라는 사실을 깨달았다. 마침 한 프랑스 사람이 농장 하나를 1천 200파운드에 내놓았다. 그러자 루시투의 수석 교사인 디모데와 그 밖의 여러 사람들이 월급의 3분의 1을 내놓았다. 리즈 부부는 그들이 보여 준 이 모범에 도전을 받아, 이미 봉급의 50퍼센트를 헌금으로 드리고 있던 것에 덧붙여 따로 100파운드를 더 감사 헌금으로 드렸다.

얼마 뒤 리즈 부부는 사경회에 참석해 매튜 이야기와 또 포르투갈령 동아프리카에서 있었던 일들을 사람들 앞에서 간증했다. 돈 이야기는 조금도 하지 않았는데도 그가 얘기하기 시작한 지 채 5분도 못 돼 어떤 여인이 농장 값을 지불하겠다고 나섰다. 리즈는 주님의 말씀에 따라 그녀에게서도 자신이 낸 만큼인 100파운드만 받았다. 그런데 그 여인의 오빠까지 100파운드를 더 내겠다고 자원했고, 다시 두 사람 더 각각 100파운드씩 내놓았다. 버밍엄Birmingham에 갔을 때에도 또 한 사람이 100파운드를 헌금했다. 던디Dundee에 갔을 때 또 한 사람이 아침 식사 자리에서 리즈의 접시 밑에 100파운드를 놓고 갔다. 글래스고우Glasgow에 갔을 때도 어떤 사람이 찾아와 이렇게 말했다.

"피를 바친 매튜를 생각하며 이 돈 100파운드를 드리고 싶습니다."

공교롭게도 사람들은 모두 다 100파운드씩만 헌금했고 그렇게 총 1천파운드가 모였다.

리즈는 아프리카 사역을 마치면서 다음과 같이 말했다.

"그것은 완전한 승리였다. 정말이지 단 한 시간도 우리를 고생스럽게 했던 일은 아무것도 없었다. 아내에게나 나에게나 그것은 우리 생애에 가장 행복했던 6년의 시간이었다."

주 안에
영원한 자원이 있다

"예, 주님은 하실 수 있습니다. 주님은 하나님이십니다."

리즈 부부는 1920년 성탄절에 본국에 도착했다. 선교회 본부에 돌아오자 사람들은 그렇게 좋은 모습으로 돌아오는 선교사 부부는 처음 본다고들 입을 모았다.

리즈 부부는 6주 동안의 휴식을 취한 뒤 집회를 시작했고, 그 집회는 꼬박 3년 동안 쉬지 않고 계속되었다.

리즈의 부흥에 대한 간증은 커다란 도전을 몰고 왔다. 도처에서 와달라고 문을 열고 기다렸으며, 가는 곳마다 엄청난 축복이 임했다. 그의 간증은 참으로 접하기 어려운 사건들이었다. 선교회 이사회에서도 이런 성령의 역사는 특별한 것이라 인식하여 리즈를 자유 연사로 지명하여 앞으로 5년 동안 하나님의 인도하심을 좇아 영어 사용권이면 어디든지 돌아다니면서 하나님의 백성에게 간증을 들려주도록 하였다. 리즈 역시 무척 원하던 바였다. 그는 이렇게 말했다.

"수많은 사람들에게 돌아다니면서 하나님의 말씀과 주님의 축복을 전파하는 일, 그 일에 비할 수 있는 일을 나는 아무것도 생각할 수 없었다. 전에 회심하기 전에 나는 세계 일주를 하고 싶은 꿈이 있었다. 주님을 만나고 그것을 포기했다. 그런데 주님은 그것을 다시 이렇게 돌려주고 계신다."

그러나 그때 또 한 번 예상치 못한 일이 일어났다. 1922년 랜드린다드 사경회에서 그가 많은 청중 앞에서 말씀을 전하고 있을 때였다. 능력이 어찌나 크게 나타났던지 사경회 회장인 헤드 씨는 리즈가 딱 한 집회에서만 그것도 첫 연사였음에도 불구하고 그에게 온 청중의 헌신 초청을 해 달라고 부탁했다. 온 청중이 다 일어났다. 다음 연사였던 런 Lun 목사는 말하기를 자기가 또 설교를 한다는 것은 뭔가 어울리지 않을 것 같다고 했고 그리하여 집회는 그냥 끝났다.

모임 후 한 목사가 리즈와 다른 연사들을 찾아와 자기와 함께 기도해 줘야 할 문제가 있다고 얘기했다. 그는 이들에게 지금 참으로 많은 젊은이들이 하나님의 부르심에 응답하고 있다는 사실을 제시한 뒤, 웨일즈에 더 많은 훈련 시설들이 긴급히 필요하다고 얘기했다. 그리고는 이들에게 다 함께 주님께 대학 수준의 훈련 기관을 세워 달라고 기도하자고 제안했다.

리즈는 자기가 이 일에 참여할 몫이 있으리라고는 생각지 못했다. 그러나 함께 기도하는 가운데 주님은 그에게 이렇게 말씀하셨다.

"조심해서 기도하라. 나는 대학을 세울 것이다. 그것도 너를 통해서 세울 것이다."

그것은 그에겐 하나의 충격과도 같아서 그는 단지 이렇게밖에 말씀 드릴 수 없었다.

"이것이 정말 주님께서 제게 주시는 말씀이라면 성경말씀을 통하여 제게 확증시켜 주시옵소서."

바로 그날 밤 주님은 역대상 28장 20-21절을 통해서 그 확증을 주셨다. 주님은 또한 그 말씀과 그 뒤의 말씀들을 통하여 다음과 같은 세 가지 약속을 그에게 보여 주셨다.

첫째, "너는 강하고 담대하게 이 일을 행하고…네가 여호와의 전 모든 역사를 마칠 동안에 여호와 하나님 나의 하나님이 너와 함께 하사 네게서 떠나지 아니하시고 너를 버리지 아니하시리라."

둘째, "모든 공역에 공교한 공장이 기쁜 마음으로 너와 함께 할 것이요." 셋째, 주께서 3천 달란트의 금을 주시겠다는 약속이었다. 대상 29:4 그가 가지고 있던 스코필드 성경의 난외주를 보니 금 3천 달란트는 6천 150파운드에 해당하는 것이라고 되어 있었다.

그는 아내와 더불어 이 문제를 놓고 기도했다. 그들에게 커다란 시험이 아닐 수 없었다. 왜냐하면 자기들이 가장 하고 싶어 했던 전 세계 순회 부흥 사역을 내려놓아야 한다는 의미였기 때문이다. 또한 그 일은 훨씬 규모가 큰 재정 부담을 의미하기도 했다. 주님은 그들에게 이 일을 하되 믿음으로 해야 한다고 말씀하셨다. 무엇보다도 가장 마음에 걸렸던 것은, 아프리카에 갈 때 한 아들을 버려야만 했듯이 이제는 아프리카에 있는 수많은 영적인 자녀들을 다 버려야만 한다는 것이었다.

한편 그들은 개인적인 용무로 미국 방문을 준비 중이었는데, 출발일을 겨우 사흘 앞두고 있었다. 여기서 그들은 담대한 조처를 하나 취하기로 했다. 만일 이번 새로운 부르심이 주님으로부터 온 것이라면 미국 여행에 드는 모든 비용을 이튿날까지 다 채워 주심으로써 그 부르심에 인印을 쳐 달라고 기도했다. 쉬운 기도가 아니었다. 왜냐하면 사람들은 이들이 선교사로서 후원금을 받고 있다는 것을 알고 있었기 때문에 까

닭없이 돈을 주지 않을 터였다. 그러나 다음날 주님은 그들에게 개인들의 헌금을 통하여 138파운드에 달하는 돈을 주셨다.

리즈 내외는 미국에서 많은 교회들을 다니며 말씀을 전하였으며, 또 뉴욕의 펄튼 스트릿 기도 모임Fulton Street Prayer Meeting 등과 같은 유명한 기관들도 방문했다. 그 가운데 시카고에 있는 무디 성경 학교Moody Bible Institute 에서 깊은 감명을 받았다.

"그 학교만 보러 간다 해도 능히 6천 킬로미터를 여행할 만한 가치가 있었다. 하나님께서 손으로 친히 뽑으신 900명 남녀의 모습! 내가 본 모든 광경들 가운데 가장 위대한 광경이었다."

연단에 올라 말씀을 전하기 전 강대상에 앉아 있는 그에게 주님은 웨일즈에 성경 대학을 세우는 건에 대해서 다시 한 번 분명하게 말씀하셨다. 주님은 그에게 이렇게 물으셨다.

"내가 웨일즈에도 이와 같은 대학을 세울 수 있다고 믿느냐?"

"예, 주님은 하실 수 있습니다. 주님은 하나님이십니다."

리즈는 그렇게 대답했다.

"그러나 나는 바로 사람을 통해서 그 일을 하려는 것이다. 너는 이제 곧 이 젊은이들 앞에서 내가 너를 찾아와 네 안에 거하고 있다고 간증할 것이다. 자, 이제 내가 너를 통해서 그 대학을 세워도 되겠느냐?"

그 순간에 대해 리즈는 이렇게 말했다. "나는 그 순간 하나님을 믿었다. 성경 대학은 바로 그 순간 세워진 것이다."

먼저 무릎을 꿇으라

영국 브리너맨으로 돌아온 이들 부부는 함께 이 새로운 부르심에 대해 최종적으로 자신들을 헌신하는 시간을 가졌다. 그들은 평소에 즐겨 찾던 블랙 마운틴으로 올라가 무릎을 꿇었다. 그리고는 대학을 세우는 일에 자신들을 도구로 써 달라고 주님께 온전히 내어 드렸다. 그날 두 사람이 갖고 있는 돈이라고는 다 합해 봐야 16실링뿐이었다.

그들은 학교를 어느 위치에 세울지 전혀 생각해 본 바가 없었다. 이들 또한 아브라함처럼 갈 바를 알지 못하고 나아갔던 것이다. 그러던 중에 1923년 여름 휴가를 맞아 리즈의 아버지가 추천해 주신 멈블즈 Mumbles라는 곳으로 여행을 떠났다. 그런데 멈블즈에 도착하는 순간 그곳이 바로 하나님께서 그들이 있기를 원하시는 곳이라는 생각이 들었다. 그들은 거기서 한 달 동안 하숙을 했다. 리즈는 벼랑을 찾아 시간을 보내곤 했다. 바다를 즐기기 위해서가 아니라 하나님과 함께 있는 시간을 갖기 위해서였다. 과연 하나님은 다음 단계를 어떻게 인도하실까?

어느 날 아침 그는 친구 둘과 만나 함께 기도하는 시간을 가졌다. 케리 에반스 Kery Evans 교수와 루이스 Lewis 목사였다. 리즈가 이들에게 대학 세울 곳을 아직 정하지 못했노라고 얘기하자 케리 에반스는 스완시가 어떻겠느냐고 얘기했다. 리즈는 스완시를 두고 구체적인 기도 제목을 냈다.

"만일 스완시가 주님이 원하시는 장소라면 제가 다음주 케직으로 가기 전까지 저에게 대학을 세울 만한 부지를 보여 주옵소서."

과연 주님은 응답하셨다.

"내가 내일 너에게 보여 주겠노라."

이튿날 리즈 부부는 멈블즈 로드를 따라 걷고 있었다. 그 길은 스완시 만灣을 쭉 끼고 돌게 되어 있었다. 한참 가는데 스완시 만이 한눈에 내려다보이는 약간 지대가 높은 땅 위에 커다란 부지가 있는 것이 보였다. 집도 한 채 있었는데 잘 보니 비어 있었다. 그들은 집 문까지 올라가

그곳의 이름을 확인했다. 글린더웬Glynderwen이었다. 거기 잠깐 서 있는
데 주님의 말씀이 들려왔다.

"이곳이 바로 대학을 세울 곳이다."

리즈 자신의 표현을 빌어 그 뒤 계속되는 이야기를 들어 보자.

"글린더웬은 굉장히 멋진 집이었다. 그만큼 값도 비쌀 게 분명했다.
어림잡아도 1만 파운드는 족히 될 듯싶었다. 그런데 그때 우리가 가진
돈은 고작 2실링이 전부였다. 이렇게 놀라운 땅을 단순히 믿음으로 구
입한다는 생각에 참으로 가슴이 벅차오르던 기억이 지금도 생생하다.

정원사가 그 집주인은 포목상을 하는 윌리엄 에드워즈William Edwards
씨라고 알려 주었다. 그때 성령은 나에게 주님께 확증을 구하라고 말씀
하셨다. 이 말씀이 주님께로부터 온 것이라는 증거로서, 이제 그분이
불가능을 가능케 하실 거라는 확증을 구하라는 것이었다. 하나님이 그
와 같은 확증을 주시기만 하면 우리는 이 일이 과연 인간이 아니라 하
나님께로부터 온 것임을 확신할 수가 있는 것이다. 그래서 나는 주님께
앞으로 이틀 안에 이 집 주인을 아는 사람을 우리에게 보내 달라고 기
도했다. 그러나 멈블즈에는 우리가 아는 사람이라고는 단 한 사람도 없
었다.

이튿날 나는 어떤 기분을 느꼈을까? 아주 착잡한 심정이었다. 그도
그럴 것이 대학을 하나 세운다는 것은 그리 쉬운 일이 아니었다. 만일
확증이 오지 않는다면 나는 지난 10년 동안 누려 왔던 그 자유로 다시
돌아가게 되는 것이다. 그러나 반대로 확증이 온다면, 그때는 완전히
헌신하여 싸움에 뛰어들어야 한다.

나는 에드워즈 씨를 찾아갔다. 그때 나는 마치 열병을 앓다 막 깨어
난 사람처럼 온몸에 힘이 하나도 없었다. 아, 그 짐, 그 무게, 지옥의 권
세들이 나를 대적해 오는 것만 같았다. 마귀는 나에게 '너는 언제나 돈

도 하나도 없고 업무 경력도 하나도 없으면서 그저 네 멋대로 일을 벌려 놓기만 한다.'고 비난했다. 초인종을 누를 힘조차 없었다. 그런데 이럴수가! 그에게 땅을 팔라고 얘기했더니 벌써 다른 종교계에서도 그 땅을 사려 한다는 게 아닌가? 바로 가톨릭 교회였다. 그러면서 그는 자기가 런던에 다녀올 동안 생각해 보고 다시 이야기하자고 했다.

말은 그렇게 했지만 그는 분명 선교사가 그런 건물을 살 수 있으리라고는 생각하지 않았을 것이다. 특히나 그 건물 내에는 술집을 하고 있는 집도 있다고 그는 얘기해 주었다. 도대체 나는 그런 곳을 사 가지고 무얼 하겠다는 것인가? 이 사람을 다시 만나는 데 도대체 몇 달이 걸릴지 아는가? 뭔가 잘못된 것이 아닌가?

다음날 그곳을 다시 한 번 보러 갔는데, 정원사가 나를 보더니 벌써 가톨릭 교회에서 집을 샀다는 것이었다. 그때 주님께서 내게 이렇게 말씀하셨다.

'그것이 바로 내가 너에게 이 땅을 사라고 명하는 이유이다. 나는 너를 내 앞에서 로마 가톨릭 교회를 향하여 하나의 시범 인물로 삼기 위하여 아프리카에서 이곳으로 다시 돌아오게 했다.'

포르투갈령 동아프리카에서 우리의 가장 신실했던 형제들 가운데 여섯 명의 목숨을 앗아간 책임이 바로 그들에게 있었다. 그때가 내가 그들과 접촉한 유일한 기회였다. 그때 나는 그들을 향해 속이 다 뒤틀리는 것을 느꼈다. 알고 보니 그들은 대학교에 인접해 있는 모든 땅을 다 사 들이고 있었다.

성령께서 내게 말씀하셨다.

'이 나라에 아직 나를 믿어야 할 사람들이 남아 있는 한 내가 이 나라 안에서 로마 가톨릭 교회가 다시 세력을 장악하는 것을 절대로 허락하지 않을 것이다.'

그분의 말씀은 아주 분명했다.

'만일 이 땅이 그들 손에 들어간다면, 내가 너를 심히 기뻐하지 않게 될 것이다.'

'하지만 주님, 주님은 제게 돈을 주시지 않았습니다.'

그러자 그분은 이렇게 말씀하셨다.

'내가 금 3천 달란트를 주겠다고 약속하지 않았느냐? 네가 그것을 믿는다면 지금 여기서 무릎을 꿇고 앉아 이곳을 달라고 구하라.'

그래서 나는 그곳 작은 다리 곁 잔디밭에 무릎을 꿇고서는 그곳을 달라고 구한 뒤 큰소리로 이렇게 외쳤다.

'그들은 절대로 이 땅을 얻지 못한다. 내가 주님을 위해서 이 땅을 취하겠다.'"

며칠 후 그는 다시 에드워즈 씨를 찾아가 이야기했다. 그는 단도직입적으로 이렇게 물었다.

"내가 만일 다른 사람들을 다 거절한다면 당신이 이 땅을 살 수는 있는 거요?"

리즈는 부동산을 팔고 사는 것에 대해서는 거의 아는 것이 없었으므로 우선 이 말의 의미가 무엇인지부터 물어야만 했다. 리즈는 결국 자기가 케직 사경회에 갔다온 뒤인 두 주 후에 계약을 하겠노라고 약속했다.

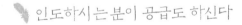

인도하시는 분이 공급도 하신다

케직에 있는 동안 하나님은 그에게 또 하나의 놀라운 확증을 주셨다. 스코틀랜드 남부에 있는 엔워스Anworth 교구에서 설교 초청을 해 온 것이다. 스완시에 중대한 결정을 눈앞에 두고 있는 만큼 성령의 분명한 인도하심이 없이는 잠시도 자리를 뜰 수가 없었다. 그러나 이들 부부는 엔워스에 도착하자마자 아주 중대한 이야기를 들었다. 그들은 전에 페르시아에서 총영사를 지낸 적이 있는 분의 미망인인 스튜어트Stewart 여사의 집에서 머물렀는데, 여사는 이들이 머무를 침실의 바로 창 밖에서 수많은 커버넌터들Covenanters, 로마 가톨릭 교회를 반대하고 나선 스코틀랜드의 개혁 신앙 지지자들-역주이 순교했다는 이야기를 들려주었다. 리즈는 이에 대해서 이렇게 말했다.

"하나님의 인도였다. 그분은 또 한 번 정확하게 보여 주셨다. 그걸 보여 주시려고 우리를 여기까지 오게 하셨던 것이다."

이튿날 이들은 윌리엄 경과 맥스웰 여사 부부로부터 그들의 카도니스Cardoness 저택으로 다과 초청을 받았다. 윌리엄 경은 이들이 오자마자 작은 방으로 데리고 가더니 액자에 넣어 벽에 걸어 둔 서류 한 장을 보여 주며 이렇게 말했다.

"이제 당신들께 스코틀랜드에서 가장 고귀한 증서를 보여 드리겠습니다. 바로 커버넌터들이 피로 서명한 증서입니다."

리즈의 말을 계속 들어 보자.

"그가 그 말을 하는 순간 온몸의 피가 멎는 것만 같았다. 글린더웬에서 있었던 일이 생각났다. 주님은 내게 로마 가톨릭 교회 앞에서 시범 인물을 삼고자 나를 아프리카에서 돌아오게 하셨다고 말씀하셨다. 그런데 여기서 바로 이 증서를 내 두 눈으로 똑똑히 보고 있는 것이다. 그걸 보고도 계속 똑바로 서 있을 수 있다는 것이 기적 같았다. 피로 내둘러 쓴 서명 자국이 꼭 나무 토막들처럼 보였다. 그걸 보는 순간 나는 완전히 딴 사람이 되었다. 성령을 신원伸寃하기 위해서라면 이제 내가 못할 일이라고는 아무것도 없었다. 그런 기분을 느껴 본 적은 그 전에도 없었고 그 후에도 없었다.

그날 밤 방에 돌아와 나는 울었다. 나는 성령께 이렇게 말씀드렸다.

'피를 흘려야 하는 일일지라도 주님을 위하여 이 일을 하겠습니다. 만약 에드워즈 씨가 1만 파운드를 요구한다면 다 주겠습니다. 설사 로마 가톨릭 교회가 그 다음날 글린더웬에 불을 질러 다 타고 잿더미만 남는다 하더라도 저는 그것을 내 평생 가장 가치 있는 투자였다고 생각하겠습니다.'

성령은 내 위에 머무르며 가톨릭 교회를 향하여 싸우셨다. 로마 가톨릭 교회는 유럽 대륙과 그 밖의 곳들에서 5억의 영혼들을 암흑 속에 가두어 두었으니, 지금 내 안에서 그들을 향하여 타오르고 있는 분노는 바로 하나님의 분노였다. 그 순간 내가 들어가 있던 세계는 이 땅에 살아 있는 자들과의 교제가 그 의미를 잃어버린 세계였다.

그곳에는 오직 복음의 자유를 위하여 자신들의 목숨을 내던졌던 그 순교자들과의 교제만이 남아 있었던 것이다. 그 증서를 보는 것을 통하여 하나님은 나에게 당신의 능력을 불어넣어 주셨으며 나의 몸은 진흙에서 강철로 바뀌었다.

리즈가 케직에서 돌아오자, 에드워즈 씨는 글린더웬을 뚝 잘라서 6천 300파운드에 팔겠다고 제의해 왔다. 리즈는 이렇게 말했다.

"나는 그 사람이 처음 불렀던 것보다 더 많은 금액을 요구할 줄 알았다. 이제 쾌히 그의 제의를 받아들일 생각이었다. 그러나 주님은 이렇게 말씀하셨다.

'안 된다! 내가 너에게 약속한 것은 금 3천 달란트, 즉 6천 150파운드였다. 거기에 1페니도 더하지 않을 것이다.'

나는 잠시 하나님 앞에 서 있었다. 나는 그분께 그분을 향한 나의 태도를 보여 드렸다. 그러나 그분은 그 이상 아무 말씀도 없으셨다. 나는 내가 감히 그분께 불순종할 수 없다는 사실을 알고 있었다. 나는 에드워즈 씨에게 다시 가격 이야기를 꺼냈다. 그는 나더러 다음날 자기 고문 변호사를 찾아가 얘기해 보라고 말했다. 그러나 나는 거기 가지 않고 그 대신 레인리에 있는 한 친구의 집으로 갔다. 나는 거기서 이틀 동안 먹지도 않고 마시지도 않았다. 너무나 커다란 고통이었다. 그러나 배운 바도 있었다. 나는 하나님께 이렇게 말씀드렸다.

'주님은 저를 로마 가톨릭 교회와 싸우게 하시려고 부르셨습니다. 그런데 이제 와서 150파운드를 가지고 문제를 삼고 계십니다. 저한테 등을 돌리신 것입니다.'

나는 주님을 위하여 글린더웬을 얻을 수 있다고 장담하지 않았던가? 가톨릭은 절대로 그것을 얻을 수 없다고 굳게 믿지 않았던가? 이미 스코틀랜드에서 싸움에 이긴 마당에, 이제 와서 성령께서 에드워즈 씨로 하여금 그 땅을 다른 사람에게 팔게 하실 수 있단 말인가? 나는 다시 힘을 얻기 시작했다. 에드워즈 씨도 결국 성령의 손안에 있지 않은가? 마귀가 어찌 감히 그로 하여금 다른 사람에게 그것을 팔게 할 수 있겠는가? 그 이틀 동안 나는 제자리를 찾았다.

다시금 자유가 밀려왔다. 이제 적敵이 어떤 값을 제시해 와도 그것이 정확히 6천 150파운드가 아니면 나는 절대로 그 땅을 사지 않을 참이었다. 나는 에드워즈 씨가 대단한 사업가라는 얘기를 들었다. 그러나 나는 하나님이 그를 주관하신다는 사실을 배워야만 했다. 나는 이제 새로운 사실 하나를 깨닫게 되었다. 어떤 재산이고 일단 하나님이 취하기를 원하시면 심지어 그 소유주라도 아무런 힘을 쓸 수 없다는 사실이었다.

집에 들어오자 에드워즈 씨로부터 편지가 와 있었다. 지금까지의 협상을 다 무효로 돌리자는 내용이었다. 나는 그의 고문 변호사를 찾아가지 않음으로써 다시 한 번 내가 수완가가 못된다는 것을 내보인 셈이었다. 그는 이제 그 땅을 1만 파운드를 제의해 온 다른 사람에게 팔기로 했다고 말했다.

나는 그 편지에 동요하지 않았다. 보이지 않는 대장께서 그 모든 상황을 주관하고 계셨기 때문이다. 이제 책임은 더 이상 나에게 있지 않았다. 나는 에드워즈 씨에게 솔직하게 이렇게 써 보냈다.

'당신이 6천 300파운드를 제시했을 때 나로서는 그것을 거절하기가 무척 힘들었습니다. 그러나 하나님께서는 나에게 6천 150파운드 이상은 안 된다고 말씀하셨습니다. 먹지도 않고 마시지도 않으면서 그분과 함께 이틀을 보낸 뒤 나는 다시 한 번 그 말씀에 대해서 그분으로부터 확증을 얻었습니다.'

답장이 왔는데 거기엔 값을 500파운드 더 깎아 주겠다고 쓰여 있었다. 거기서 단돈 1페니도 더 받지 않겠다는 것이었다. 하나님의 역사하심이 아니고 무엇이겠는가?

일단 계약서에 서명은 했지만 리즈는 앞으로 열흘 안에 보증금을 지불해야만 했다. 그 안에 돈을 가지고 사무 변호사를 찾아가도록 되어 있었는데, 그때 당시 그에게는 140파운드가 부족했다. 약속 날짜가 되도록 그 돈은 채워지지 않았다. 그래서 그는 모자란 채로 믿음으로 사무실을 찾아갔다. 가서 조금 있으려니 리즈 여사가 막 도착한 우편물을 들고 급히 찾아왔다. 편지 속에는 수표 세 장이 들어 있었는데 액수를 합해 보니 1페니도 틀리지 않게 정확히 140파운드였다.

그러나 진짜 전투는 이제부터였다. 나머지 금액이 남아 있었다. 그는 그렇게 큰돈은 여태껏 만져 본 적이 없었다. 그만큼 짐은 더욱 더 크게 느껴졌다. 어떤 집회도 열어서는 안 되며 일절 헌금을 부탁해서도 안 되었다. 오직 하나님만 바라보고 있어야 했다. 그는 기도에 전념했다. 날마다 어머니 집의 2층 작은 침실에 올라가 아침 6시부터 저녁 5시까지 하나님과 그분의 말씀만을 대하며 시간을 보냈다. 그때까지 그는 아무것도 먹지 않았다. 저녁이면 그는 새로 만난 기도 짝, 토미 하월즈 Tommy Howells 씨와 더불어 계속 기도했다. 열 달 뒤 마침내 최종 승리가 찾아왔다.

하나님이 그에게 재정을 다스리는 믿음의 원리들을 확립시켜 주신 것이 바로 이때였다. 이때 정립한 원리들이 이후 그가 부동산을 구입하고 관리하는 모든 대규모 사업들에 그대로 적용된다. 조지 뮬러는 이전에 그와 똑같은 길을 걸어왔던 사람들 가운데 당시 그가 알고 있는 유일한 사람이었다. 그는 후원회도 없이, 소속 교단도 없이, 또 자기의 필요를 그 누구에게도 알리지 않고 오직 하나님 안에만 잠잠히 거했던 인물이었다. 하나님의 약속은 믿을 만한 것이라는 것에 대해서 그의 삶은 하나의 증빙 자료와도 같았기 때문이다.

과연 리즈는 이 중요한 시기를 지나면서 자기에게 도움이 되었던 책이 두 권 있었는데 하나는 성경이고 다른 하나는 뮬러의 자서전이었다고 고백한 바 있다. 그는 종종 '뮬러가 이렇게 했으니 이것은 옳은 길일 거야.' 하는 생각을 하면서 힘을 얻곤 했다. 리즈는 자기도 뮬러가 갔던 곳까지만 가고 그 이상은 넘어가지 않기로 결심했다. 필요한 돈의 4분의 3이 마련될 때까지는 아무것도 사지도 짓지도 않는다는 것이었다.

약속하신 금 3천 달란트를 놓고 날마다 주님께 간구하고 있는데 하루는 성령께서 그에게 뭔가 새로운 것을 생각나게 해 주셨다. 학개서를 읽어 보라는 것이었다. 유대인들은 성전 재건을 시작했으나 대적들의 훼방으로 곧 일을 중단하게 되었다. 그때 하나님은 학개 선지자를 통하여 그들에게 말씀하셨다. 그들은 극심한 가난 가운데 있었지만 개의치 말고 계속 성전을 건축하라는 것이었다. 하나님이 이들에게 "은도 내 것이요 금도 내 것이니라"학 2:8고 말씀하신 것이 바로 이때였다. 이들은 이 약속에 힘을 얻어 다시 성전 짓기를 시작했다. 예루살렘은 바벨

론에서 참으로 멀리 떨어져 있는 곳임에도 불구하고, 하나님은 다리오 왕의 마음을 움직여서 고레스가 이들에게 약속했던 내용이 담겨 있는 기록을 읽게 하셨으며 또한 그로 하여금 이들의 모든 필요를 다 조달해 주도록 하셨다. 스 6장

리즈에게 이 부분을 보여 주신 뒤 주님은 이렇게 말씀하셨다.

"내가 금과 은의 주인임을 네가 믿는다면, 어서 학교를 지어라. 짓기 시작하면 내가 모든 필요를 다 채워 주겠다."

🪶 하나님은 약속을 지키신다

주님은 그를 뮐러와는 다른 방법으로 인도하고 계셨던 것이다. 그는 필요한 돈의 4분의 3이 조달할 때까지 기다려서는 안 되었다. 주님은 이미 몇 해 전 여러 작은 일들을 통하여 그에게 "하나님의 약속은 수중의 현금과 동일한 것이라"는 사실을 가르쳐 주셨다. 그러므로 이제 그는 하나님의 약속을 의지하여 행동을 개시하되 마치 수중에 현금을 가지고 있는 것처럼 해야만 했다. 그렇더라도 이렇게 대규모의 일에 이 원리를 적용하도록 인도하실 줄은 정말 몰랐다. 여기엔 많은 혹독한 시험들이 뒤따를 것이었다.

한편 그는 하나님의 인도가 있을 때는 언제든지 은행에서 대출을 하는 등의 정상적인 사업 방식들도 전혀 주저하지 않고 사용하였다. 비록 조지 뮐러를 인도하신 방식과는 달랐지만 이 방식 역시 그분께서 인도하신 것이었다는 좋은 증거가 있다. 그것은 현재 시가 10만 파운드에 이르는 그가 구입한 모든 부동산에 바로 오늘까지도 빚이나 담보가 전혀 없다는 사실이다.

글린더웬을 구입하는 이야기로 다시 되돌아가자. 그 다음 지불해야 될 돈은 2천 파운드였다. 다음 석 달 동안을 통하여 주님은 여기저기서 많은 헌금을 보내게 하셨는데 금액은 2실링에서부터 300파운드까지 정말 다양했다. 아직 1천 700파운드 밖에 모여지지 않았는데 갑자기 고문 변호사로부터 이튿날 아침 11시까지 돈을 다 지불해야 한다는 요구가 떨어졌다. 리즈는 처음에는 약간 당황했다. 그러면서 주께서 왜 이런 갑작스런 요구를 허락하셨을까를 생각했다. 그는 스완시의 윈드 거리를 걸어 내려가고 있었다. 다리 밑에까지 왔을 때 하나님께서 이런 말씀을 들려주셨다.

"너는 영원히 여호와를 의뢰하라. 주 여호와 안에 영원한 자원이 있기 때문이다."

그것은 하늘에서 그에게 직접 내려온 말씀이었다. 그는 무릎을 꿇고 앉아 거기서 주님을 찬양했다. 너무 기뻐서 춤이라도 출 것 같았다고 그는 나중에 고백했다. 다음날 아침 300파운드가 채워졌다. 그걸 보내온 사람은 나중에, 리즈가 믿음을 갖게 되었던 바로 그 30분 동안에 자기에게 리즈 하월스를 향한 커다란 부담이 주어졌노라고 얘기했다. 그 부담이 어찌나 컸던지 당장 가게를 닫고 돈을 부치러 가야만 했다는 것이었다. 그리하여 그는 그날 2천 파운드를 지불할 수 있었을 뿐만 아니라 18파운드의 대월貸越 순이익까지 얻게 되었다.

글린더웬은 앤소니 이든Anthony Eden 경卿의 삼촌뻘 되는 찰스 이든 Charles Eden 의 저택이었다. 경의 저택은 건물 한 채와 1만 평 정도의 부지, 그리고 예의 그 술집 하나로 이루어져 있었다. 그 부지는 잔디밭과 정원과 테니스 코트 등으로 꾸며져 있었으며 스완시 만과 멈블즈의 아름다운 경관이 한눈에 내려다보였다. 2천 파운드를 지불하기 전에 또 하나의 시험이 찾아왔다. 어떤 사람이 리즈를 찾아와 술집과 거기 딸린

4천 평 정도의 땅을 사겠다고 제의해 온 것이었다. 당시 스완시에서는 여러 해 동안 술집 개업 허가를 내주지 않고 있었다. 따라서 그 허가권 하나만도 족히 1천 파운드의 값어치가 있는 것이었다. 그걸 받으면 당시에 추가로 필요했던 돈은 깨끗이 해결될 수 있었다.

그것이 재정과 관련하여 찾아온 최초의 심각한 시험이었다. 쉬운 길을 찾아 문제를 해결하라는 유혹이었다. 그러나 하나님의 원리에는 타협의 여지가 조금도 없었다. 그는 그 제의를 거부하고 술집을 폐업해 버렸다. 허가권으로 받을 수 있었던 돈은 그대로 날아가 버리고 말았다. 오히려 그 허가권 소지자에게 술집을 폐업하는 것에 대한 보상금을 주어야 했다. 성인(聖人)에게나 술집 주인에게나, 공평한 것은 똑같이 공평한 것이다. 그는 여덟 개의 방을 더 꾸며 이 술집을 남자 기숙사로 바꾸었다.

이 재산 전체는 함께 이 믿음의 모험에 가담했던 세 명의 수탁자受託者들의 소유로 등록되었다. 한 사람은 고故 루이스 목사로서 스완시에서는 널리 알려진 존경받는 목사였으며, 또 한 사람은 헨리 그리피스 Henry Griffiths 씨로서 그는 당시에는 그레잇 마운틴 탄광 회사Great Mountain Colliery Company의 심복 사원이었고 지금은 국립 석탄 공사National Coal Board의 회계사로 일하고 있다. 나머지 한 사람은 물론 리즈였다.

전前 소유자 에드워즈 씨는 리즈에게 매우 친절했으며 나중에는 이 사역에 헌금을 하기도 했다. 그는 리즈에게 이렇게 말했다.

"나는 그 땅을 다른 아무에게도 팔 수가 없었습니다."

드디어 최종 금액이 모아졌다. 거기에는 고문 변호사에게 주는 수수료 및 술집 허가권자에게 지불한 돈 등을 포함하여 총 스무 가지 정도의 항목 비용들이 다 포함되어 있었다. 들어온 돈의 총액은 6천 150파운드 7실링 4페니였다. 약속하셨던 금 3천 달란트에 7실링 4페니가 더 많은 돈이었다.

대학 개교일은 1924년 성령 강림 주일 다음날이었다. 상업 불황과 통화량 부족의 그 어려운 시기에 하나님이 행하신 놀라운 일을 직접 듣기 위하여 많은 사람들이 몰려들었다. 약 1천 명 정도 되었을 것이다. 리즈는 이렇게 말했다.

"나는 그때 하나님이 나를 어떻게 시험하셨는가를 지금도 기억하고 있다. 우리에게는 그렇게 많은 사람들을 수용할 수 있는 텐트나 건물이 없었던 것이다. 우리는 할 수 없이 야외에서 모임을 가져야만 했다. 그런데 그 전 주는 거의 한 주간 내내 비가 왔었다. 나는 시의회에 수백 개의 의자를 신청했다. 주일날 나는 이튿날 날씨가 좋을 것이라는 확신을 얻었다. 과연 흠잡을 데 없는 날씨였다. 나는 사람들에게 그들이 집에 도착하는 순간까지는 비 한 방울 오지 않을 것이라고 말했다."

헬라어와 히브리어 학자이자 후에 이 대학의 교수가 되었던 린피 데이비스Lynfi Davies 목사는 이 모임에 참석했던 일에 대하여 후에 이렇게 간증했다.

"그날 그 모임에 갈 때까지만 해도 나는 불신자였는데 모임에서 돌아올 때는 신자가 되어 있었다."

언론들은 이 학교의 배후가 되는 위원회나 종교 단체 같은 것을 찾으려 했다가 그런 것이 전혀 없음을 발견하고는 이 학교를 '하나님의 대학'이라 불렀다. 얼마나 듣기 좋은 이름인가!

3

Rees Howells

하나님의
불을 통과하라

그리스도의 몸이 상처를 입는다는 것은 언제나 가장 가슴 아픈 일이다.
그러나 그 상처를 통하여 우리는 낮아져 그분 발 앞에 엎드리게 된다.

개교하고 처음 12개월 동안은 모든 일이 다 순조로웠다. 교수가 다섯에, 학생이 38명이나 있었으며 이 대학에 관한 소식이 웨일즈 남부의 모든 일간지에 일제히 보도되었다. 또한 첫 학기가 끝난 뒤 열린 총회에는 40여 명이나 되는 목회자들이 참석하였다.

그러나 하나님의 일은 불을 통과하지 않고는 이루어지지 않는 법이다. 바로 이런 인기 상승 때문에 하나님은 이 대학을 사망 가운데 처하게 하셔야만 했다. 그래야 하나님 한 분 외에는 아무것도 의지할 것이 없음을 깨달을 것이기 때문이었다. 하나님은 과거에 그리하셨던 것처럼 당신의 종 리즈를 다시 한 번 대중의 눈과 인기로부터 끌어내려 사람들이 잘 이해하지 못하는 숨은 삶으로 데려가셨다.

여름 방학 동안 주님은 리즈에게 당신께서 이 대학에 완전히 만족하고 계시지 않다는 사실을 자꾸 보여 주었다. 학생들 사이에는 세속적인 모습이 그대로 있었으며, 또한 성령께서 이 대학이 반드시 고수해야 한다고 가르치신 바 믿음과 순종이라는 표준에 대해서도 달가워하지 않는 태도들이 있었던 것이다. 주님은 그에게 곧 고난이 올 것을 경고하심과 동시에 그 고난을 통하여 당신 자신의 영광을 위하여 이 대학의 사역을 순결케 하실 것을 말씀해 주셨다. 그러나 이때까지만 해도 리즈는 그 시험이 얼마나 무서운 것일는지 미처 깨닫지 못하였다.

두 번째 학기가 시작되자마자 학교 내에 심한 분쟁이 일었다. 그 결과 학교 안에 남은 사람은 교수 둘과 학생 다섯이 전부였다. 이미 수십 년이나 세월이 지난 지금 그 일을 다시 자세히 들추어내 봐야 득이 될 것은 아무것도 없을 것이다.

그리스도의 몸이 상처를 입는다는 것은 언제나 가장 가슴 아픈 일이다. 그러나 그 상처를 통하여 우리는 낮아져 그분 발 앞에 엎드리게 된다. 그분은 우리를 하나 되게 하시고자 죽으신 분이 아니던가. 하나님은 악한 것을 가지고도 선을 이루시는 놀라운 방법들을 알고 계신 분이며, 그것이 바로 그분이 이 대학을 향하여 행하신 일이었다. 리즈 자신에 관하여서는 그분은 다음과 같은 한마디 말씀만 분명히 해 주셨다.

"뒤에서 소문을 퍼뜨리고 다니는 사람이 없어야 분쟁이 끝난다."

그래서 그는 그 누구라도 자기 앞에 와서 이미 떠나간 사람들에 대하여 부정적인 얘기를 하는 것을 절대로 허락하지 않았다. 주님은 그에게 전에 마데이라의 선교사를 사랑할 수 있도록 해 주셨던 일을 떠올리셨다. 이번에는 그때처럼 몇 주의 시간을 소요할 필요도 없이, 남아 있는 사람들을 위해서 하듯 떠나간 사람들을 위해서도 똑같이 하나님의 축복을 비는 기도를 할 수 있었다.

꼬박 12개월 동안 단 한 시간의 강의도 할 수 없었다. 많은 사람들이 이 대학은 다시 일어나지 못할 것이라고 생각했다. 그러나 하나님 앞에서 은밀하게 기도하는 시간들을 보내면서 그들은 일의 성패는 사람의 후원이나 인기도에 달려 있지 않다는 것을 다시 입증해 보일 수 있게 되었다. 리즈는 이렇게 말했다. "이 경험을 통해 대학은 만세 반석, 즉 어떤 인간도 마귀도 흔들 수 없는 기초 위에 서게 되었다."

참으로 놀라운 일은, 그때 이후부터 하나님께서 거액의 헌금들을 보내 주시기 시작하셨다는 사실이다. 5년 후인 1929년 성령 강림 주일 다음날, 대학은 설립 5주년을 맞게 되었다. 이것을 기념하여 리즈는 처음으로 보고 내용을 담은 인쇄물을 출판했다. 이 인쇄물을 통해 그는 이렇게 말했다.

우리는 지난 5년 동안 믿음과 기도를 통하여 이루어진 일들에 관하여 여러분에게 간략한 설명을 드리기를 원합니다. 배후에 아무런 위원회도 이사회도 후원 교단도 어떤 부유한 개인도 없이 시작한 대학, 이 대학의 믿음의 모험을 놓고 많은 사람들이 그 결과를 예의 주시하여 왔습니다.

우리는 재정 문제로 한 번도 누구한테 부탁을 해본 적이 없습니다. 그렇게 하는 가장 큰 이유는 하나님은 살아 계시며 신실하신 분이시라는 것을 가시적으로 증명해 보임으로써 그분의 백성들의 믿음을 더욱 강하게 해 주려는 데 있었습니다. …지금 현재 우리 대학의 재정 필요는 하루에 5파운드매주 35파운드 수준에까지 육박하고 있습니다. 지난 3년 동안을 통틀어 3일 쓸 돈이 우리 손에 있어 본 적이 거의 없습니다. 아침에 그날의 필요를 위해 주님을 의뢰함으로써 '우리에게 일용할 양식을 주옵시고'라는 말씀이 실제로 살아 있음을 입증해 보이는 것이 아버지께서 우리에게 가르치시고자 하는 바였습니다. 통화 부족과 재정 압박 때문에 사람들은 낙담했고 많은 사람들이 이 난관을 이겨 내지 못했습니다. 그때 주님은 살아 있는 믿음이란 상황을 초월하는 것이라는 사실을 날마다 우리에게 나타내 보여 주셨습니다. 아무리 일이 늦어져도 이 믿음은 약화되지 않으며 친구들이 다 떠나고 마음에 눌림이 찾아올지라도 이 믿음만큼은 언제나 그 자리에 그대로 남아 있는 것입니다.

이 기간 동안 주님은 우리에게 힘에 지나는 시험들을 허락하셨습니다. 우리 힘으로는 도저히 감당할 수 없는 그런 압박들 속에서 우리는 우리 자신을 의지하지 않는 법을 배웠습니다. 사역과 더불어 우리의 믿음 또한 자라 갔으며, 모든 시험이 우리의 믿음을 강건케 하려는 목적으로 주어진 것이라는 사실을 거듭거듭 체험했습니다. 몇 년 전 우리가 대학 설립이라는 과업에 도전할 때 우리 손에는 달랑 2실링밖에 없었습니다. 그렇게 하여 우리는 지금까지 단 한 번도 헌금을 부탁한 일도 없이 총 8천 파운드에 달하는 돈을 받았습니다. 이것만 보아도 우리는 얼마든지 그분을 더욱 신뢰할 수 있습니다.

지금 우리에게는 여섯 명의 교수진이 있는데 그 중 네 명은 우리 나라의 서로 다른 대학교에서 학위를 받은 분들이고 다른 두 명은 이 지역에서 명망 높은 목사들입니다. 지금 우리 대학에는 성령께 부르심을 받은 남녀 학생이 30명이 있습니다. 이들은 기쁜 마음으로 믿음의 학교에 입학한 자들입니다. 학비는 무료이며 기숙사비는 최대한 적게 받고 있습니다. 믿음의 기도에 대한 응답으로 우리 대학 앞으로 보내져 오는 헌금들을 통해 우리는 지금까지 실제 비용의 거의 반밖에 안 되는 금액으로 기숙사를 제공할 수 있었습니다.

{ 여호와께서
    친히 돌보신다 }

네가 이같이 행하였은즉 내가 네게 큰 복을 주고…
네가 나의 말을 준행하였음이니라 (창 22:16-28).

학생 수가 두 배로 많아지면서 그만큼 수용 시설이 더 필요해졌다.
주님께서도 2년 동안 리즈에게 또 다른 땅의 필요성에 대하여
계속 부담을 주셨다. 그가 받은 말씀은 이것이었다.

"네 장막 터를 넓히며 네 처소의 휘장을 아끼지 말고 널리 펴되 너
의 줄을 길게 하며."사 54:2

첫 인쇄물을 펴내기 한 달 전, 더웬 퍼Derwen fawr의 소유주인 찰스 러
든Charles Ruthen 경이 죽었다는 소식이 전해졌다. 더웬 퍼는 글린더웬에
서 나오는 길 바로 위쪽에 있는 아름다운 땅이었다. 더웬 퍼는 '큰 참나무'라
는 뜻의 웨일즈 말이다. 이 고목은 아직도 그 장소에 그대로 서 있다. 찰스 경은 건강 증
진 단체 회장을 지낸 바 있으며, 땅을 사는 데 많은 돈을 투자하기도 했
다. 그는 스완시 만의 경관을 해치는 건물이 들어서는 것을 막기 위해

더웬 퍼와 멈블즈 길 사이에 있는 모든 땅을 사 들였다. 커다란 저택 하나와 작은 오두막 세 채, 그리고 거의 2만 평에 가까운 대지를 망라하는 땅이었다.

찰스 경은 집을 꾸미고 그 넓은 땅에 잔디밭과 화단을 배치하여 우아한 이태리식 정원을 가꾸는 등 건축가로서의 재능을 십분 발휘하였다. 특히 이태리식 정원을 위해서는 이탈리아에서 직접 값비싼 돌을 들여왔으며 소요된 총 경비는 2만 파운드가 넘었다.

그곳에 접대되어 머물렀던 사람들 가운데는 당시 수상을 지내던 로이드 조지Lloyd George와 그의 가족을 비롯하여 멜쳇Melchett 경 및 그 밖의 정부 장관급들도 많이 있었다. 스완시 시市가 계속해서 멈블즈 쪽으로 그 지경을 넓혀 오고 있었기 때문에 이 땅은 날이 갈수록 값이 껑충껑충 솟아오르고 있었다. 또한 더웬 퍼는 근처 한 대학교에 가장 근접해 있는 대규모 부지였다.

주님께서는 리즈에게 바로 이 더웬 퍼가 두 번째로 사 들여야 할 땅이라는 것을 보여 주셨다. 그래서 리즈는 그 문제를 놓고 기도했다. 때로는 친구들과 함께 그 땅의 담장을 빙 돌며 걷기도 했다. 얼마 있지 않아 러든 여사가 그 땅을 팔기 위해 내놓았다는 소식이 들려왔다. 그러자 로마 가톨릭 교회가 또다시 그 땅을 사 들이려고 뛰어들었다.

또 하나의 시험에 부딪힌 리즈는 하나님의 표적이 필요하다는 사실을 느꼈다. 이것은 정말 심각한 문제였다. 만일 이 땅이 그들의 손에 들어가게 된다면, 그들은 거대한 대학교 바로 옆에다 그들의 본부 건물을 세울 수 있게 되기 때문이었다.

리즈는 다시 한 번 하나님이 자신을 '로마 가톨릭 교회에 대항하여 싸우도록' 부르고 계심을 확신했다. 그래서 그는 하나님께, 이제 그것을 확증해 주시려거든 이때까지 한 번도 돈을 보내 온 적이 없는 사람을 통하여 하루 안에 거액의 수표를 보내 달라고 기도했다. 이튿날, 맨 처음 온 우체부는 빈 손으로 왔고 두 번째 우체부도 마찬가지였다. 그 러나 세 번째 온 우체부가 편지 한 통을 가져 왔다. 거기엔 지금까지 한 번도 헌금을 한 적이 없는 사람이 보내 온 100파운드짜리 수표가 들어 있었다.

당시는 경제 대공황이 극에 달해 있을 때였다. 영국은 금金 본위의 통화 제도를 수정해야만 했다. 그러니 다시 거액의 돈을 차용하기에는 최악의 시기였다. 리즈로서는 더없이 부담되는 일이었다. 하지만 그는 주님의 인도하심을 좇아 또 하나의 표적을 구하기로 했다. 그는 50번째 생일을 며칠 앞두고 있었는데 주님께 매년 1파운드씩 계산해서 50파운 드짜리 수표를 보내 달라고 기도했다. 그는 이렇게 말했다.

"그렇게 기도를 하고 그 전날 밤 미리 찬양 모임을 가졌다. 승리도 오기 전에 찬양부터 한 것이다. 우리는 그야말로 위대한 일을 믿는 것 에 있어서 경주라도 하고 있는 것 같았다."

이튿날, 교수며 학생 모두 우편물을 기다렸다. 이상하게도 우체부는 달랑 편지 한 통만 들고 나타났다. 스코틀랜드에서 온 편지였다.

"우리는 흥분을 억누르며 편지를 뜯었다. 전혀 새로운 기증자가 보 낸 50파운드짜리 수표가 들어 있었다."

리즈는 헌금을 가지고 스완시에서 병원을 하는 그의 사촌 존 리즈 박사를 찾아갔다. 수표를 보여 주면서 이것이 바로 자기가 더웬 퍼의 차기 소유주가 될 것에 대한 표징이라고 말했다. 존 리즈는 곧 러든 여 사와 접촉했고 그리하여 며칠 후 이들 둘은 함께 그 땅을 보러 갔다. 러 든 여사는 리즈에게 선매권先賣權을 주겠다고 약속했다. 너무나 놀라웠 던 일은 이들이 러든 여사를 처음 보러 갔던 바로 그날, 로마 가톨릭 교 회도 이 땅을 보고 오라고 런던에서 사람을 보냈다는 사실이다. 양측은 그곳에서 서로 마주쳤다. 그러나 리즈는 이렇게 말했다.

"하지만 주님은 날씨를 주관하셨다. 그날은 안개가 끼고 비가 올 듯 음침한 날씨였다. 보나마나 그 사람은 땅을 반도 둘러보지 못했을 것이다. 마침 정원의 잔디는 웃자라 있었으며 따라서 그 사람은 아주 안 좋은 인상을 가지고 돌아갔을 것이 분명하다."

믿음은 실상이다

리즈는 적과 정면으로 대면했다. 드디어 시험이 찾아왔다. 이제 먼저 가격을 제의해야 할 것인가? 글린더웬 때만 해도 그들은 리즈가 제의했던 것보다 4천 파운드나 높은 가격을 제의했던 바 있다. 그들은 더웬 퍼에는 값을 얼마나 주겠다고 할 것인가? 그는 중개상을 찾아가 자기가 계산한 액수를 보여 주었다. 그는 아주 호의적인 태도를 보이면서 주말이 지나 한 번 더 찾아오라고 말했다.

리즈는 이렇게 말했다.

"지난 일들이 자꾸만 내게 엄습해 오던 기억이 지금도 생생하다. 나는 그때 글린더웬을 살 때 졌던 빚도 아직 다 갚지 못한 상태였다. 그런데 이제 다시 1만 파운드나 되는 돈을 만들어 내야 했다. 그 주에 나는 좀 먼 곳에 가서 주일 설교를 하도록 되어 있었다. 그런데 토요일 밤에 잠을 자려 하였으나 도무지 잠이 오지 않았다. 그래서 결판을 내리리라 다짐하고 침대에서 나와 아래층으로 내려갔다.

수중에 단돈 1페니도 없이 갑자기 큰돈을 만들어 내야 하다니, 그것은 정말이지 쟁기를 손에 잡고 뒤를 돌아보아서는 안 되는 경험을 해 본 자만이 이해할 수 있는 일이었다. 사람이 빚을 지고 살아야 한다는 것은 정말 비참한 일이며, 여기에 비하면 금식은 이 세상 금식을 다 갖다 모아 놓는다 해도 아무것도 아니다. 하나님의 나라를 위한 일이니까 하지 만일 내 가족을 위해서였다면 나는 절대 그런 일은 하지 않았을 것이다. 마귀는 나에게, 만일 글린더웬에 이어 더웬 퍼까지 산다면 파산하여 법정에 끌려가는 신세가 될 거라고 속삭였다. 내 눈에도 그 광경이 보이는 듯했다. 그러나 마귀가 '파산'이라는 단어를 말하는 순간 나 역시 그에게 이렇게 말했다.

'파산이 문제가 아니라 그 땅을 가톨릭 교회로부터 구할 수만 있다면 나는 마지막 피 한 방울까지라도 아낌없이 다 바칠 것이다.'

그 말을 하는 순간 나는 승리할 수 있었다. 나는 새처럼 자유로운 마음으로 주일 설교를 할 수 있었다.

월요일 아침 스완시로 돌아와 협상이 잘 되었는지 알아보려고 중개사를 찾아갔다. 그는 아직 출근 전이었다. 그를 기다리느라 잠시 거리를 걷다가 친구를 만났다. 그는 내게 주말에 어디 갔었느냐고 물으면서 주말 동안 자기 마음에서 내가 떠나지를 않더라고 얘기했다. 나는 말했다.

'그것도 놀라운 일은 아닐세. 실은 파산하여 법정에 다녀왔거든!'

그리고는 토요일 밤에 있었던 승리의 경험을 들려주었다. 그는 잠깐 동안 생각에 잠겨 서 있더니 이렇게 말했다.

'자네는 하나님이 이 싸움을 자네 혼자 싸우라고 하셨다고 생각하나? 자네만이 이 세상의 유일한 개신교 신자란 말인가?'

나는 대답했다.

'지금은 그런 것 같아 보이네.'

그러자 그는 계속해서 이렇게 말했다.

'이 문제는 자네 혼자 당해서는 안 되네. 커버넌터들은 우리에게 이 자유를 물려주기 위해서 자신들의 피를 바쳤네. 그렇다면 나 또한 이 일을 계속하는 데 뭔가를 바쳐야 하지 않겠나? 가서 중개사를 만나게. 만일 자네 제의가 받아들여지면 다시 나를 찾아 주게. 내가 보증금을 내겠네.'

값으로 따질 수 없는 승리였다. 우리는 둘 다 눈에 기쁨의 눈물이 가득 고인 채로 한참을 그렇게 서 있었다. 그것은 참으로 가파른 암벽과도 같았지만 이제 나는 아브라함과 함께 이렇게 고백할 수 있었다.

'여호와 이레, 즉 여호와의 산에서 준비되리라.'

또한 하나님께서 그 종 아브라함에게 하셨던 그 말씀을 나에게도 동일하게 들려주시는 것 같았다.

'네가 이같이 행하였은즉 내가 네게 큰 복을 주고…네가 나의 말을 준행하였음이니라.'

그분의 구원은 언제나 '산' 위에 마련되었다. 살아 있는 믿음은 무엇보다도 하나님께 다음 사실, 즉 그분의 말씀과 약속을 승리의 근거로 주장한다는 사실을 입증해 보일 수 있어야 한다."

중개사가 도착했다. 그는 협상이 좀 지연될 것 같다고 말했다. 주님께서는 리즈에게 이 문제를 사람들에게 알리라고 말씀하셨다. 그래서 그는 지금까지 주님의 인도하심을 알리는 소책자를 4천 부를 찍어서 배포했다. 그는 거기에 이렇게 썼다.

"지금 협상이 진행 중입니다만 주께서 이미 믿음 안에서 우리에게 승리를 주셨기 때문에 우리는 그 놀라운 땅과 건물 위에 '여호와 이레'라는 문구를 새겨 넣을 날이 머지 않다고 믿습니다."

몇 주 후 가톨릭 쪽은 이 일에서 손을 뗐다. 아마도 그 사람의 부정적인 보고 내용 때문이었던 것 같다. 그러나 잠시 후 또 다른 경쟁자가 나타났다. 일반 부동산 거래업자들도 그 땅이 스완시에서 제일 손에 꼽히는 곳들 중 하나라는 사실을 잘 알고 있었던 것이다. 성경 대학 쪽과 그 경쟁자 쪽 사이의 이 미묘한 밀고 당기기는 몇 주간 계속 긴장을 몰고 왔다. 리즈는 러든 여사의 선매권 약속만을 굳게 믿었다.

어느 토요일, 그는 중개사의 사무실을 찾아갔다. 최종 결판을 짓기 위해서였다. 그런데 그는 바쁘다면서 월요일날 다시 오라고 했다. 리즈는 그 사람이 이쪽을 밀쳐 내고 저쪽과 계약을 하려는 것임을 알 수 있었다. 그래서 월요일날 다시 갈 때 그는 의사인 자기 사촌과 함께 갔다. 리즈는 이렇게 말했다.

"그날이 바로 절정의 날이었다. 우리는 그날을 오래도록 잊지 못할 것이다. 우리가 도착하니 사무실 안에는 직원밖에 없었다. 중개사는 우리한테 전해 주라는 말만 남긴 채 나타나지 않았는데 그 내용은 더웬 퍼가 이미 팔렸다는 것이었다. 내 사촌은 화가 잔뜩 났으며 꾸미지 않고 솔직히 그 화를 말로 표현했다. 이제야말로 내가 받았던 말씀이 철저하게 시험을 받게 된 순간이었다. 그것은 과연 하나님에게서 온 것일까, 아니면 인간으로부터 난 것일까. 만일 그것이 정말 하나님께로부터 온 것이라면 더웬 퍼는 절대로 그 누구에게도 팔릴 수가 없다.

사무실을 나오는데 주님은 나에게 사촌한테 이렇게 말할 수 있는 힘을 주셨다.

'더웬 퍼는 팔리지 않았네.'

그러자 그는 잔뜩 힘을 주어 이렇게 대답했다.

'아까 그 직원이 더웬 퍼는 팔렸다고 말하는 걸 듣지 못했나? 그런데도 자네는 어떻게 팔리지 않았다고 말할 수가 있단 말인가?'

나는 대답했다.

'주님께서 나에게 그것을 사라고 명하셨기 때문이네. 벌써 몇 달 전에 나는 그 내용을 인쇄까지 해서 배포했다네. 이제 자네가 그 중개사를 찾아가서 좀 만나 주지 않겠나?' 그는 전에 내 사촌이 보아 준 환자였다.

그는 그러겠다고 한 뒤 바로 그를 만나러 갔다. 그의 딸이 나와서 문을 열어 주었다. 그 딸은 지금 아무도 자기 아버지를 만날 수 없다고 말했다. 몸이 너무 아파서 손님을 맞이할 수가 없다는 것이었다. 그 말에 내 사촌은 '내 이때까지 환자가 너무 아파 의사조차 만날 수 없다는 얘기는 처음 들어 보는구만.' 하고 대꾸한 뒤 그냥 그대로 집 안으로 걸어 들어갔다. 거기서 그는 저쪽 경쟁자 쪽에서 이 중개사의 사무실에 벌써 보증금 수표를 보냈다는 사실을 알게 되었다. 만약 그가 그날 아프지만 않았다면 그는 그 수표를 바로 그날 아침에 받았을 것이다. 하지만 그는 내 사촌에게 그쪽 제의를 거절하겠다고 뜻을 밝혔다. 그때가 오전 11시였다.

곧 주님은 내게 이렇게 말씀하셨다.

'더웰 퍼를 오늘 밤에 꼭 사야 한다. 그렇지 않으면 기회는 영원히 오지 않는다.'

그래서 그날 밤 아내와 함께 러든 여사를 만나러 올라갔다. 막 그 집에 다다르려 하는데 그때 마침 집 안의 불들이 다 꺼지고 있는 것이 눈에 띄었다. 사탄은 이렇게 말했다.

'저것 봐라. 그들은 너희가 오는 걸 벌써 알고는 만나고 싶지 않아서 저렇게 불을 끄는 것이다.'

집에 들어가자 러든 여사는 동요하고 있었다. 집을 팔지 않고 그냥 자기가 가지고 있는 쪽으로 심각하게 생각하고 있노라고 말했다. 하지만 나는 그녀에게 자신이 했던 약속을 상기시켜 주었다. 그녀의 사위도 옆에서 그것을 확증해 주었다. 이어 나는 경쟁자 쪽보다도 500파운드를 더 주겠노라고 말했다.

그걸로 계약은 끝났다. 그녀의 사위는 나한테 정식 계약서에 서명을 할 때까지 우선 임시로 중개사에게 보증이 될 만한 금액을 갖다 주라고 말했다. 그때 내가 가지고 있던 돈이라고는 마침 그날 두 명의 기부자로부터 받은 25파운드가 전부였다. 그래서 그 돈이 우리의 첫 보증금이 되었다."

구입 결정이 내려졌던 그날은 성탄 이브였으며, 금액은 8천 파운드였다. 그로부터 3일 동안 리즈는 다섯 건의 헌금을 받았는데 그 금액은 각가 250파운드, 300파운드, 50파운드, 25파운드, 50파운드였다. 그는 이 헌금들에 기타 다른 소액의 헌금들을 합해서 법정 보증금을 지불할 수 있었으며 그로써 확실히 그 땅을 소유할 수 있게 되었다.

주님은 리즈로 하여금 몇 달 전 그 친구가 했던 친절한 제의는 받아들이지 않도록 인도하셨다. 그러나 그 친구는 후에 아주 중요한 도움을 주게 된다.

1930년 성령 강림 주일 다음날, 이 대학의 6주년을 기념하고 더웬 퍼를 봉헌하는 예배에 웨일즈 사방 각처로부터 약 1천 명에 달하는 사람들이 모여들었다. 더웬 퍼의 집 바로 앞 잔디밭에는 높이가 1미터쯤 되는 받침대가 있다. 그리고 그때까지만 해도 그 위에는 동상 하나가 세워져 있었다. 이제 그 동상은 제거되고 그 받침대의 양쪽 측면에는 신실하신 하나님에 대한 영원한 증거로서 다음과 같은 두 개의 성경 구절이 기록되었다.

"여호와 이레!"

"믿음은 실상이라."

보좌에 닿는 기도를 올리라

자기가 구했던 것과 다른 방식으로 응답을 얻는 경우도 종종 있다.
일의 진행 중에 생길 수 있는
일시적인 실망들을 실패가 아닌 디딤돌로 보라.

리즈는 대학의 매일의 필요를 위하여 계속 주님을 의지했다. 그런데 아직 더웰 퍼의 땅 값도 다 지불하지 못했는데 하나님께서는 그에게 다시 새 건물들을 지으라고 말씀하셨다. 우선 200명을 수용할 수 있는 대학 교회당과 400명이 들어갈 수 있는 강당을 짓고 이어서 학생들이 거주할 수 있는 남자 기숙사 두 동과 여자 기숙사 한 동을 각각 지으라는 것이었다. 총비용을 계산해 보니 약 6천 파운드쯤 되었다.

이번에도 역시 일꾼들과 계약을 하는 그 순간까지도 리즈의 손에는 1페니도 없었다. 그러나 매주 20파운드 내지 30파운드의 봉급으로 18개월이 넘게 계속해서 일하는 동안 이들이 봉급을 받지 못했던 일은 단 한 번도 없었다.

작업이 한창 진행 중일 때, 자재를 살 돈이 떨어졌다. 리즈는 우선 1

천 파운드의 헌금을 위해 기도했다. 어느 화요일 아침 주님은 그에게 모든 건축 작업을 다 중단하고 모든 강의를 다 연기한 뒤 한시도 예외 없이 오직 하나님만을 바라보라고 말씀하셨다. 하나님이 1천 파운드를 보내 주실 때까지 그들은 작업을 다시 시작할 수 없었다.

"그 기간 동안에는 망치 소리 하나 들리지 않았다. 우리는 날이 갈수록 더욱 간절히 기도했다. 기도 한마디 한마디가 다 그분의 보좌에 가 닿는 기도였다."

드디어 금요일 아침에 1천 파운드가 왔다.

이 건축 작업이 거의 마무리되어 갈 무렵 하나님은 그에게 그 다음 할 일을 또다시 명하셨다. 1923년의 일이었다. 리즈는 중국 내지 선교회의 윗필드 기니스Whitfield Guinness 박사의 생애를 읽던 중, 그의 부모는 참으로 많은 사람들에게 집을 개방했음에도 불구하고 이 나라영국 사람들은 아무도 그의 자녀들이 방학 중에 자기 집에 와 있는 것을 원하지 않았다는 기사를 접하였다. 기니스는 이것이야말로 자기가 중국에서 당해야 했던 고통 중에 그 어떤 핍박들보다도 훨씬 큰 마음의 고통이었다고 말했다.

주님은 이것을 통하여 리즈에게 본국에 자녀를 두고 떠나야만 하는 많은 선교사들의 절실한 필요를 보여 주셨다. 그것은 그 자신도 겪었던 처절한 고통의 체험 가운데 하나였다. 부모도, 집도 없는 이 나라에 그렇게 자녀들을 남겨 놓고 가야만 하는 어머니들의 고통이 정말 자신의 고통처럼 느껴졌다. 그는 먹지도 않고 자지도 않으면서 방 안에서 기도했다.

"주님, 제가 어떻게 하기를 원하시나이까?"

주께서 다음과 같은 말씀을 주신 후에야 그는 자유를 얻었다.

"나는 네가 자녀들을 선교지에 데리고 갈 수 없는 선교사들을 위해서 선교사 자녀의 집을 짓기를 원한다."

리즈는 순종했다. 이것은 깊이 있는 체험이자 놀라운 열매를 맺는 일이 될 것이었다. 더 구체적인 수고를 통하여 드디어 선교사 자녀들을 위한 학교 및 집에 대한 비전이 태동했다. 사실 이 중보 기도에 대한 응답은 이미 몇 년 전에 받았던 것이었다. 그때 하나님은 리즈에게 그를 '고아들의 아버지'로 삼겠노라고 말씀하셨던 것이다. 그날 이후로 대학에서는 자신의 순종의 행위를 통하여 자신들이 친자식보다도 주님을 더 사랑한다는 것을 입증해 보인 어머니와 아버지들을 위하여 하나님께 간구했다.

이 집을 짓기 위해 리즈는 스케티 파크Sketty Park를 구입하는 일을 놓고 스완시 시의회와 몇 개월 동안 협상을 계속했다. 스케티 파크는 빙 모리스Byng Morris 경의 저택으로 대학에서 멀지 않은 곳에 있었으며 2만 평 정도의 부지도 딸려 있었다. 그러나 결국 시의회는 그것을 팔지 않기로 결정했다. 이튿날 스케티 아이새프Sketty Isaf가 매물 시장에 나왔다. 이 땅 역시 2만 평 정도 되는 땅으로 더웬 퍼로 가는 길의 바로 맞은편에 있었다. 그런데 이 땅의 소유자는 땅을 5천 평만 팔고 나머지 1만 5천 평은 그냥 옵션으로 놓아두고 싶다고 했다. 그 집 입주자는 프랫Pratt 소령이라는 사람이었는데 그는 리즈가 이 땅을 놓고 기도를 시작했다는 말을 듣고는 친구들에게 우스갯소리로 이렇게 말했다고 한다. "리즈 하월즈가 우리 집 담을 넘겨다보고 기도를 시작했다면, 일 당하기 전에 일찌감치 나가 주는 게 낫지."

그리고 일은 정말 그대로 되었다. 후에 그는 나머지 1만 5천 평도 샀으며 나아가 인근의 자유 보유 부동산 7천 평도 더 사 들였다.

주께서 스케티 파크를 사지 못하게 하시고 쓰기에 훨씬 더 편리한 스케티 아이새프로 인도하셨던 이 일에서 중요한 믿음의 교훈을 배울 수 있다. 리즈는 그것을 이렇게 설명했다.

"본질적으로 중요하지 않은 것에서 한 번 져 주면 곧 그보다 더 좋은 것을 받게 된다. 더웬 퍼를 사기 전에도 나는 처음 몇 달 동안에는 거기서 몇 킬로미터 떨어져 있는 더 큰 다른 땅을 사려고 했다. 그러나 그들은 나의 제의를 거절했다. 하나님께서 뒤에서 주관하고 계심을 알 수 있었다. 바로 그 주에 더웬 퍼가 시장에 나왔고, 알고 보니 더웬 퍼는 그전에 사려고 했던 땅 같은 것은 두 배를 준다고 해도 바꿀 수 없는 그런 땅이었다. 그 다음으로 일어난 일이 바로 스케티 파크를 사려던 일이었다. 시의회가 내 제의를 묵살하던 그 순간 나는 얼마나 기뻤는지 모른다. 그것이 하나님의 주관하에 있다는 것을 알고 있었기 때문이다. 스케티 아이새프가 시장에 나온 것은 바로 다음날이었다."

그의 말은 거기서 그치지 않고 계속되었다. 이 이야기는 뒤에 자세히 다시 나오겠지만, 그것은 그가 스완시 경의 저택인 스케티 홀을 사려고 했을 때 일이었다. 그는 스케티 홀을 사려고 믿음으로 보러 갔지만 이번 역시 거절당했다. 대신 주님은 그에게 펜러기어Penllergaer를 사라고 하셨는데, 이 광대한 땅은 스케티 홀에 비하면 족히 몇 배의 값어치는 있는 땅일 것이다.

🪶 믿음의 눈을 들어 보라

이 믿음의 원리는 그의 인생의 다른 많은 사건들 속에서도 그대로 드러난다. 주께서 그에게 이루어야 할 어떤 중요한 목표를 주시면, 그는 주님의 특별하신 인도나 공급을 위해 찾고 구하고 또 믿는 태도로 일을 진행해 나갔다. 그러다 보면 자기가 구했던 것과 다른 방식으로 응답을 얻는 경우도 종종 있었다. 바깥에서 보고 있는 사람들의 눈에는 이것은 실패 내지는 실수처럼 보이기 일쑤였다. 자연히 여기저기서 비난들이 많았다.

그러나 이런 삶이 그에게, 그리고 안에서 그와 함께 믿음의 싸움을 싸우고 있는 사람들에게 주는 의미는 그와는 정반대였다. 이런 삶은 오히려 그로 하여금 믿음이라는 제일 목표를 꾸준히 추구해 갈 수 있도록 힘을 주었으며 끝내는 그것을 얻게 해 주었다. 그는 진행 중에 생길 수 있는 일시적인 실망들을 실패로 보지 않고 오히려 디딤돌로 보았다. 이후 그의 삶에서 나타나는 더욱 맹렬한 전시戰時와도 같은 믿음의 싸움에서 우리는 바로 이런 믿음의 원리가 역사하는 것을 보게 된다.

이 즈음 성경 대학 등록 학생은 약 50명 정도 되었다. 앞서 공부했던 사람들 가운데에는 이미 이 학교의 일꾼으로 부름받아 일하는 사람들도 있었다. 브리너맨 출신으로 리즈의 친구인 토미 리즈, 마가렛 윌리엄Margaret William 양 등이 좋은 예이며, 그 밖에도 여러 다양한 직책을 맡아 일했다. 교수가 된 사람들도 있었는데 대표적으로 후에 「기적의 행렬 A Thousand Miles of Miracle」이라는 책을 쓴 글로브 A. E. Glove 목사가 있다. 또한 졸업생들 가운데에는 여러 다른 선교회를 통하여 선교지로 나가는 사람들도 있었다. 중국 내지 선교회를 통하여 두 명, 세계 전도 십자군Worldwide Evangelization Crusade, 약칭 WEC을 통하여 약간 명이 나갔으며, 리즈가 전에 일했던 남아프리카 선교회 소속의 루시투 지부로 나간 사람도 한 명 있었다. 그 외 많은 사람들이 국내 사역에 헌신했다.

선교사 자녀 학교는 1933년 11명의 남녀 학생들로 문을 열었다. 인근 지역에 사는, 낮에만 왔다가는 아이들도 몇 명 포함되어 있었다. 학교가 자리가 잡혀 감에 따라 이들은 집과 학교를 차별화하는 데 힘을 썼다. 집은 학교 분위기가 전혀 연결되지 않게 글자 그대로 가정이 되게 하려고 했던 것이다. 학생 수가 점점 늘어나자 하나님은 일꾼들을 보내 주시기 시작하셨다.

케네스 맥도월Kenneth McDouall은 교장이 되었고 도리스 러스코우 Doris Ruscoe 양은 여교장이 되었으며, 로더릭G. Roderick 양은 아이들의 후 견인 겸 보모가 되었고 엘레인 보들리Elaine Bodley 양은 취학 전 아동 학 교의 여교장이 되었다. 그 밖에도 여러 교사와 돕는 이들이 모두 다 주 님을 위하여 아무 대가도 없이 섬겨 주었다.

1935년에 학교는 글린더웬으로 옮겼다. 계속 급성장했기 때문에 몇 차례 추가 확장했다. 기숙사 건물 한 채, 교실 건물 세 채, 그리고 체육 관이 추가로 지어졌다. 총 3만 파운드에 해당하는 대학 건물 및 선교사 자녀 학교 건물이 세 곳의 부지 위에 하나하나 새로 건립되었다. 그사 이 리즈는 1천 파운드짜리 헌금을 따로따로 아홉 번이나 받았다.

언젠가 주님은 그에게 헌금의 액수가 100파운드가 넘을 경우에는 그 가운데 25퍼센트를 당신께 드려야 한다고 말씀하셨다. 어느 해에는 다른 기관들의 하나님의 사역을 위해 그 돈이 필요했음에도 그는 말씀 을 따랐다. 언제나 100배로 채워 주시는 법칙을 믿었으며 그 믿음대로 행하였다. 그는 2실링을 가지고 대학을 시작했지만 14년 동안 주님은 그에게 12만 5천 파운드를 보내 주셨다.

이 기간 동안 찾아온 방문객들 가운데에는 이미 주님을 알고 있는 사람들도 많이 있어 그들도 이 학교를 통해서 축복을 받았지만, 그뿐 아니라 주님을 모르는 사람들이 새롭게 주님을 만나게 되는 역사도 끊 이지 않고 일어났다. 대학 집회에 참석했다가 주님을 만나는 경우도 있 었고, 대학 분위기를 통한 성령의 역사로 말미암아 주님을 알게 되는 경우도 있었다. 그곳에서 거듭난 사람들의 이야기를 하나하나 다 하려 면 그야말로 족히 책 한 권은 따로 써야 할 것이다.

하나님이
당신을 들어 쓰신다

주님께서 이 나라를 구하신다.
그분께서 이 나라를 사랑하사 삶의 표준을 높여 주신다.

성경 대학의 초창기 즈음, 영국에는 범국가적으로 몇 가지 놀라운 기도 응답의 실례가 있었다. 주님은 후에 이 대학을 전 세계를 위한 전략적인 기도 사역으로 부르시는데, 이런 응답들은 바로 그때의 사역을 위한 좋은 선례들이 되었다. 그 가운데 두 가지를 소개한다.

1928년 영국 국교회가 신新 기도서를 내놓으면서 엄청난 논쟁이 일었다. 기도서 내용이 가톨릭 기도서의 성향을 그대로 따온 것임에도 불구하고 대부분 국교회 주교들이 찬성하고 나섰다. 일간지마다 국회 역시 그것을 승인하기로 이미 결정을 내려놓았다고 보도했다. 그때까지만 해도 영국 하원이 그것을 거부할 수 있다고 생각한 사람은 온 나라를 통틀어 별로 되지 않았다. 하원에서 토론이 있기 이틀 전, 성령은 갑자기 리즈에게 이렇게 물으셨다.

"너는 주께서 이 법안이 통과되는 것을 막을 수 있다고 믿느냐? 믿는다면 오늘 오후에 모임을 소집하라. 목표는 딱 한 가지, 신新 기도서가 채택되지 못하게 한다는 것이다."

그는 아침 10시부터 오후 1시까지 혼자서 하나님과 씨름했다. 그리고 나서 모임을 소집했는데, 성령께서 놀라운 능력으로 임하셨다. 이튿날 조간 신문에는 상원에서 투표한 결과 이 기도서가 승인되었다는 기사가 게재되었다. 그러나 하원이 거부권을 갖고 있었다. 하원은 그날 투표를 하도록 되어 있었다. 성령은 리즈에게 이렇게 말씀하셨다.

"아무것도 의심하지 말고 계속 밀고 나가라."

이날 하원에서 있었던 극적인 장면은 영원히 잊혀지지 않을 것이다. 영국 교회 안에 로마 가톨릭의 성향을 조금이라도 허용하는 것은 더없이 위험한 일이라며 소수 하원 의원들이 그 어느 때보다 강경하게 반대하고 나섰다. 마침내 투표 결과 신 기도서는 기각되었다.

그로부터 몇 년이 지난 1936년에 영국에 중대한 국가적 위기가 찾아왔다. 왕 에드워드 8세와 그가 청혼한 결혼에 관한 문제였다. 주님은 이 일의 짐도 이 대학이 지도록 하셨다. 이들은 날마다 모여 기도했는데 그때의 기록들이다.

12월 4일. 조간 신문에 왕에 대한 뉴스가 상세히 나왔다. 학장님 리즈 하월즈은 문제가 아주 심각하다고 말씀하셨다. 우리는 저녁 기도 모임에서 주님께서 왕의 길을 인도해 주시고 또한 이 일과 관련있는 모든 사람들에게 지혜와 분별력을 주시도록 기도했다.

12월 6일. 대학이 정한 기도와 금식의 날. 기도 중에 주님께서 에드워드가 왕위를 내놓는 것이 당신의 뜻임을 보여 주셨다.

12월 7일. 어제 주신 승리에 대해 감사를 드린다. 신문에 보니 왕은 지난 주말까지만 해도 왕위를 유지하는 데 급급해했지만 이제는 어떻게 하는 것이 나라를 위한 최선인지 고심하고 있다고 한다.

12월 9일. 주께서 에드워드 왕으로 하여금 하나님의 뜻을 좇아 결정을 내릴 수 있도록 도우실 것을 믿는다. 그리고 또한 그의 영혼을 축복해 주실 것도.

12월 10일. 오후 2시 반에 다시 모여 주님께 이 나라를 다스려 주실 것을 간구한다. 지금 막 에드워드 8세의 하야 소식이 발표되었다.

12월 11일. 이토록 성령을 믿게 하시니 감사드린다. 주님은 이 나라를 구하셨다. 이 나라를 사랑하사 삶의 표준을 높여 주셨다.

🖋 합력하여 선을 이루신다

웨일즈 남부에는 성경 대학 친구들이 경영하는 회사가 하나 있었다. 그들은 학교를 자주 방문했고, 여러 집회와 교제를 통해 영적인 도전을 받고 돌아가기도 했다. 또 그 가운데 많은 사람들이 학교의 신실한 후원자이기도 했다. 리즈 역시 영적인 면에서는 물론 실제적인 면들에서도 힘 닿는 대로 그들을 섬겼다.

대학 설립 때부터 대학의 친구가 되어 왔던 한 사람이 사업에 아주 어려운 시련을 겪게 되었다. 채권자들이 그를 닦달하고 있었다. 어느 날 그는 아주 낙심한 모습으로 리즈를 찾아와 주께서 그들의 병거 바퀴를 벗겨 주시도록(출 14:25) 기도해 달라고 부탁했다. 리즈는 이 친구가 이제 문을 닫고 모든 것을 포기해 버리려는 지경에 와 있다는 것을 알 수 있었다. 그는 이렇게 말했다.

"절대로 그래서는 안 되네. 자네 아이들은 어떻게 할 셈인가?"

그리고는 그를 데리고 은행으로 가 갚아야 할 돈을 다 청산하도록 조처를 취해 주었다. 그날부터 그의 회사는 번창했다. 이후 오랜 세월 동안 이 회사는 대학에 많은 축복을 가져다 주는 통로가 되었다.

이 대학에는 또 다른 친구가 있었다. 그는 다니고 있는 교회에서 집 사로 섬기고 있었으며 학교 집회에 자주 오곤 했다. 한번은 사업이 기울어져서 아주 무거운 마음으로 리즈를 찾아와 그런 얘기를 한 뒤 기도를 부탁했다. 어느 날 리즈가 그의 집에 가 보니 가재 도구들을 다 팔아서 하나도 눈에 띄지 않았고 어머니와 딸은 울고 있었다. 그러나 주님은 당신의 종으로 하여금 그들에게 이렇게 말해 주라고 말씀하셨다.

"이 집에 필요한 것을 제가 갖다 드리도록 하겠습니다."

그러자 그들의 눈물은 곧 기쁨의 눈물로 바뀌었다.

한번은 이런 일도 있었다. 리즈는 그날 당장 필요한 돈이 있어서 일정 금액을 놓고 기도하고 있었다. 해마다 이때쯤이면 그 액수의 돈을 헌금하곤 하던 한 여자가 있었다. 그때는 학기의 중간쯤 될 때였다. 과연 그 여자는 그날 헌금 봉투를 가지고 학교에 왔다. 그러나 뭔가 크게 낙심한 듯 보였다. 얘기를 들어 보니 자기 사위가 곧 법정에서 재판을 받게 될 거라고 했다. 재판날은 일주일 후인데 그것 때문에 요즘 자기는 잠을 이룰 수가 없다고 그 여자는 말했다. 그러면서 그 여자는 리즈가 이 문제를 주님께 가지고 가 자기 사위가 감옥에 가게 될 것인지 아닌지를 알아보았으면 좋겠다고 말했다. 그는 이렇게 말했다.

"내가 돈이 필요해 기도할 때 그 여자가 그 돈을 가져왔다. 그 사실이 나의 판단에 영향을 줄 수도 있었다. 과연 주님이 나에게 그 사람이 유죄인지 아닌지 말씀해 주실 수 있을까 하는 생각이 들었다. 왜냐하면 만일 그가 유죄라면 주님도 그를 풀어내 주실 수 없을 것이기 때문이었다. 만약 그와 반대로 그에게 죄가 없는데도 유죄 판결을 받을 수 있는 위험에 처해 있다면 주님은 그를 건져 주실 것인가? 나는 위층으로 올라가 한참을 거기 있었다. 오랜 기도 끝에 주님은 나에게 이렇게 말씀하셨다.

'그는 죄가 없다. 그리고 그는 풀려날 것이다.'

나는 그 여자에게 가서 이렇게 물었다.

'주님이 오늘 당신을 이곳으로 보내셨습니까? 내가 당신께 결과를 알려 주리라고 주님께서 말씀해 주시던가요?'

그 여자는 그렇다고 했다. 그래서 나는 다시 이렇게 말했다.

'혹 울고 싶으시다면 제 말을 듣기 전에 미리 다 우십시오. 그러나 제 말을 들으신 뒤에는 눈물 한 방울도 흘려서는 안 됩니다. 당신의 사위는 죄가 없습니다. 그리고 곧 풀려날 것입니다.'

참으로 놀라운 일이 벌어졌다. 배심원들 간에 의견이 모아지지가 않아 공판을 이틀 연기했다. 공판이 속개되었을 때 판사는 다섯 명의 증인들 가운데 한 사람이 전과는 약간 다른 이야기를 하는 것에 귀를 기울였다. 곧 기소는 기각되었고 판사는 즉시 재판을 중단시켰다. 그 사람은 석방되었다.

전략적으로 무릎 꿇으라

하나님은 만민이 복음을 듣도록
무릎으로 전쟁을 치를 당신의 군대를 준비시키신다.

1934년 가을, 성경 대학에 놀라운 일이 일어났다. 그 즈음 리즈는
이른 아침 시간에 하나님과 함께 많은 시간을 보냈다. 그는 사
복음서를 읽어 나가면서 주님의 생애와 인격을 통하여 성령의 깊은 깨
우치심을 맛보고 있었다. 그리고 나서 곧바로 학교 아침 모임에 가면
그의 모습은 마치 하나님과 함께 있다가 온 사람과 같았다.

드디어 12월 26일, 주께서 그에게 물으셨다.

"너는 내가 지상 명령을 준 것이 정말 순종하라고 준 것이라고 믿느
냐?"

"예, 그렇게 믿습니다."

"그렇다면 너는 내가 이 복음을 만민에게 줄 수 있다고 믿느냐?"

"저는 주님께서 그리하실 수 있다는 것을 손톱만큼도 의심하지 않

고 믿습니다. 주님은 하나님이십니다."

그러자 주께서 이렇게 말씀하셨다. "나는 네 안에 거하고 있다. 내가 이 일을 너를 통해서 할 수 있겠느냐?"

리즈는 이미 오랜 세월 동안 복음이 온 세계에 전파될 것을 위해서 기도해 오고 있었다. 그가 아프리카에 선교사로 가기 전 성령은 하나님께서 당신의 아들에게 주셨던 시편 2편 8절의 약속을 그에게 보여 주셨다. 그래서 그는 하나님의 아들 예수께서 과연 "열방을 유업으로 받으시고 그 소유가 땅 끝까지 이르게 되실 것"을 위해 단 하루도 기도하지 않은 날이 없었다. 그렇게 기도하던 중 자기의 기도에 대해 자기 스스로가 응답이 되고 싶은 마음이 있어서 물론 다른 이유도 있었지만 그는 아프리카로 가라는 부르심을 받아들였다.

아프리카에 있는 동안 그는 마태복음 9장 38절에 나오는 "그러므로 추수하는 주인에게 청하여 추수할 일꾼들을 보내어 주소서 하라"하신 주님의 말씀에 대한 앤드류 머레이의 생각을 글로 읽으면서 큰 감명을 받았다. 앤드류 머레이는 이 말씀이 지니고 있는 힘에 대하여 얘기하면서 다음과 같은 사실을 지적하였다. 선교지에 얼마나 많은 선교사가 나가게 되느냐 하는 문제는 그리스도인이 얼마나 주님의 말씀에 순종하여 정말 일꾼을 보내어 달라고 기도하느냐에 전적으로 달려 있다는 것이었다. 주님은 바로 리즈에게 그 일을 하라고 명하셨다. 시간이 지나고 보니 그것은 하나님께서 그에게 성경 대학을 시작하라는 새로운 사명을 주시기 위해 그를 준비시키셨던 당신의 방법들 가운데 하나였다.

이렇듯 그는 이미 오래전부터 세계를 향한 비전을 품어 왔다. 그러나 이번에 하나님이 주신 새로운 말씀은 그에게 직접적인 책임을 지우시겠다는 말씀이었다. 이것은 만민에게 복음을 전하라는 일반 명령에 단지 동의만 하면 되는 차원이 아니었다. 이것은 오로지 이 한 사명—중보 기도하는 것, 직접 나가는 것, 그리고 다른 사람들이 나가도록 돕는 것 — 을 위해서 남은 평생을 온전히 종으로 살라는 뜻이었다. 리즈뿐 아니라 그와 함께 이 명령을 받아들이는 사람들도 모두 다 마찬가지였다.

이 명령이 리즈에게는 다음과 같은 식으로 구체적으로 해석되었다. 성령께서는 앞으로 30년 안에 전 세계에서 당신의 통로로 쓰실 사람 1만 명을 세우시리라는 것이었다. 이들은 성령께서 이 사명을 위해 자기 안에 들어오사 자기들을 온전히 소유하시도록 내어 드리게 될 것이다. 또 엄청난 재정도 필요하다. 그러나 다윗에게 성전을 지을 재정을 넘치도록 주신 분께서 그보다 훨씬 더 소중한 성전을 당신의 사람들에게도 그와 똑같이 넘치도록 채워 주실 것이었다. 그분은 리즈에게 신명기 28장 12절 말씀을 주셨다.

"여호와께서 너를 위하여 하늘의 아름다운 보고寶庫를 열으사 … 네가 많은 민족에게 꾸어 줄지라."

이 말씀과 더불어 그분은 이 '보고'의 첫 선물로서 1만 파운드의 헌금을 보내 주실 것도 약속하셨다. 그것으로 확증을 삼아 주겠다는 말씀이셨다. 그는 학교 스태프와 학생들에게 이 비전을 제시하였으며, 1935년 새해 첫날을 금식 기도의 날로 정하였다. 하나님의 임재가 피부에 와 닿았다. 모두들 어려울 거라고 생각했지만 곧 하나님께서 새로운 일을 행하실 것이라는 깊은 확신에 사로잡혔다. 이들은 복음이 만민에게 증거되기 위해서 필요한 기도라면 그 어떤 기도라도 시켜 달라고 하나님께 자신들을 온전히 드렸다. 선교사 개개인들과 여러 선교회들은 물론 각 나라들을 위해서도 중보 기도의 책임을 몸소 떠맡았다. 대학은 그야말로 '만민을 위해 기도하는 집'이 되었다.

세계 복음화에 영향을 주는 것이라면 국내적인 것이든 국제적인 것이든 모든 제목을 놓고 다 중보 기도를 했다. 만민이 복음을 들어야만 한다. 그러려면 문이 항상 열려 있어야 한다. 이들은 전략적으로 기도했다. 적이 복음 전파의 자유를 방해하는 곳들을 찾아서 적과 맞서 싸웠다. 하나님은 당신의 도구, 즉 무릎으로 세계 대전을 치를 당신의 군대를 준비하고 계셨다.

이 국제 규모의 기도 전투는 1936년 독일이 라인란트 지방에 군사를 파병함으로써 로카르노 협정1925년 영국, 이탈리아, 독일, 프랑스, 벨기에 간에 체결된 안전 보장 조약—역주을 파기했을 때 처음으로 발발하였다. 리즈는 이렇게 말했다. "프랑스에 내일이라도 당장 전운이 몰아닥칠 형국이었으며, 그것은 곧 유럽 전쟁을 의미하는 것이었다. 그때 성령께서 우리에게 지워 주신 기도의 짐이 어떤 것이었는지는 당시 우리 대학에 함께 있던 사람들밖에는 모른다. 그분은 '히틀러를 무찌르라'고 말씀하셨다. 우리는 3주 동안 금식하며 기도했다."

주님은 그들에게, 만일 그들이 정말로 만민을 위하여 성령의 종이 되고자 한다면, 그리하여 무너진 데를 막아서는 일에 자신의 생명을 내던지고자만 한다면, 겔 22:30 주께서 승리를 주시사 전쟁을 막아 주시겠다고 말씀하셨다. 많은 스태프와 학생들이 자신들을 주님께 드렸다. 리즈는 이렇게 말했다. "우리는 완전히 승기勝機를 잡았으며 그 순간부터 나는 히틀러도 성령의 손안에 붙들려 있는 막대기에 불과하다는 사실을 알게 되었다."

다음은 대학 일지에 적힌 기록이다.

3월 29일. 오늘은 우리 대학 역사상 가장 놀라운 날이었다. 많은 사람들이 자신을 하나님께 드려 순교의 도전을 받아들였다.
3월 30일. 제물에 불이 임하였다. 저녁 집회 때 성령께서 임하신 것이다. 모두 무릎을 꿇고 있는데 누군가가 찬양을 불렀다. 그것은 이내 합창이 되었다. "오소서, 오소서, 오소서! 성령이여, 임하소서!" 우리는 놀라운 자유와 능력을 맛보며 꼬박 한 시간 동안을 계속해서 그 찬양만 불렀다.

4월 1일. 오늘도 찬양과 경배의 날. 주께서 우리 대학에 임하셨다. 대학은 전혀 새로운 것이 되었다. 더웬 퍼에서 글린더웬까지 온통 찬양의 물결이었다.

바로 그 주일부터 유럽에 평화의 분위기가 감돌기 시작했다. 향후 25년 간의 평화 조약이 제의되었던 것이다. 대학은 또한 기도를 통하여 하나님을 움직여 하나님께서 히틀러와 나치의 위협에 대해 계속해서 손을 거두지 않으시도록 할 수 있다는 확신을 갖고 있었다. 히틀러가 새로 공격 행위를 감행할 때마다 오스트리아에서처럼 이들은 며칠씩 날을 따로 마련해 기도했다.

🪶 하나님이 싸우신다

가장 큰 시험은 1938년 여름에 찾아왔다. 히틀러와 체코슬로바키아 간에 분쟁이 일어나 이른바 뮌헨 위기가 발발했던 것이다. 나중에 알려졌듯이 히틀러는 자기 속에서 들려오는 음성Voice을 따라 행동했는데, 그 음성이 전혀 준비가 되어 있지 않은 상태였다. 한편 히틀러가 들었다는 그 음성은 우연히도 그가 믿었던 몇몇 참모들의 충고와도 맞아떨어졌다. 전쟁은 불가피해 보였다. 영국에서는 전국적으로 교회 지도자들이 기도의 날을 선포했다. 하나님은 성경 대학에도 강한 도전을 주셨다. 이후 며칠 간 갈등은 계속 심화되었다. 그것은 본질적으로 영적 세력들

간의 다툼이었다. 히틀러 안에 있는 마귀와 중보 기도자의 군대 안에 있는 성령 가운데 누가 더 힘이 센가를 판가름하는 싸움이었던 것이다.

전투는 점점 고조되었다. 성령께서 당신의 종을 통해 이 대학에 주셨던 한 가지 기도는 "주여, 히틀러를 굴복시켜 주옵소서."하는 것이었다. 이 고통의 외침이 기쁨의 함성으로 변하게 될 고비가 드디어 찾아왔다. 마귀는 뒤로 물러나야만 했다. 그때는 대학에 새 학기가 막 시작되기 직전이었다. 승리는 너무나 확연한 것이었기에 리즈는 학기 개강일을 찬양의 날로 정했다. 9월 17일 토요일자 「사우스 웨일즈 이브닝 포스트 South Wales Evening Post」 지에는 다음과 같은 광고가 실렸다.

"다음주 목요일 모임은 하나님께서 유럽 전쟁을 막아 주신 것을 기념하여 찬양과 감사의 모임으로 가지겠습니다."

이들의 믿음은 흔들리지 않았다. 9월 29일 목요일에는 대학과 어린이 학교 전체에 휴일이 선포되었다. 다가오는 승리를 미리 축하하기 위해서였다. 다음날인 9월 30일 뮌헨 조약1938년 체결된 나치에 대한 타협적 조약−역주이 체결되었다. 이로써 전쟁은 완전히 저지되었다.

히틀러는 어떻게 되었을까? 그것을 알 만한 위치에 있던 사람들 가운데 네빌 헨더슨Neville Henderson 경이라는 사람이 있다. 그는 그 운명의 시기에 독일 주재 영국 대사를 지낸 사람이었다. 그는 자기의 책 「사명의 실패 Failure of a Mission」 가운데 뮌헨 조약에 서명한 뒤의 히틀러의 유별난 반응을 묘사하는 장면에서 다음과 같은 의미 심장한 기록을 남기고 있다.

"히틀러는 자기 자신에게 화가 나서 견딜 수가 없었다. 그의 추종자들 가운데 일단의 무리는 언제나 그에게 영국을 침공하라고 부추기고 있었다. 물론 그때 영국은 군사적으로 전혀 준비가 되어 있지 않은 상태였다. 그런 상황에서 히틀러가 뮌헨 조약을 받아들이자 그들은 히틀러를 비난하기 시작했다. 절호의 기회를 날려 보내고 말았다는 것이었다. 그들의 말이 옳을지도 모른다는 야릇한 감정이 계속하여 히틀러의 심기를 불편하게 만들었다. … 그가 들은 '음성'은 그에게, 전쟁을 일으키는 데 있어서 이번 10월보다 더 좋은 시기는 없다고 말했다. 그러나 난생 처음으로 그는 그 음성을 무시하고 신중론자들의 의견에 귀를 기울였다. 왠지 그래야만 될 것 같았다. … 자기 목소리를 듣지 않고 행동한 것은 이번이 처음이었다. … 지금까지 많은 경우에 그는 측근 참모들의 충고나 자기 군 전체의 의견들을 정면으로 거슬러서 행동하곤 했지만, 사건은 언제나 그의 결정이 옳았다는 쪽으로 결말지어지곤 했다. 적어도 뮌헨 조약 전까지는 그랬다. 그런데 그만 거기서 처음으로 반대 의견을 들어야만 될 것 같은 압박감이 느껴졌고, 자신의 음성에 대한 신념과 또한 그의 판단력에 대한 부하들의 신뢰감이 난생 처음으로 흔들리기 시작했다. … 그는 챔벌린Chamberlain 씨에게 아주 쓰라린 어조로 이렇게 말했다.

'당신은 이 세상에서 내가 동의同意를 표명한 유일한 사람입니다.' 주님은 히틀러를 굴복시키셨던 것이다."

바로 이토록 확실한 승리를 경험했기 때문에, 그리고 성령이 히틀러 안에서 역사하는 마귀보다 강하시다는 사실을 알았기 때문에, 대학은 1년 뒤 전쟁이 일어났을 때에도 그것은 사탄의 승리가 아니라 '짐승을 대항하여 싸우시는 하나님의 전쟁'이라는 사실을 확신했다.

이 당시 리즈와 그의 동역자들에게 커다란 믿음의 도전을 주었던 또 한 가지 사건이 있었는데, 그것은 이 위기가 있기 직전인 1938년 7월에 하나님께서 전에 만민 비전에 대한 보증으로 약속하셨던 1만 파운드의 헌금을 주셨다는 사실이다.

나라와 민족을 위한 회복의 은혜를 구하라

'꿈꾸는 자' 요셉은 하나님이 보여 주신 바를 굳게 붙들고
그 극심한 시험들을 통과했다. 그리하여 반드시 이루어지리라고 믿었던
그 일을 끝내 자기 눈으로 목도하였다.

1936년 3월의 위기가 지나고 얼마 안 있어 다시 에티오피아를 위한 기도를 시작했다. 그것은 정말 고되고 긴 싸움이었으며, 참담한 패배로 끝날 것만 같아 보였다.

무솔리니가 에티오피아 침공 의사를 분명히 밝히자 리즈와 대학은 그 뒤에 도사리고 있는 세력이 무엇인지 볼 수 있었다. 에티오피아는 국왕의 영향에 힘입어 복음과 선교에 새로운 방식으로 문을 열고 있었다. 또 나라 안 많은 지역들에서 광범위한 복음화의 전망이 아주 밝은 상태였다.

리즈는 이것 역시 로마 가톨릭 교회 안에 있는 적과의 싸움이라는 사실을 인식했다. 왜냐하면 만일 이탈리아가 이 나라를 장악하게 되면 그곳에서 개신교의 복음 증거는 끝날 것이었기 때문이다. 중보 기도의 전투는 3주 동안 계속되었다.

　　이탈리아 군대가 에티오피아의 수도 아디스 아바바 근경까지 접근
해 들어감에 따라 전투는 극렬해질 대로 극렬해졌다. 1936년 당시의 대
학 일지를 보자.

　　4월 24일. 금식 기도의 날아침 식사 제외. 에티오피아 사람들을 위해서
　　기도하면 기도할수록 마음의 부담은 더욱 커졌다. 저녁 때가 되자 사태
　　는 더욱 어려워졌다. 하지만 이탈리아 군대가 아디스 아바바에 들어가
　　지 못하리라고 믿고 있다.
　　4월 25일. 네 번의 기도 모임. 주님이 개입하사 이탈리아 군대를 후퇴케
　　해 주시리라 믿고 있다.
　　4월 29일. 견고한 믿음으로 주께서 이탈리아 군대를 저지해 주시기만을
　　기다리고 있다.
　　5월 1일. 싸움은 아직도 매우 격렬하다. 아디스 아바바에 있는 수백 명
　　의 선교사들을 위해서 세 시간 동안 간절히 기도했다. 아주 놀라운 시간
　　이었다. 주님은 학장님에게 앞으로 10년 동안 공적인 생활에서 뒤로 물
　　러나 나라들을 위해 중보 기도를 하라고 말씀하셨다. 아, 이런 삶을 살
　　수 있다는 것, 중보 기도의 전투에 참여할 수 있다는 것은 얼마나 큰 기
　　쁨인가!
　　5월 4일. 금식 기도의 날. 국왕이 왕궁을 떠나자 폭동이 시작되었다는
　　소식이 신문에 실렸다. 그러나 우리는 믿는다. 비록 주께서 이런 극심한
　　시험을 허락하긴 하셨지만 그분은 반드시 개입하실 것이다.

　　부활이 있기 전에 반드시 중보 기도를 통한 죽음이 먼저 있어야 하
며, 모욕을 당하고 겉으로는 실패를 맛볼지라도 흔들리지 않는 믿음으
로 그 골짜기를 통과해 나갈 수 있는지에 대한 중보 기도의 시험을 겪

어야 했다. 지금껏 리즈의 생애에서 셀 수 없을 만큼 자주 보아 온 일이기도 하다.

하지만 대학에 있는 많은 사람들은 처음 경험하는 일이었다. 이탈리아 군대는 아디스 아바바를 점령해서는 안 되었다. 그러나 그들은 점령했으며 에티오피아 국왕은 망명자가 되었다. 로마가 승리한 것이다. 얼른 보기에는 이 나라에서의 복음 사역이 끝장난 것처럼 보였다. 그러나 리즈는 외견상의 실패는 보다 큰 승리를 위한 디딤돌에 지나지 않는다고 전해 주었다.

> 5월 6일. 학장님은 우리에게 중보 기도에 대해서 더 자세히 가르쳐 주셨다. 만일 우리가 에티오피아에 있는 그 사람들을 위하여 중보 기도를 하지 않았다면 우린 결코 그들과 더불어 고난 받을 수 없었을 것이며, 또한 우리의 기도가 과연 믿음의 기도였다면 우리는 잠시 뒤로 물러난 것뿐이지 불신의 결과로 인하여 실패한 것이 아니라는 것이었다. 저녁 7시 반에 커다란 대중 집회가 있었다. 성령은 우리에게 '꿈꾸는 자' 요셉에 대하여 말씀하셨다. 그는 하나님이 보여 주신 바를 굳게 붙들고 그 극심한 시험들을 통과했다. 그리하여 반드시 이루어지리라고 믿었던 그 일을 끝내는 자기 눈으로 목도하게 되었다.

하나님이 에티오피아라는 나라와 관련하여 이 대학을 다루셨던 이야기를 끝맺기 위하여 여기서 잠시 그 이후 몇 년 동안 일어났던 일들을 간단히 훑어보기로 하겠다. 시간상으로 이야기의 순서를 조금 앞지르는 것이 될 것이다.

비록 무솔리니가 에티오피아를 점령하긴 했지만, 대학은 결코 믿음을 잃지 않았다. 에티오피아 국왕은 영국으로 왔다. 그리고 그는 성경 대학을 찾아왔다. 하나님의 인도하심이었다.

스터드 C. T. Studd 의 사위이자 에티오피아에 있는 성경 신자 선교회 Bible Churchmen's Missionary Society 에서 지도자로 일하고 있던 알프레드 벅스튼 Alfred Buxton 은 이 대학에 선교사 자녀들을 위한 가정과 학교가 있다는 사실을 알고 있었다. 그는 리즈에게 편지를 써서 국왕의 친척이자 라스 카사 Ras Kassa 의 아들인 리드 아스라테 카사 Lidj Asrate Kassa 를 그 학교에 받아 줄 수 있겠는지 물어 보았다. 이 사람이 바로 지금 에티오피아의 제일 큰 도(道) 가운데 하나에서 총독을 지내고 있는 데자즈마크 아스라테 카사이다

1년 후 국왕은 자기가 이 대학을 방문해 아스라테를 만나 보아도 되겠느냐고 친히 물어 왔다. 그는 스완시의 시장 부부와 시의원 데이빗 리처드 David Richards 및 그의 딸, 그리고 시민들로부터 환대를 받았으며 런던 시 청사를 방문해 방명록에 서명하기도 했다.

시장은 그를 여전히 '국왕 폐하'라고 불렀으며, 스완시 시민들 또한 그렇게 생각하고 있을 것이며 뿐만 아니라 언젠가는 그의 나라에서도 다시 왕으로 회복되기를 바라고 있다고 말했다. 그러면서 끝에 오직 하나님만이 그 일을 하실 수 있다고 덧붙였다. 이어 국왕은 대학과 어린이 학교를 방문하여 함께 차를 마셨다.

리즈는 그때 마침 펜러기어에 맨션을 샀던 참이었는데, 그 맨션을 국왕이 영국에 머무는 동안, 즉 이들의 기도가 응답되어 국왕이 다시 왕좌로 돌아가게 될 때까지 거처로 사용할 수 있도록 제공했다. 철쭉과 진달래가 아름답게 피어 있는 약 2킬로미터 정도 되는 거리를 차를 타고 지나가는 사이 국왕의 눈에는 눈물이 고이더니 리즈 여사에게 이렇게 말했다.

"이곳보다 더 아름다운 곳이 천국이라면 그곳은 정말 놀라운 곳일 것입니다. 당신의 남편이 해놓은 일을 보니 우리 에티오피아 속담 하나

가 생각납니다. '하나님을 바라보는 사람만이 매사를 이룰 수 있고 실패하지 않는다.'는 속담입니다."

국왕은 또한 리즈가 유대인 망명자들을 돕는 일에 부름을 받았다는 말을 듣고서 큰 감명을 받았다. 때마침 그가 '나 역시 망명자'라는 얘기를 하고 있던 터였기 때문이다. 며칠 후 그는 이런 편지를 보내 왔다.

리즈 하월즈와 사모님께
지난주 제가 그곳 성경 대학을 방문했을 때 저에게 보여 주었던 극진한 친절에 대하여 진심으로 고마움을 느꼈기에 오늘 이 글을 통해 심심한 사의를 표명하는 바입니다. 주께서 당신들을 인도하사 당신네 나라 사람들과 또 당신네 나라로 망명 온 사람들에게 하게 하신 그 놀라운 일들을 보며 저는 커다란 감명을 받았습니다. 하나님께서 그 은혜로 당신의 이 놀라운 일을 계속해서 풍성하게 축복해 주시기를 기도합니다.
– 하일레 셀라시 1세, 하나님이 택하신 에티오피아 국왕

국왕의 개인 목사와 지금은 준장 계급을 달고 국방부 장관으로 일하고 있는 왕의 사위 아비에 아베베Abye Abebe가 단기간 이 대학에 학생으로서 오게 되었다. 1939년 여름에는 국왕 자신도 펜러기어 야영장에서 열린 캠프에 참석하여 보름 동안을 함께 보냈는데, 그는 매일 밤 대학까지 내려와 집회에 참석했다. 그 기간이 끝나갈 무렵 전쟁 발발이 눈앞에 임박하게 되는 바람에 그는 즉시 캠프를 떠나 런던으로 갔고 거기서 다시 그의 조국으로 돌아갔다. 1941년 6월, 다시 수도에 입성하게 된 국왕은 리즈에게 이런 전보를 보내 왔다.

당신도 내가 수도에 입성하게 된 이 기쁨을 함께 나누어 주리라 믿습니

다. 전에 당신이 보여 준 호의와 도움을 기억하며 이 전보를 띄웁니다.

– 하일레 셀라시 1세

여기에 대해 리즈는 다음과 같은 답신을 보냈다.

전보를 보내 주셔서 고맙습니다. 에티오피아를 회복시켜 주시고 폐하를
다시 왕위로 돌아가게 해 주신 하나님을 찬양합니다. 주께서 폐하를 축
복해 주시고 지켜 주시며 평안을 주시기를 기도합니다.

– 스완시, 성경 대학에서 리즈 하월즈

하나님의 응답은 완벽했다. 이탈리아 군대가 떠나간 이후 에티오피
아 내에서의 선교 사역 확장은 지금까지의 역사상 최대의 것이었다. 후
에 세계 대전 때도 그러했지만, 지금 역시 하나님은 침략자를 완전히
손보셔서 그가 다시는 발흥하지 못하고 다시는 그 나라를 위협하지 못
하도록 하신 뒤에야 그들의 중보 기도에 완전한 응답을 주셨다.

선교사들이 다시 에티오피아에 돌아가게 되었고 왈라모Walamo 지역
에서는 이런 보고가 들어왔다. 이탈리아 점령 기간 중에도 부흥이 멈추
지 않고 계속되어 500명 정도 되던 회심자들이 2만 명으로까지 늘었다
면서 그 사실을 도저히 어떻게 설명해야 될지 모르겠다는 것이었다.

{ 오소서,
진리의 성령님이여... }

*성령이 말씀하신다. '네가 네 삶을 내 손에 헌신했다는 것과 내가 네 몸을
통해 내 삶을 산다는 것은 전혀 다른 것이다.'*

1936년 3월 29일, 스태프와 학생들 할 것 없이 대학의 참으로
많은 사람들이 중보 기도자가 되기 위해 자신들의 삶을 제단
위에 올려 드렸던 특별 헌신의 그 시간 이후로 성령은 계속해서 이 대
학 안에서 역사하셨다. 그것은 이 대학의 '오순절' 이었다. 이날 이후의
대학의 모습은 헌신된 개인들이 얼기설기 모인 집단이 아니라 완전한
의미에서의 하나의 몸, 즉 하나의 생명, 하나의 목표가 배어 든, 살아
있는 하나의 유기체였다. 당시 스태프 멤버였고 지금은 어린이 학교 교
장으로 있는 킹슬리 프리디 박사는 그 당시의 정황을 다음과 같이 얘기
한다.

"1936년의 성탄절 휴가 때 우리는 많은 시간을 기도하는 데 보냈
다. 1937년 새해 첫날이 다가올수록 하나님의 임재 의식은 점점 더 깊

어 갔다. 그분께서 새로운 방식으로 역사하고 계시다는 첫 번째 징표로 스태프 멤버 중 한 사람이 기도 중 완전히 깨어져 자기의 갈급함을 고백하면서 하나님께 그것을 채워 달라고 부르짖는 일이 일어났다. 또한 우리는 성령께서 몇몇 여학생들에게 당신의 거룩하신 성품의 그 영광을 통하여 당신 자신을 나타내 보이심으로 말미암아 그들이 몇 시간이고 그분 앞에 엎드려 울면서 그분의 거룩하신 빛 앞에 나타난 자기들의 타락상과 마음의 죄 때문에 완전히 깨어졌다는 이야기도 들었다.

오순절 전날 다락방에 모였던 120명이 생각났다. 우리 역시 그들과 마찬가지로 '기도와 간구'에만 전념하기를 원했다. 하나님의 손이 우리 위에 있음을 느꼈으며, 이제 그분께서 곧 어떤 일을 시작하실 것임을 느낄 수 있었다. 그리고 과연 그분은 임하셨다. 성령의 성품이 서서히 우리의 모든 사고를 가득 채웠으며, 그분의 임재가 온 장소에 가득했고, 그분의 빛이 우리 마음의 구석구석까지 속속들이 비추어 내는 듯했다. 그분은 모임 때마다 학장님을 통하여 말씀하셨다.

그러나 성령께서 우리 많은 사람들에게 당신 자신을 계시해 주신 것은 바로 우리 마음의 고요한 골방에서였다. 우리는 전에도 성령께서 진정 살아 계신 한 인격으로서 우리를 대하신다는 것을 느꼈다. 우리가 알고 있는 한 우리는 이미 성령을 받은 자들이었다. 또한 우리 가운데에는 우리 삶을 통하여 나타나는 그분의 역사하심에 대하여 참으로 많이 알고 있는 사람들도 있었다. 그러나 지금 임하고 있는 그분의 인격에 대한 계시는 너무나 엄청난 것이어서 이전의 모든 경험들은 아무것도 아닌 것처럼 느껴질 정도였다. 눈에 보이는 환영幻影 같은 것은 전혀 없었다. 그러나 그분은 당신 자신이 우리 안에 진정한 실체로서 느껴지게 해 주셨다. 그 체험은 그야말로 '얼굴을 대면한' 체험이 되었다. 그분을 뵙는 순간 우리는 우리가 전에는 결코 그분을 진정으로 뵌 적이 없다는 사실을 깨달았다. 욥의 고백이 우리의 고백이 되었다. '내가 주께 대하여 귀로 듣기만 하였삽더니 이제는 눈으로 주를 뵈옵나이다.' 그리고 욥의 간구가 우리의 간구가 되었다. '그러므로 내가 스스로 한하고 티끌과 재 가운데서 회개하나이다.'

그분의 순결한 빛 앞에서 우리가 본 것은 죄가 아니라 우리의 자아였다. 우리는 우리가 지금까지 해 온 그 모든 일들 밑바닥에 있는 교만과 이기적인 동기들을 보았다. 한 번도 의심해 본 적이 없던 곳에서 정욕과 자기 연민이 발견되었다. 또한 우리 몸이 성령이 거하시는 전이라는 사실은 알고 있었지만, 그러나 그분께서 우리에게 '참으로 너의 몸 안에 살고 있는 것은 누구이냐?' 라고 다그쳐 물으셨을 때 우리는 바로 그분이라는 답을 선뜻 하지 못했다.

그분은 예수님과 똑같은 분이셨다. 그분은 결코 자신을 위해 사시는 분이 아니라 언제나 다른 사람들을 위하여 사셨다. 우리는 주님을 따르기 위해 모든 것을 버린 사람들이었고, 믿음의 삶을 살기 위해 우리가 가진 세상의 가치 있는 것들은 모두 포기한 사람들이었으며, 우리가 알고 있는 한 우리는 우리의 삶을 우리를 위해 죽으신 그분께 완전히 다 헌신한 자들이었다. 그러나 그분은 우리에게 이런 것을 보여 주셨다.

'네가 네 삶을 내 손에 헌신했다는 것과 내가 네 몸을 통해 내 삶을 산다는 것은 전혀 다른 것이다.'

사도행전을 다시 읽었다. 읽으면서 그것이 사도들의 행전이 아니라 성령의 행전이라는 사실을 깨달았다. 베드로나 그 밖의 다른 사람들의 몸은 성령의 전이었던 것이다. 하나님이신 성령이 인간인 사도들의 몸 안에서 사셨다. 마치 예수님께서 베들레헴에서 태어나신 이후 그 몸 안에서 이 땅의 삶을 사셨던 것처럼 말이다. 성령이 우리에게 요구하시는 모든 것은 바로 우리의 의지와 우리의 몸이었다.

'그러므로 형제들아 내가 하나님의 모든 자비하심으로 너희를 권하노니 너희 몸을 하나님이 기뻐하시는 거룩한 산 제사로 드리라….' 롬 12:1

너무나 잘 아는 구절인데도 한 번도 본 적이 없는 구절처럼 느껴졌다. 주님은 당신이 원하시는 것은 봉사가 아니라 제사라는 것을 분명히 말씀하셨다.

'우리 하나님은 소멸하는 불이시라.'

만일 성령 하나님이 과연 우리 몸을 소유하셨다면 이제 그분의 생명은 우리 자아에 속한 모든 것을 다 불로 소멸하실 것이다. 우리는 종종 '주님 닮기 원하네' 라는 찬양을 불렀다. 그러나 바로 그 예수님과 똑같은 분이신 성령께서 우리에게 '내가 너희 안에 들어가서 매일 매시간 예수님의 삶과 똑같은 삶을 살겠다.' 고 말씀하셨을 때, 우리는 우리가 얼마나 얄팍한 마음으로 그 찬양을 불렀는지를 깨달았다. 우리 안에는 아직도 나 자신의 삶을 살고 싶어 하는 욕망, 이 '사망 선고' 에서 뒷걸음질치고 싶어 하는 욕망이 너무도 많았던 것이다. 우리는 누가복음 9장 24절에 있는 주님의 말씀의 의미를 이제서야 깨닫기 시작했다.

'누구든지 제 목숨을 구원코자 하면 잃을 것이요 누구든지 나를 위하여 제 목숨을 잃으면 구원하리라.'

그러면 그분은 왜 이렇게 당신을 우리에게 나타내 보이셨을까? 그분은 그것도 분명히 가르쳐 주셨다. 그것은 오늘날 이 세상에 반드시 해야만 할 일이 있으며, 오직 그분만이 그 일을 행하실 수 있기 때문이었다.요 16:8 예수께서 제자들에게 '아버지께서 약속하신 것' 을 받을 때까지는 예루살렘을 떠나지 말라고 말씀하신 것은 과연 지당한 말씀이었다. 그러나 일단 성령이 오신 뒤에는 그들은 예루살렘과 온 유대와 사마리아와 땅 끝까지 이르러 그분의 증인이 되어야 했다.

프리티 박사는 계속해서 증언한다.

"우리 가운데 많은 사람이 지난 3월 29일날 만민에게 복음을 증거하는 일을 위하여 자신을 제단에 내어 드렸다. 우리는, 하나님이 그 일을 우리 세대에 이루시는 데 있어서 필요하다면 우리 자신이 그 큰일에 어떤 부속품으로라도 기꺼이 사용되기를 원하였다. 그러나 마치 여호와께서 모세에게 말씀하신 것처럼 이제 성령은 우리에게 말씀하셨다.

'내가 그 일을 하고자 강림하였노라.'

우리는 성령이 거룩하신 분일 뿐만 아니라 또한 능하신 분이기도 하다는 것을 알고 있었다.

성령이 강림하시던 그날들 동안 우리는 그저 그분 발 앞에 엎드려 있을 수밖에 없었다. 우리는 우리가 헌신했다는 사실, 즉 우리가 다른 많은 사람들과 더불어 이 세대에 세계를 복음화시키는 주역들이 될 것이라는 사실에 대해 다소간 뿌듯하게 생각하고 있었다. 그러나 이제 그분이 임하시자 우리는 간 곳이 없었다. 다만 그분이 우리 몸을 성전 삼아 내주하시며 우리 몸을 통하여 일하시는 것뿐이었다. 그분은 이렇게 말씀하셨다.

'나는 너희에게 기쁨이나 평안이나 승리를 주려고 온 것이 아니다. 내가 온 것은 무슨 축복을 주기 위해서가 결코 아니다. 너희에게 필요한 모든 십자가로 데려가기 위해서이다. 그래야 내가 이 잃어진 세상을 위해서 너희 몸 안에서 살 수 있기 때문이다.' 골 3:3, 4:10, 갈 2:20

그분은 우리에게 이 일이 이루어지기 전에 극심한 시험들이 올 것임을 경고하셨다. 사탄의 공격이 너무나 맹렬하여서 '혈과 육'은 결코 그것을 견딜 수 없다고 말씀하셨다. 그분은 우리에게, 예수께서 십자가에 달리시기 전날 밤 어둠의 세력과의 일전이 벌어졌을 때 그곳에 남은 사람은 오직 예수님 한 분뿐이었다는 사실을 보여 주셨다. 제자들이 아무리 주님께 헌신하고 맹세하고 다짐했어도 그 시간에 그들은 하나같이 다 실패하고 말았다.

우리는 앞날을 내다보았다. 이 세대의 마지막을 당하여 어둠이 더욱 횡행하고 있고, 천국과 지옥 사이에는 이 세계를 각각 자기의 나라로 만들기 위한 최종 전투가 극심해질 것이다. 이런 것을 생각할 때 우리는 '이런 일들을 견뎌 낼 수 있는' 이는 오직 한 분뿐이라는 사실을 알게 되었다. 그분은 바로 하나님의 영광스러운 제3위이시며 우리 안에 내주하시는 성령이시다.

그분은 우리를 한 사람 한 사람 만나 주셨다. 그분은 우리를 한 사람 한 사람 깨뜨리사 당신 앞에서 눈물로 회개하게 해 주셨다. 이사야가 여호와이신 왕을 뵙고서 '화로다 나여 망하게 되었도다 나는 입술이 부정한 사람이요…'라고 고백했듯이 우리 역시 한 사람 한 사람 줄을 지어 그런 부르짖음을 토했다. 우리의 의지는 깨어져 나갔다. 그분은 우리에게 조건을 허용하지 않으셨으며 우리는 그 앞에 완전히 굴복했다. 그분이 참으로 우리 안에 들어오셨다는 영광스러운 깨달음이 한 사람 한 사람에게 실제로 느껴졌다. 그 특권이 얼마나 놀라운 것인가를 생각하며 우리는 모두 할 말을 잊었다.

이런 각 개인의 체험들은 참으로 놀라운 것이어서 이제 우리는 모두 새사람이 되어 있었다. 그분의 말씀도 새롭게 다가왔다. 그때까지만 해도 우리는 하나님의 말씀을 우리 수준으로 낮추어야 이해할 수 있었다. 그러나 이제 우리 안에 계신 성령께서, 우리의 체험을 하나님의 말씀 수준으로 높일 것을 요구하셨다. 우리는 십자가에 못박혀서 죽는 죽음은 참으로 오랜 시간이 걸리는 죽음이라는 사실을 깨달았다. 그분께서 우리를 통하여 당신의 일을 참으로 자유롭게 하실 수 있기 위해서는 그 전에 먼저 다루셔야만 할 것들이 우리 안에 많이 있었다. 우리가 아는 한 가지 사실은 이런 것이었다. 그분은 우리 안에 오셨으며 이제 그분은 절대로 실패하지 않으실 것이라는 사실이었다.

그분의 강림은 우리들 개인에게도 깊은 의미가 있었지만, 그것이 세상에 준 의미는 그보다 훨씬 더 큰 것이었다. 우리는 그분이 과연 '그 앞에서 열방은 물통의 물 한 방울과 같고 저울에 달면 티끌과 같다.' 하신 분임을 목도할 수 있었다. 고개를 들어 그분을 바라보면서 우리가 두려운 마음으로 고백할 수 있는 말은 이것뿐이었다.

'성령이여, 이 세상에 오셔서 세상을 온통 뒤흔들어 놓으시는 이여.'

우리는 육신의 즐거움이나 흥미 따위는 완전히 잃어버렸다. 그분의 능력이 우리에게 임한 그 3월 29일 이후로 우리 입에선 기쁨의 찬양이 끊이지 않았다. 한편 그분의 인격이 갖고 있는 거룩한 위엄이 우리를 얼마나 두렵게 하였던지 우리는 모임 장소에 가서도 함부로 말을 크게 할 수도 없었다. 심지어 바깥의 온 주변까지도 그분의 임재로 충만한 것 같았다.

그래서 바깥을 걸어다닐 때에도 우리는 그 분위기에 휩싸여 아주 작은 소리로 말을 주고받곤 했다. 밤늦은 시간이 되어도 아무도 자러 갈 생각을 하지 않았다. 하나님이 거기 계셨기 때문이다. 그것은 그야말로 '거기엔 밤이 없다'고 하신 그 거룩한 성을 미리 맛보는 것과 같았다. 새벽 두세 시를 한낮 삼아 그때까지 서로 교제하며, '씨름하는 문제'를 갖고 있는 사람들과 더불어 같이 기도하고 혹은 고요한 심령 가운데 잠잠히 하나님을 바라보는 일이 허다했다.

이렇게 특별한 의미에서의 그분의 강림은 꼬박 3주 동안 계속되었다. 물론 그분은 오셔서 '거하시며' 영원히 우리와 함께 계시는 분이시니 이것을 인하여 참으로 하나님을 찬양한다. 그러나 그분은 어떤 특정한 사람만의 전유물이 결코 아니다. 그분은 하나님이시기에 우리가 그분에 대해 어떤 체험을 하든 그분은 우리가 알 수 있는 것보다 훨씬 더 크신 분이시다.

그분의 은사, 그분의 계시, 그분의 기름 부으심 등에 대해 우리가 혹 얼마만큼 안다 하더라도 그분은 여러 가지 방법을 통하여 우리에게 당신 자신을 나타내 보이셨거니와 그와 동시에 우리는 다른 사람 속에서도 그분의 놀라우신 역사를 볼 수 있으며 그분은 그들을 통해서도 놀라운 일을 행하신다. 우리는 하나님께서 요엘의 예언처럼 성령을 모든 육체에 부어 주시기를 더욱더 간절히 바란다. 그분은 이 세상 도처에 흩어져 있는 당신의 준비된 통로들을 통하여 그 비전을 이루실 것이다."

이렇게 제물 위에 불을 내리심으로써 성령은 만민을 위한 중보 기도자의 무리를 당신 스스로 인치셨다. 개인 교사, 학교 교사, 의사, 간호사, 가사를 돌보는 사람, 사무실 직원, 정원사, 기술자 등등 그들의 직업은 다양했지만 사명만큼은 모두 똑같았다. 학생들 중에도 이 기도 사역의 무리에 자원하여 남은 사람들이 많았다.

하나님이 당신을 위하여 당신의 종들을 구별하시고 그들을 다루시는 데는 때가 있다. 그것은 개인에게 뿐 아니라 공동체에게도 마찬가지이다. 하나님은 그들을 한 성령으로 세례를 주시고 하나님이 주신 한 가지 목적을 위하여 한 몸이 되게 하신다. 이들에게 있어선 바로 지금이 그러한 때였다.

기도의 부담은
축복이다

> 하나님이 하라시는 대로 했는데 그 앞에 큰 시험이 닥쳐온다면
> 우리는 그저 그분께로 나아가 그 짐을 내려놓으면 된다.

리즈에게 그 다음 찾아온 마음의 부담은 유대인들에 대한 것이었다. 그와 온 대학이 이스라엘을 위해 달이 가고 해가 가도록 중보 기도를 했다. 그들의 기도의 첫 단계가 과연 오늘날 응답되고 있다는 사실은 참으로 놀라운 일이 아닐 수 없다. 실제로 유대인들이 이스라엘 땅으로 돌아와 이스라엘 정부가 세워졌던 것이다. 그분의 종에게 이 기도의 부담이 처음으로 찾아왔을 때만 해도 이런 일이 일어나리라고 생각할 만한 외형적 표징은 아무것도 없었다.

이처럼 역사의 위대한 일은, 설사 그것이 성경에 미리 예언되어진 일이라 할지라도, 하나님께서 당신이 쓰실 만한 믿음과 순종의 인간 통로를 찾으실 때까지는 절대로 일어나지 않는다. 예언을 정말 예언으로 믿는다면 그 예언의 성취 또한 믿어야 한다.

리즈에게 이 기도의 부담이 처음으로 찾아온 것은 1938년 9월 3일 이탈리아의 한 정책 발표 소식을 읽었을 때였다. 이탈리아 정부는 앞으로 6개월 이내에 모든 유대인은 이탈리아를 떠나라고 발표했다. 그렇지 않아도 독일에서는 반反유대주의가 극성을 부리던 터였다. 이 두 가지 일이 한데 어우러져 리즈로 하여금 이 하나님의 백성이 자기들의 고토故土로 돌아갔으면 좋겠다는 생각을 하게 했다. 그는 대학 집회에서 이렇게 말했다.

"제게는 유대인들을 향한 커다란 부담이 있습니다. 저는 하나님께서 그들의 짐을 저에게 지워 주시기를 원합니다. 이제 마귀는 히틀러와 무솔리니를 통하여 일하고 있습니다. 이것은 예언의 성취입니다. 하나님의 백성의 두 번째 귀환에 대한 이사야의 예언을 보면, 그는 11장과 12장에서 하나님께서 그들을 땅의 사방으로부터 모아 들일 것이라고 하십니다. 성령은 그들을 돕기 위하여 통로로 사용할 수 있는 사람을 찾고 계십니다. 저는 하나님께서 저를 더 깊이 만지사 이 백성이 느끼는 고통을 저도 같이 느끼게 해 주시기를 원합니다.

다니엘은 70년 간의 유수幽囚 기간이 끝나는 것을 보자 하나님 백성의 귀환을 위하여 참으로 놀라운 방법으로 그분의 마음을 움직였습니다. 우리는 하나님이 아브라함에게 주신 언약, 즉 그 백성이 그 땅에 거하리라 하신 그 언약을 믿어야 합니다. 단순히 유대인들에게 동정심을 품는 것만으로는 부족합니다. 하나님은 그들을 포로로 가둬 두었던 장본인인 고레스의 마음을 움직이사 이들이 돌아가는 데 필요한 모든 돈까지 다 대 주게 하셨습니다. 그분은 이제 다시 한 번 그 일을 하실 것입니다. 나는 이제 이방인의 때는 거의 끝나 가고 있다고 굳게 믿습니다. 주님께서 다시 오실 때 유대인들은 그들의 본토에 다시 돌아와 있어야만 합니다. 이제 하나님께서 우리에게 유대인들을 위해 책임지고 기도하라고 부르십니다.”

이어 그는 하나님께서 자기에게 유대인들을 위해 10만 파운드의 헌금을 반드시 보낼 것과 그 헌금을 믿음으로 구할 것을 분명히 말씀하셨다는 사실을 얘기했다. 그들은 이 금액을 놓고 며칠이고 믿음의 기도를 계속했다. 그러나 몇 주 후, 히틀러가 수천 명의 유대인 어린아이들을 폴란드 국경 근처에 ‘내어 버리고’ 있다는 뉴스가 전해졌다. 리즈의 기도 부담은 더욱더 커져 갔다.

언제나 그렇듯이 리즈가 이와 같은 부담을 느낄 때면 반드시 하나님께서 자기로 무엇인가를 하게 하실 것이라는 확신도 같이 찾아왔다. 무엇을 해야 하는지 주님께 여쭙자 주님의 응답은 이러했다.

“그들을 위해서 집을 마련하라.”

하나님은 그에게 ‘펜러기어’라는 땅 이름을 속삭이셨다. 몇 번 들어 보기는 했지만 한 번 가 본 적도 없는 곳이었다. 그러나 그 땅이 스완시 지역에서 꽤 넓은 땅 가운데 하나라는 것과 소유주가 찰스 루일린Charles Llewelyn 경이라는 것은 알고 있었다. 알아보니 넓이는 약 30만 평 정도 되었으며 전에 로마 가톨릭 교회에서 맨션 한 채와 두 곳의 대지만 1만4천 파운드에 사겠다고 제의한 바가 있었다. 그렇다면 전부 다 살 경우에는 족히 2만 파운드는 되리라는 생각이 들었다. 하지만 그는 결단을 내리고 모임에서 발표했다.

“이 새 땅을 다음주까지 사기로 하겠습니다. 유대인들을 돕기 위해서라면 나의 모든 것을 다 내거는 모험이라도 감행할 생각입니다.”

그런데 갑자기 일이 급해졌다. 다른 중간상들이 그 땅을 사려고 손을 뻗쳐 오고 있었기 때문이다. 필요한 곳 몇 군데를 보수하는 비용까지 합해서 가격은 총 2만 파운드에 달했다. 그러나 어떤 학생의 말마따나 리즈는 많은 사람들이 옷 한 벌 살 때 요란을 떠는 것보다 훨씬 조용하게 펜러기어를 구입했다.

며칠 후 대학의 아주 가까운 한 친구로부터 전화가 왔는데, 그는 리즈가 펜러기어 구입에 전력을 쏟는다면 자기 또한 그렇게 하겠노라며 자기 아버지로부터 물려받은 자유 보유 주택 한 채를 팔아 그 돈을 몽땅 내놓겠다고 말했다. 물론 이것은 리즈에게 커다란 격려가 되었다.

🪶 성령의 군대로 세상을 자유케 하신다

펜러기어는 정말 놀라운 땅이었다. 앞서 산 세 곳의 땅들을 월등히 능가했다. 많은 별채가 딸린 커다란 저택과 일곱 채의 주거용 건물들, 그리고 고故 존 루일린 경이 15명의 전문가를 고용하여 가꾸었다는 주택 농장 및 채소밭이 있었다. 이곳은 또한 갖가지 나무와 관목들을 잘 갖추어 놓은 것으로도 유명했다. 강줄기 및 약 2만 평 넓이의 호수에서는 송어 잡이가 괜찮은 것으로 그 근방 어부들 사이에서도 이름이 나 있었다. 저택으로 올라가는 약 2킬로미터 길이의 아름다운 드라이브 길가에는 철쭉이며 진달래들이 뭉텅뭉텅 무리지어 피어 있었다. 여기서 리즈는 '핍박받은 낮은 자들'이 활짝 핀 철쭉과 진달래 둔덕을 타고 올라와 자신들의 운명의 고향이며 아직도 젖과 꿀이 흐르고 있을 팔레스타인 땅에 벌써 반쯤은 와 있다고 느끼며 감격해 하는 비전을 보았다.

신문들은 이 땅을 '유대인 난민 아이들을 위한 웨일즈의 도피성'이라 표현했으며, 런던 일간지들도 이 소식을 톱기사로 다루었다. 수백 명의 유대인 어린아이들을 영국에 입국시키기 위해 내무부 장관과의 교섭이 시작되었다. 이것은 영국 정부쪽에서 보면 그만큼 재정적 부담이 늘어나는 것을 뜻하며, 만일 입국을 허용할 경우 어린아이 1인당 50

파운드의 정착금을 지불해 주어야만 했다.

이즈음 하나님은 리즈 일행을 또 하나의 값지불이 요구되는 단계로 인도하셨다. 이것은 지금까지의 그 어떤 일보다도 가장 값지불이 큰 것이었다. 그것은 대학이 이 일을 위해 10만 파운드의 헌금을 낸다는 것이었다. 리즈는 이렇게 말했다.

"믿음의 삶에는 하나의 황금률이 있습니다. 자기 자신이 먼저 드렸거나 혹은 기꺼이 드릴 뜻이 있지 않는 한 우리는 다른 사람들이 하나님의 일을 위하여 거액의 돈을 내게 해 달라고 하나님을 움직일 수 없다는 사실입니다."

이 원리에 근거하여 하나님은 리즈에게 여러 날 동안 말씀을 하셨고, 그가 주일 아침 모임에서 하나님으로부터 들은 말씀과 그에 따른 자신의 결정을 얘기했을 때 대학에는 거대한 센세이션이 일었다. 그는 글린더웬과 더웬 퍼와 스케티 아이새프를 다 팔면 10만 파운드에 가까운 금액이 되는데 그 돈을 유대인들을 위한 첫 10만 파운드로 쓰겠다고 말했던 것이다.

그리고 대학과 어린이 학교는 펜러기어로 이사를 가 유대인 아이들과 함께 그곳을 쓰면 될 것이라고 했다. 처음엔 리즈 여사까지도 이 세 땅과 거기 딸린 소중한 건물들을 다 희생하는 것에 반대했다. 아무리 펜러기어에서 새로운 사역이 시작되어야만 한다 해도 그것은 너무나 큰 값지불이었던 것이다. 정말이지 하나님이 그렇게 인도하시리라고는 전혀 생각되지가 않았다. 그러자 리즈가 공적으로 그 일에 자신을 헌신하겠다고 말하는 것을 보고 리즈 여사는 그것이 곧 최종 결정임을 알았다.

그 모임을 떠날 때 여사의 참담한 심정은 그 누구도 알 수 없었을 것이다. 눈물이 앞을 가려 걸을 수가 없었다. 여사는 하나님 앞에서 홀로 씨름했다. 다음 모임 시간이 되었지만 갈 수가 없었다. 점심도 먹지 않았다. 오후 3시쯤 되어 하나님은 여사에게 평온함을 주셨다. 자기 아들 이삭을 데리고 산으로 올라가 그 아들을 하나님께 번제로 드리는 아브라함의 모습을 보여 주셨던 것이다. 아내가 어떻게 평온을 되찾게 되었는지 전혀 모른 채 리즈는 그날 오후 모임에서 바로 그 본문 말씀으로 설교를 했다. 그는 설교를 마친 후 아내에게 마침 기도를 해 달라고 했다. 회중 가운데 눈물을 흘리지 않은 사람은 거의 없었다.

드디어 그 세 땅을 팔기 위한 교섭들이 시작되었다. 이미 육군측에서 더웰 퍼 근처의 들판을 군용으로 징발하여 훈련장으로 사용하고 있었으며, 아울러 대학 소유 부지에 관해서도 조사를 시행하고 있었다. 그래서 리즈는 이 땅의 매각에 관하여 육군측과 협상에 들어갔다. 그러나 서부 사단에서 이쪽 지역에 부지를 더 이상 확장하지 않기로 최종 결정을 내린 것은 그로부터 몇 달이 지난 뒤였다. 주님은 이 문제에 있어서 당신의 종을 더 이상 시험하지 않으셨다. 그와 동시에 주님은 많은 사람들에게 기존 선교사의 소명을 제단 위에 내려놓고, 그 대신 이제 성령께서 유대인 난민 아이들의 아버지와 어머니의 역할을 담당하시려고 하는 데 바로 그 일을 위한 통로로 자신들을 드릴 것을 말씀하셨다.

이 말씀이 있은 후 대학에서는 잇단 모임이 계속되었다. 선교사의 소명을 가지고 있던 사람들에게 이것은 그야말로 진정한 복종의 문제였다. 물론 그 사역을 아직 시작한 것은 아니었지만 어쨌든 이것은 하나님의 지혜에서 나온 특이한 인도하심이었다. 왜냐하면 성령께서 약 120명에 달하는 이들 무리를, 앞날을 예측하기 어려운 그 전쟁의 시기 동안에 중보 기도의 삶을 위하여 따로 세우는 일이었기 때문이다.

우리가 어떤 특정한 소명을 갖고 있다고 하더라도 하나님은 그 소명을 사용하여 그보다 높은 또 다른 소명을 위하여 당신의 종들을 준비시키시는 분이다. 이번 일도 바로 그런 경우였다. 이를 통하여 하나님은 당신의 성령의 군대로 하여금 세상을 자유케 하고 만민으로 복음을 듣게 하는 일을 위하여 다시 한 번 무릎으로 싸우는 싸움을 하게 하셨다.

아이들을 영입할 준비를 하고 있는 사이 독일과의 전쟁이 선포되었다. 따라서 이들의 계획 또한 수정되어야만 했다. 그 와중에도 열두 명의 유대인 아이가 도착하여 대학 가족의 식구가 되었다. 그것은 리즈에게 있어서는 또 하나의 시험의 시간이었다. 그는 이렇게 말했다.

"우리가 하나님을 위한 일을 하려고 할 때면 모든 것이 다 그것을 방해하는 쪽으로 진행된다. 아이들을 위해서 펜러기어를 샀는데 전쟁이 일어나 아이들을 영입할 수 없게 되었으니, 이보다 더 나를 훼방하는 일이 또 있을 수 있을까? 하지만 하나님이 말씀하시면 우리는 결코 그것을 의심할 수 없다. 하나님이 하라시는 대로 했는데 그 앞에 큰 시험이 닥쳐온다면 우리는 그분께로 나아가 그 짐을 그분께 내려놓으면 된다. 일이 그렇게 되고 보니 어느 모로 보나 내가 실수를 저지른 것처럼 보이기 십상이었다. 당시의 결정에 내가 커다란 책임을 지고 있었기 때문이다. 그러나 나는 단 한 번도 그 일에 의심을 품어 본 적이 없다.

마귀는 나에게 그것이 실수라고 말했지만 나는 그렇지 않다는 것을 알고 있었다. 비록 우리가 아이들을 영입할 수는 없었지만, 그 땅을 사는 일에 있어서 하나님께 순종했다는 것만큼은 분명한 사실이었다. 하나님은 당신의 나라를 위하여 쓰여질 수천 파운드의 돈이 그 땅을 통하여 얻어지게 될 것이라고 말씀하셨다."

 약속하신 때가 있다

하나님은 얼마나 놀라우신 분인가! 첫째, 하나님으로부터 대학에 남아 중보 기도를 하라고 부르심을 받은 젊은이들에게는 그 땅을 샀기 때문에 할 일이 생겼다. 그들은 그 몇 년 동안 그 땅의 나무를 베어 내는 일에 매달려야만 했다. 그 바람에 그들은 다른 복무를 면제받았다.

아직 전쟁이 계속되고 있는 동안 리즈는 그 땅에 지을 건물들의 설계도를 작성하는 인도를 받았다. 그것은 그야말로 하나님의 오묘하신 섭리에서 나온 인도였다. 왜냐하면 그로부터 얼마 안 있어 정부는 차후로 땅을 개발하게 될 경우에는 그에 따른 세금을 부과해야 한다는 새 법조항을 신설했기 때문이다. 그 법령에는 특정 기간 전에 인가된 설계도에 대해서는 어떤 땅을 막론하고 신설 조항의 적용을 받지 않는다는 단서가 붙어 있었다. 이 혜택을 누린 땅은 그리 많지 않았다. 그러나 펜러기어는 그 주인공이 되었다. 그 결과 건물들이 다 지어지면 하나님의 재정에서 수천 파운드에 달하는 돈이 절약될 것이었다.

그 시기에 펜러기어 맨션은 전쟁 고아들의 집으로써 버나도Barnardo 박사에게 무료로 기증되었다. 그러나 시의회는 오랜 조사 끝에 그 맨션을 개조하고 수리하고 관리하는 데 드는 비용이 너무 비싸다는 결론을 내렸다. 그래서 글라모건Glamorgan 군Country 의회에서 지진아들을 위한 시설로 그 건물을 인수하여 지금에 이르고 있다. 그러나 그 인근의 부지는 아직도 대학의 소유로 그대로 남아 있다. 하나님이 당신의 종에게 약속하신 대로 때가 되면 이 땅은 하나님의 나라를 위하여 거액의 돈을 되돌려 주게 될 것이다.

전쟁이 계속되는 동안에도 이들은 유대인들을 위해 계속 기도했다.

"전쟁이 일어나자 하나님은 우리 기도의 초점을 유대인에게서 저 짐승 그는 나치 체제 배후에서 역사하는 마귀를 종종 이렇게 불렀다 에게로 바꾸셨다. 그리고는 '짐승과 싸워 이기라.'고 말씀하셨다."

그러나 종전 후인 1947년 10월과 11월에 걸쳐 다시 이들은 날마다 하루 온종일 유대인들의 팔레스타인 귀환을 위해서만 기도하게 되었다. 리즈는 이렇게 말했다.

"우리는 하나님께 4천 년 전 아브라함에게 주셨던 언약을 생각하사 이제 당신의 백성을 그 본토로 돌아가게 해달라고 간구했다. 또한 팔레스타인에 다시 유대인 정부가 들어서게 해달라고 기도했다."

대학은 다음과 같은 도전에 부딪혔다. "유대인들이 제 1차 세계대전이 끝난 후에도 본국으로 돌아가지 않았는데, 이번 전쟁이 끝났다고 해서 본국으로 돌아가겠는가?" 그들은 하나님의 손이 국제 연합 위원회로 하여금 팔레스타인 문제를 논의하게끔 움직이시는 것을 보았다. 영국이 나라 안의 유대인들을 본토로 후송할 것이라는 뉴스가 보도되자 그들은 깊은 감사를 드렸다. 그 두 달 가운데 따로 11일을 정하여 이들은 다가오는 국제 연합의 투표를 위해서 집중적으로 기도했다. 아주 아슬아슬한 상황이었다.

1947년 11월 27일, 투표일이 되었다. 기도를 많이 했으나 팔레스타인 분할건은 통과되지 않았다는 소식이 전해졌다. 대학은 더욱더 간절히 기도했다. 그들은 "하나님이 사자使者들을 보내어 뉴욕 국제 연합 회의에 참석한 사람들의 마음을 움직이사 당신의 백성에게 유리한 쪽으로 일이 진행되게 하시는 것"을 믿음의 눈으로 보았다. 그리고는 승리의 확신에 가득 찼다. 이튿날, 국제 연합에서 33 대 13으로 팔레스타인 분할 건이 통과되었다는 뉴스가 전해졌다. 이제 이스라엘의 독립은 기정 사실이 되었다는 소식도 나란히 전해졌다. 대학은 큰 기쁨으로 이 소식을 환호했다.

"이날은 2천 년 역사상 성령께서 일하신 가장 놀라운 날들 가운데 하나다. 사실 온 지구상에 흩어져 있는 유대인들이 다시 나라를 되찾게 될 줄은 아무도 몰랐다. 지난 20세기의 역사에도 그것에 대한 실오라기

하나만큼의 징표도 없었다. 그러나 하나님은 아브라함에게 언약을 주신 지 사천 년이 지난 오늘 온 나라들의 뜻을 하나로 모아 이스라엘 백성에게 팔레스타인 땅의 상당 부분을 되돌려 주게 하셨다."

당시 리즈에게는 또 하나의 특이한 인도하심이 있었다. 그것은 곧 아랍 사람들에 대한 것이었다. 그는 이렇게 말했다.

"하나님은 며칠 동안 나에게 아랍 사람들의 위치에 대해 말씀하셨다. 창세기 16장 12절에 보면 하나님께서 이스마엘에 대하여 '그가 모든 형제의 동방에서 살리라.'고 말씀하시는 장면이 나온다. 이 말은 곧 아랍 사람들이 유대인들과 함께 거하게 된다는 말인가? 아브라함은 이스마엘을 사랑하여 그 또한 유업을 받기를 원하였다. 하나님은 과연 진심으로 말씀하셨다.

그분은 '내가 그에게 복을 주었노라.'고 선포하셨다. 오직 아랍 사람들만이 한 분이신 하나님을 경배한다. 하나님의 말씀은 그들 또한 유대인들과 마찬가지로 복을 받을 것이라는 뜻인가? 그들은 유대인들에게 거처를 제공하게 될 것이며,사 21:13-15 맨 먼저 예루살렘에 올라와 왕 되신 하나님께 경의를 표하는 자들이 될 것이다. 사 60:7

유대인들을 위해서 중보 기도할 때 유대인들이 우리에게 부담이 되었던 것처럼, 이제 주님은 우리가 아랍 사람들을 향해서도 그와 똑같은 관심을 갖기를 원하셨다. 그들 역시 아브라함의 자녀들이다. 이제 성령은 당신의 역사를 통하여 유대인들과 아랍인들 사이의 막힌 담을 허시며, 양쪽 모두 다에게 본향과 축복을 허락하실 것이다. 아랍인들이 유대인에게 거처를 제공해야 한다면, 그리고 그들 역시 그 짐승의 손아귀에서 건짐을 받아야만 하는 나라들에 살고 있다면, 그들 또한 분명 하나님의 백성이다."

하나님이 원하시는
그 자리에 머물라

많은 사람들은 단순히 일의 결과를 두려워하고 있다.
결과를 걱정하는 이기적인 두려움과, 하나님을 위하여 해야 할 일이 있기
때문에 그분의 보호를 바라는 것 사이에는 커다란 차이가 있다.

이미 살펴보았듯이 제 2차 세계 대전이 발발하기 전 4년 동안, 주님은 리즈에게 주신 기도 부담의 내용을 바꿔 주셨다. 그전까지는 주로 대학의 성장을 놓고 기도하게 하셨다. 그는 이렇게 말했다.

"전 세계가 우리 교구가 되었고 우리는 각 나라들을 위해 기도하는 책임을 지게 되었다."

우리는 또한 주님께서 우리 대학의 기도의 무리를 들어서 다가오는 세계의 위기를 위해 중보 기도할 특별한 도구로 준비시키고 계시는 것을 보았다. 히틀러는 복음이 만민에게 전파되는 것을 훼방하는 사탄의 앞잡이였다.

"지금 우리가 맞서 싸우는 것은 사람이 아니라 마귀다. 무솔리니만 해도 사람이다. 그러나 히틀러는 다르다. '귀신'에 쐰 사람이 아니고서

는 그렇게 될 수가 없는 것이다."

그 후로 계속해서 리즈는, 만민을 향한 복음 전파의 비전이 성취될 수 있으려면 하나님이 히틀러를 진멸하셔야만 한다는 사실을 강조했다.

처음에 그는 하나님이 전쟁을 완전히 막아 주실 것이라고 믿었다. 유럽의 전운은 점점 더 깊어져 갔지만 리즈는 여전히 하나님이 개입하사 전쟁을 막아 주실 것을 믿었다. 그는 1939년 9월 3일, 영국과 독일 간에 선전 포고가 내려지던 바로 그날까지도 자신의 그러한 예언을 굳게 밀고 나갔다. 전쟁이 일어난 뒤에도 그는 요동하지 않았다. 사람들이 그 예언이 잘못된 것이라고 말했음에도 불구하고 그는 자신이 그러한 예언을 했던 것에 대해서 하나님께 감사를 드렸다. 그는 이렇게 말했다.

"나에게 만일 예언을 할 수 있는 또 한 번의 기회가 주어진다면, 상황은 우리가 생각했던 것보다 훨씬 더 악화되어 있음에도 불구하고 나는 오늘 밤에도 그와 똑같은 예언을 할 것이다. 히틀러는 제거되어야만 한다. 만일 제거되지 않는다면 그는 1, 2년 후에 똑같은 일을 다시 저지를 사람이기 때문이다. 나는 우리의 성령이 나치 체제 속에서 역사하는 마귀보다 훨씬 강하시다는 사실을 맛보고 싶다. 이것은 두 세대 간의 싸움이다. 여기서 승리는 곧 수천만 명의 영혼들에 대한 승리를 뜻한다."

선전 포고가 있던 날 그는 다음과 같은 글을 발표했다.

"주님은 우리에게 당신이 친히 히틀러와 나치 정권을 멸하실 것이며 그것을 통하여 세상으로 하여금 오직 하나님만이 독재자들을 물리치실 수 있는 분임을 알게 하시겠다고 말씀하셨습니다. 지금으로부터 3년 반 전에 우리 대학은 이 문제를 놓고 몇 주 몇 달 동안 집중적으로 기도한 적이 있었습니다. 이제 우리는 하나님께서 그 기도를 지금 응답하실 것이라는 사실을 굳게 믿습니다. 그분은 모세 시대 애굽 군대를 다루셨던 것처럼 이제 나치당을 다루실 것입니다. 하나님은 히틀러가 전쟁터에서 엎드러지게 하시거나 총알에 맞게 하시거나 아니면 독일 내에서 거대한 반反 나치 세력을 일으키실 것입니다."

리즈와 주위 사람들은 선전 포고에 마음이 흔들리기는커녕 오히려 더욱더 간절하게 기도의 무릎을 꿇었다. 하나님은 이들로 하여금 3년 전에 드렸던 서원을 갚도록 인도하셨다. 그것은 "하나님 나라의 싸움을 싸우되 마치 실제 최전선에서 싸우도록 부름을 받은 사람들처럼 싸우는 일"에 자신들의 목숨을 내어 드리겠다고 한 서원이었다. 복음이 방해받지 않게 하기 위하여 이렇게 믿음 안에 굳게 서서 전투에 임하는 것은 바로 하나님께서 이들 무리에게 주신 책임이었다. 하나님이 다루고 계신 적이 완전히 진멸될 때까지 그들은 이 책임에서 결코 자유로워질 수 없었다.

한 달 동안 적대 관계가 지속되더니 히틀러는 평화를 제의해 왔다. 그러나 영국 수상이 발표한 입장과 마찬가지로 대학 역시 '히틀러 체제가 완전히 전복될 때까지는' 전쟁은 계속되어야만 한다는 입장을 분명히 했다. 사실 전쟁이 계속되면 일반 국민들과 마찬가지로 대학 또한 잃어버리는 것이 훨씬 많았지만, 그래도 입장을 바꾸지 않았다. 리즈는 전쟁이 시작되던 그 주간에 「하나님은 독재자들에게 도전하신다 ─ 나치의 예고된 운명 God Challenges the Dictators ─ Doom of Nazis Predicted」이라는 제목의 책을 썼는데, 이 책 속에 대학의 그러한 확고한 입장이 잘 표현되어 있다.

"다니엘의 하나님께서 니묄러Niemoller 목사님과 강제 노동 수용소에까지 그 목사님을 따라갔던 수백 명의 다른 독일인 복음주의자들을 구원하실 것이다. … 지금 그들이 갇혀 있는 그 장소에는 머지 않아 광신적인 나치 지도자들이 죽음을 피해 몰려들 것이다."

무솔리니가 기소된 뒤에 그는 이런 글을 썼다.

"독일과의 전쟁에서 승리하면 … 에티오피아 역시 에티오피아 사람들의 손에 되돌려질 것이다. 이것 역시 에티오피아를 복음화하시려는 하나님의 거룩하신 계획 가운데 있는 일이다."

그는 또한 "볼셰비키주의와 소련이 하나님의 계획 가운데 악독한 나치 정권을 박살내는 데 사용되고 있다."고 단언하기도 했다.

그러나 그는 스탈린에 대해서만큼은 이렇게 말했다. "마귀는 이 사람을 교회를 향한 사상 유래 없는 최악의 적敵으로 사용해 왔으며 앞으로도 그렇게 사용할 것이다."

그는 하나님이 개입하사 적을 다루어 주실 것임을 확신하고 있었음에도 불구하고, 이런 글을 썼다.

"하나님이 그 일을 하시기 전에 우리는 여러 차례 후퇴를 경험해야만 할는지도 모른다. … 이스라엘 백성이 그러했던 것처럼삿 20장 막다른 골목에서 간절히 하나님께 부르짖어야만 될 것이다. 그러면 하나님은 반드시 우리에게 도움을 보내 주실 것이다."

이런 글들이 1939년 그해가 넘어가기 전에 인쇄되었다는 사실은 지금 와서 되돌아보면 참으로 놀라운 일이 아닐 수 없다.

이 일 직후에 리즈는 또 하나의 예언을 했다. 1940년 1월 8일자 「웨스턴 메일 The Western Mail」지는 "웨일즈 성경 대학 학장, 전쟁 종식을 위한 기도를 촉구하다"라는 제목으로 이 예언을 보도했다. 리즈의 다음과 같은 말이 인용되었다.

"이 나라 모든 의인들이 진실된 기도를 모은다면, 우리는 필경 이길 것이며 오는 성령 강림 주일 이튿날에는 전쟁이나 등화 관제 없이 펜러기어를 개방할 수 있다고 우리는 확신합니다. … 하나님이 개입하사 성령 강림 주일까지 전쟁을 종식시켜 주신다면, 그것은 수천만의 사람들에게 놀라운 구원이 될 것입니다."

성의 무너진 곳을 막으라

이 예언을 할 때, 리즈는 그해 성령 강림 주일인 5월 12일이 영국 역사상 가장 참담한 날이 될 것이라는 사실과 얼마 안 있으면 영국 해안이 최근 400년 역사상 처음으로 공격을 받게 될 것이라는 사실을 꿈에도 생각지 못했다.

5월 10일 히틀러의 전차 부대가 네덜란드와 벨기에를 침공했다. 그리고 5월 29일은 인류 역사상 영원히 잊을 수 없는 날이 되었다. 덩케르크Dunkirk에서 군대를 철수시켜야만 했던 것이다. 처칠Churchill 경의 저 유명한 '피와 땀과 수고와 눈물' 연설은 그 철수 직후에 있었던 일이다.

날마다 계속된 대학 모임 대부분 하루에 세 번씩 모였음의 일지에서도 읽을 수 있듯이, 이러한 외견상의 후퇴에도 불구하고 그들은 조금도 두렵지 않았다. 심지어 그들을 기도하는 무리라 부르는 것도 그들에 대한 가장 적절한 명칭은 아니었다. 그들은 이미 승리의 땅을 밟고 있는 자들이었기 때문이다. 그들이 이토록 승리가 자기 것임을 분명히 확신할 수 있었던 것은 리즈의 예언이 외견상 '완전히 빗나갔기' 때문이다. 만약 우리가 그 예언이 빗나갔다는 사실을 들어 하나님이 그들과 함께하지 않으셨다고 말한다면, 스스로에게 다음과 같은 질문을 던져 보라.

"영국 땅이고 미국 땅이고 그 어디에도 하나님의 사람들 가운데 이러한 무리가 또 있다고 하자. 아니 이보다 백 배나 더 강한 무리가 있다고 하자. 지금 물 건너 대륙에 나가 있는 우리측 병사들은 한 걸음 한 걸음 자꾸 후퇴하고 있고, 여러 나라들이 적에게 항복하고 있으며, 적은 목표 지점을 눈앞에 두고 있다. 이 상황에서, 이들 기도의 무리보다 날마다 더 많이 무릎을 꿇는 사람들, 믿음으로 승리한다는 사실을 더 견고히 붙들고 있는 사람들이 과연 있단 말인가?"

이때 이후로 전쟁이 끝날 때까지 몇 년 동안, 대학은 전체 학교 차원에서 날마다 저녁 7시부터 자정까지 중간에 잠깐 저녁 먹는 시간만 빼고는 계속 기도했다. 이렇게 하기를 단 하루도 거르지 않았다. 그것 말고도 이미 매일 아침에 1시간씩의 기도 모임이 있었으며, 한낮에도 자주 기도 모임을 가졌다. 또한 연달아 며칠씩 온전히 기도와 금식으로만 보내던 기간들도 많이 있었다.

성령 강림 주일 바로 전날 모임에서 리즈는 이렇게 말했다.

"우리는 하나님으로 말미암아 그러한 예언을 했고, 하나님으로 말미암아 그것을 굳게 붙들고 있으며 하나님으로 말미암아 적과 대항하여 싸울 것입니다. 그분은 오늘 밤 저에게 말씀하십니다. '네가 발표했던 그 예언으로 인하여 두려워 말아라. 나치를 두려워하지 말아라.' 현 상황이 반대로 돌아가고 있다 할지라도 우리는 우리가 해 오던 기도를 단 한 글자도 바꿀 필요가 없으니, 이 얼마나 놀라운 영광입니까? 지난 9개월 동안 우리가 항상 품고 있었던 것은 하나님의 나라였습니다. 저는 그 사실이 기쁩니다. 단 한 번도 후회해 본 적이 없습니다. 주님은 '내가 나치를 처리하겠노라'고 말씀하셨습니다. 싸움이었습니다."

성령 강림 주일이 되었지만 평화가 선포되기는커녕 이미 이틀 전에 히틀러가 네덜란드와 벨기에를 침략한 상태였다. 그날 리즈는 대학 모임에서 이렇게 말했다.

"우리는 결코 예언을 변호하지 않을 것입니다. 문제는 이것입니다. 우리가 참으로 믿는다면 하나님이 우리 안에 의심이 있기를 원하시겠습니까? 만일 주님이 우리에게 이 지연遲延이 당신의 영광을 위한 것이라고 말씀하신다면 우리는 그것이 바로 승리임을 알아야 합니다. 우리가 이 지연에 우리의 믿음을 함께 싣지 않는다면 이 지연은 아무런 영광도 되지 않을 것입니다. 참으로 이상하지만, 이 세상의 눈으로 보기에는 죽음인 것이 성령께는 승리입니다."

이튿날 그는 이렇게 말했다.

"지금까지 우리에게는 이 예언이 지연된 사건보다 더 커다란 죽음은 없었을 것입니다. 그러나 우리는 십자가에 나아간 그만큼만 부활을 경험할 수 있습니다. 나는 어제 눈에 보이는 승리가 없는데도 승리를 선포했습니다. 이것은 철저한 죽음입니다. 그러나 우리가 진정으로 죽는다면 거기엔 반드시 백 배의 열매가 있을 것입니다. 우리는 지금 전장戰場으로 올라가고 있습니다. 나는 승리를 확신합니다. 만일 여러분이 어떤 일에 대해 믿음을 갖고 있다면 여러분은 그 믿는 것을 계속 붙들고 있지 않겠습니까? 나는 주님이 하나님이시라는 사실이 온 세상에 널리 울려 퍼지게 하고 싶습니다."

나치 세력이 유럽에 진격해 들어옴에 따라 대학은 날마다 하나님 앞에 더 간절히 나아갔다. 여기 리즈가 모임에서 전한 메시지를 기록한 노트에서 일부를 발췌해 옮겨 본다.

5월 16일, 오전 9시 30분. 어제 네덜란드가 나치에 굴복했습니다. 오늘은 아마도 역사상 최고의 격전의 날이 될 것입니다. 하나님은 과연 오늘 뭔가 새로운 일을 행하실까요? 독일은 "우리는 순식간에 연합군을 해치웠다."고 말하고 있습니다. 이제 하나님도 그리하실 수 있을까요? 오늘 여러분은 오직 하나님만을 바라보십시오. 그리하여 이 승리를 얻으십시오.

오후 2시. 주님은 승리는 그 어느 누구도 아닌 오직 당신께로부터만 온다는 사실을 명백히 말씀하셨습니다. 영광 또한 온전히 그분 홀로만 취하실 것입니다. 하나님은 군인들과 우리를 통하여 보이게 그리고 보이지 않게 적들을 물리치십니다.

5월 17일, 오전 9시 30분. 하나님은 여러분이 가진 그 믿음에서 한 발짝도 더 나아가 역사하지 않으실 것입니다. 우리는 어젯밤 승리를 또 한 번 확신했습니다. 그것은 적이 아무리 우리 옆에까지 가까이 온다 할지라도 성령이 저보다 더 강하다는 것을 알기 때문입니다. 오늘의 이 승리는 전선에서 싸우는 병사들보다도 여러분에게 더 큰 책임이 있습니다. 여러분은 이 싸움 외에는 모두 죽어 있어야만 합니다.

오후 1시. 책임은 여러분에게 있습니다. 그것은 여러분이 자신을 헌신했기 때문입니다. 세상이 평화를 되찾을 때까지는 여러분도 결코 평화를 얻지 못할 것입니다. 그러나 여러분에게는 만세 반석이라는 피난처가 있습니다.

오후 7시. 수많은 젊은이들이 목숨을 잃는 것을 결코 원하지 않습니다. '나치에게 운명의 날'이 다가와야만 합니다. 우리가 하나님께 간절히 매달린다면 지금이라도 그날은 찾아올 것입니다.

5월 18일, 오후 6시 30분. 주께서 우리에게 이미 말씀해 주셨듯이 우리는 이미 승리를 얻었습니다. 일이 지연된다고 해서 우리의 믿음은 손톱만큼도 흔들리지 않습니다. 나치가 무슨 일을 행한다 할지라도 결코 성령을 피할 수 없습니다.

오후 9시 30분. 싸우는 것은 여러분이 아니라 하나님이십니다. 여러분은 다만 그분이 어떤 일을 행하시는지 알게 될 뿐입니다.

5월 20일, 오전 9시. 앞으로 24시간이 격전의 고비가 될 것입니다. 그분이 개입하시지 않는다면 우리는 쓰러지고 맙니다. 나는 단 1초 동안도 주님을 의심하지 않습니다. 그러면서도 동시에 늘 깨어 조심하고 있어야만 합니다.

오후 2시 30분. 적은 날마다 고지를 상실하고 있습니다. 하지만 이 책에 보면 전쟁을 끝내는 것은 사람 손에 있지 않다고 되어 있습니다. 그러나 하나님은 이렇게 말씀하셨습니다. "너희가 너희의 할 바를 다하기 전에는 내가 이 일을 해 줄 것을 기대하지 말라." 우리가 주님께로부터 분명히 듣기 원하는 말씀은 오직 한 가지뿐이니, 즉 우리가 지금 이 순간 그분께서 원하시는 바로 그 자리에 있느냐 하는 것입니다. 나는 오직 내가 이 고비의 순간에도 조금도 의심하지 않기만 원합니다. 이것은 정말 아슬아슬한 고비가 될 것입니다.

5월 21일, 오전 9시. 어제는 이 나라 역사상 가장 암울한 날이었습니다. 특히 수상의 연설이 있은 후에 더욱 그러했습니다. 국민 모두 다 적이 곧 이 나라를 침공해 들어오는 줄 알고 있습니다. 우리는 주님께, 우리가 살아 있음은 승리를 위해서라고 고백했습니다. 우리는 이제 주께서 적이 우리 나라에 넘어 들어오는 것을 막아 달라고 기도해야만 합니다.

5월 22일, 오전 9시. 오늘 이 세계는 공포에 떨고 있습니다. 만일 주께서 말씀해 주신 바를 확신하지 못한다면 우리 역시 그렇게 될 것이 분명합니다. 영국의 운명은 오늘 내일 경각에 달려 있습니다.

오후 2시 30분. 이러한 전쟁의 상황에서는 언제나 하나님이 주신 말씀으로 돌아가야만 합니다. 큰일을 이루시는 분은 하나님이시지만 우리 또한 계속하여 적을 저지해야만 합니다.

5월 22일 밤에서 25일까지. 리즈는 더 이상 모임에 나오지 않고 다른 스태프들이 대신 모임을 인도했다. 그는 하나님과 단둘이서 씨름하기 시작했다. 다른 사람들도 간증했듯이 이 기간의 짐이 너무나 무거워 그는 끝내 몸이 상했다. 글자 그대로 목숨을 내놓은 것이다.

5월 26일. 이날은 영국 전체의 기도의 날이었다. 처칠 경이 5월 26일 웨스트민스터 사원에서 중보 기도의 예배를 갖자고 제의했던 것이다. 그는 그날 그 예배에서 이렇게 말했다.

"영국인들은 감정을 잘 표현하지 않는 민족입니다. 그러나 여기 성가대석에 이렇게 서 있자니 제 속에 참으로 감정의 소용돌이가 느껴지는 것을 어찌할 수 없습니다. 회중석에 앉아 있는 여러분의 두려움 또한 내게 느껴집니다. 그것은 죽음이나 상처나 국가의 일부 손실에 대한 두려움이 아니라 영국의 패배와 최종 파멸에 대한 두려움입니다."

다음은 리즈의 말이다.

"5월 26일, 오전 9시 30분. 오늘 온 나라의 부르짖음이 하늘로 올라가고 있는 이때, 우리가 할 수 있는 일은 오직 하나님의 응답을 받을 자세를 갖추는 것뿐입니다. 오늘 아침의 질문은 이것입니다. 우리는 응답을 받을 수 있을 것인가? 여러분이 지금까지 부르짖어 왔다면 오늘도 역시 그렇게 부르짖어야 합니다.

5월 27일, 오전 9시. 우리의 중보 기도와 믿음이 있기에 주님은 놀라운 일을 행하실 수 있습니다. 우리 국민은 하나님이 자기들의 기도에 응답하시는 것을 볼 것입니다. 그리고는 그로 인해 말할 수 없이 기뻐하게 될 것입니다."

5월 28일. 리즈는 다시 홀로 하나님 앞에 나가는 시간을 갖고 있다. 모임에 모인 사람들은 하나님이 덩케르크에 개입하사 우리 젊은이들을 구원해 달라고 기도했다. 기도하고 간구하는 그들 위에 성령이 임하셨다. 성령께서 이들 모두에게 주신 확신이 모임의 마침 기도를 한 사람의 기도 속에 잘 나타나 있다. "저는 이미 하나님의 역사가 시작되었음을 확신합니다."

5월 29일. 이날은 덩케르크에서 철수 작전이 이루어졌다. 리즈는 이렇게 말했다.

"하나님께서 우리의 중보 기도에 응답하신다는 사실을 분명히 믿어야만 합니다. 전쟁은 성령께 속한 것입니다. 오늘 밤 여러분 자신의 바

끝에서 일하시는 성령을 보십시오. 그분은 지금 당신의 검을 뽑으시고 저 전쟁터에서 역사하고 계십니다.

5월 30일, 오후 7시 30분. 세상적인 관점에서 보면 승리의 소망은 전혀 없습니다. 그러나 하나님은 승리를 말씀하셨습니다. 나는 오늘 밤 하나님께 개입해 달라는 기도를 다시 드릴 수 없습니다. 우리는 이미 그분이 개입하실 것이라고 선포했기 때문입니다. 그분은 우리 병사들에 대한 안 좋은 소식들을 이제 아주 멋진 소식들로 바꾸어 주실 것입니다. 영국이나 프랑스와 마찬가지로 독일 또한 나치에서 벗어나야만 합니다. 우리는 앞으로도 훨씬 커다란 고난들을 통과해야 할는지도 모릅니다. 그러나 나는 최종 결과에 대해 조금도 의심하지 않을 것입니다. 우리의 구호는 너무도 분명합니다. '적은 절대로 기독교 국가인 영국으로 쳐들어오지 못합니다.'"

그때를 돌이켜보노라면 아직도 많은 영국인들이 당시의 그 공포를 회상하곤 한다. 덩케르크의 기적을 생각해 본다. 영국의 지도자들은 그것이 하나님의 개입임을 인정했다. 하나님은 바다를 잠잠하게 하사 가장 작은 보트들을 타고도 그 바다를 건너갈 수 있게 하셨다. 처칠의 지도력도 큰 몫을 차지했다. 하나님이 당신의 중보 기도자의 무리를 숨겨 두셨다는 사실에 우리는 깊은 감사를 드린다. 그들은 날마다 목숨을 제단에 바쳤으며 성 무너진 데를 막아서 영국을 구원했다.

🪶 믿음이 승리를 부른다

그 다음 중보 기도의 전투는 공습空襲과 '영국 침공'의 위기에 관한 것이었다. 독일의 괴링Goering이 영국 침공 준비 작업으로써 제공권을 장악하려는 엄청난 시도를 해 왔던 것이다. 모든 사태 하나하나가 다 너무나 중대했다. 하나님은 당신의 임재를 통하여 모든 것을 시험하셨으며 깊은 동기도 철저히 점검하셨다.

마침내 성령은 당신의 종에게 기도 응답에 대한 부인할 수 없는 약속을 분명히 들려주셨다. 믿음으로 약속을 주장하며 승리를 붙들어야 했다. 믿음이 이겨 마침내 승리를 쟁취할 수 있다는, 하나님이 친히 주시는 확신이 들기까지 리즈는 쉴 수 없었다. 이것은 단순히 기도한 뒤 응답을 기다리는 그런 차원이 아니었다. 당시 모임의 기록에서 일부를 옮겨 본다. 1940년 9월 2일. 리즈는 이렇게 말했다.

비행기들이 저렇게 주위를 들끓고 있는데도 우리가 약속에 의지하여 전혀 염려하지 않을 수 있는지 보고 싶습니다. 우리는 히틀러가 유대인 어린아이들을 무참히 내버릴 때도 그들을 구하기 위해 당당히 맞서 싸웠습니다. 이번에는 모든 선교사 자녀들을 보호해 주실 것을 위해 똑같이 간구해야 합니다. 다른 사람들이 두려워한다고 해서 우리 또한 두려워해야 하겠습니까? 우리에게 유대인 아이들을 지킬 시설을 만들게 하셨듯이 선교사 자녀들도 보호하실 것을 믿습니다. 여러분도 이런 믿음을 기초로 하고 있기를 바랍니다.

여기서 리즈가 얘기한 대피소라는 것은 그가 낮에 와서 공부하는 학생들약 300명을 위해 대피소라도 지어 주어야 하지 않을까 하고 의무감을 느꼈기 때문에 나온 이야기이다. 이 학생들과 선교사 자녀들약 60명은 대학 가족의 식구들이었다.

그러나 주님은 리즈에게 그들을 위하여 대피소도 짓지 말고 방독면도 줄 것 없다고 말씀하셨다. 방독면은 개인이 원하면 누구라도 자유로이 소지할 수 있게 했다. 하나님은 전쟁이 끝나는 그날까지 리즈의 이러한 방침을 뒤에서 완전히 떠받쳐 주셨다. 이후 그 도시에 아주 심한 공습이 여러 차례 있었음에도 불구하고, 전략적인 부두가 있었기 때문 대학에 속한 재산에는 단한 발의 총알도 떨어지지 않게 하셨다. 일지를 좀 더 살펴보기로 하자.

9월 7일. 잦은 공습이 주는 고통으로 인하여 여러분 가운데 마음이 흔들리는 사람이 있습니까? 여러분은 자신이 지옥에서 구원받았다는 사실을 믿습니까? 그렇다면 왜 이 공습에서 구원받았다는 사실은 믿지 못합니까? 하나님은 나에게 언제라도 온종일 기뻐할 수 있는 비밀을 가르쳐 주셨습니다. 오늘 나의 기쁨은 이것입니다. 우리에게는 하나님의 보호하심이 있다는 사실입니다. 그러나 만일 우리가 그분을 진정으로 의뢰하지 못한다면, 어디에서 그런 찬양이 나올 수 있겠습니까? 주님이 주시는 이 평화는 사람이 만들어 낸 것이 아닙니다. 이 평화는 너무나 깊은 것이어서 마귀도 감히 건드릴 수 없습니다. 여러분 마음속에 요동함이나 두려움이 있다면 여러분은 성령이 들려주시는 음성을 들을 수 없습니다. 두려움의 그늘을 가지고는 하나님의 임재 가운데 나아갈 수 없는 것입니다.

9월 8일, 전국 기도의 날. 9시. 우리 나라는 그 동안 외적인 종교의 모양만을 지켜 왔습니다. 라오디게아 교회처럼 덥지도 않고 차지도 않았습니다. 하나님이 우리 나라를 회복시켜 주시기를 원합니다. 그래도 한가지 찬양의 이유가 있는 것은 하나님께서 적이 우리 나라를 침공해 들어오는 것을 막고 계시다는 사실입니다.

정오 예배 때 리즈가 막 말씀을 시작하려고 하는데 마침 머리 위로 나치의 비행기들이 지나갔다. 지상의 대공포들이 풍비박산이 났으며

3부 성령의 일꾼으로 충성하는 삶

305

곧 사이렌이 울렸다. 그러나 그는 초연히 말씀을 전했다. "회중들도 마치 마법에라도 걸린 듯 그 자리에 그대로 묶여 있었다." 지난 며칠 동안 중보 기도를 짐스럽게 느끼고 결과를 회의했던 분위기가 다시 찬양과 확신으로 뒤바뀐 것은 바로 그때였다. 모두가 견고한 승리의 확신을 갖게 되었다. 리즈의 다음 말이 그것을 잘 대변해 주고 있다.

"얼마나 놀라운 승리입니까! 성령 안에 거하는 자는 이 승리를 볼 수 있습니다. 그분이 우리 안에서 믿음을 주셨기 때문입니다. 얼마나 놀라운 기쁨입니까! 얼마나 놀라운 찬양입니까! 하나님께서는 각 개인이 승리의 확신을 갖는 것이 더 중요합니다. 이 전쟁에 대한 승리의 확신은 그 뒤에야 주시는 것입니다." 예배가 끝나자 공습 경보 해제 사이렌이 울렸다. 그들은 나가면서 입을 모아 찬양했다. "모든 성도들아, 기쁨으로 외치라. 주께서 사망을 정복하셨다."

같은 날 오후 모임에서 그는 이렇게 말했다.

"이제 나는 마귀가 결코 여기 있는 사람 어느 누구도 손댈 수 없다는 사실을 글로 써서라도 발표할 수 있습니다. 이제 더 이상 기도할 필요가 없습니다. 여러분도 믿으신다면 이제 기도를 끝내십시오. 지금까지 승리를 이토록 확신해 본 적은 없습니다. 마치 전쟁 같은 게 언제 일어났냐는 듯싶을 정도입니다.

만일 우리가 먼저 자신부터 승리를 확신할 수 없다면 어떻게 세상에서 승리를 얻을 수 있겠습니까? 믿음의 기도 외에는 우리는 아무것도 의지할 수 없습니다. 오늘 아침 예배 때 성령께서 임하사 우리에게 당신의 승리를 말씀하시던 일은 얼마나 놀라운 일이었습니까?"

9월 9일. 성령님은 우리 안에서 보기를 원하셨던 것만큼의 믿음을 보셨습니다. 여러분이 온전히 믿고 있는지 늘 자신을 살피십시오. 믿음이야말로 우리가 생각할 수 있는 것 중 가장 세심한 주의가 필요한 것입니다. 그것은 연기와도 같습니다. 언제고 쉽게 놓쳐 버릴 수 있는 것입니다. 승리는 이제 아침에 찾아왔습니다. 만일 여러분이 그것을 보지 못했다면 여러분은 그것을 다시는 보지 못할는지도 모릅니다. 이제 지금부터는 성령께서 이 전투를 지휘하실 것입니다. 전에는 우리의 믿음이 부족했기 때문에 그렇게 하실 수가 없었습니다.

9월 12일. 우리는 어젯밤 하나님이 런던을 보호해 주시고 적의 침투를 막아 달라고 기도했는데, 하나님은 우리의 기도를 응답해 주셨습니다. 하나님이 이 마귀를 포획하시지 않는 한 우리는 아무도 안전하지 못합니다. 하나님은 우리 건물을 보호하고 계십니다. 그렇다면 우리 나라에 대해서 보호하심을 얻지 못하란 법이 있습니까? 하나님은 우리에게 얼마나 놀라운 날들을 허락하고 계십니까?

처칠 경은 그의 「전쟁 회고록 War Memories」에서 9월 15일을 공중전 '절정의 날'이었다고 말하고 있다. 그는 그날 자신이 공군 작전 상황실을 찾아갔던 얘기를 적고 있다. 그는 거기서 적기 비행 중대들이 폭탄을 퍼붓는 것과 거기 맞서 아군 포탄이 하늘로 올라가는 것을 지켜보았다. 그가 공군 중장에게 "아군측 예비 부대는 그 밖에 얼마나 되나?"하고 물어야만 하는 순간이 찾아왔다. 그러자 중장은 "전혀 없습니다."하고 대답했다. 그는 후에 그 순간 처칠 경이 얼마나 용감해 보였는지 몰랐다고 보고했다. 처칠 경은 "그렇다면 내가 가야겠군."하고 말했던 것이다. 5분이 흘렀다.

"그런데 적기들이 후퇴하는 것 같아 보였다. 상황판의 독일군 폭격기와 전투기는 계속해서 동쪽으로 이동하고 있었다. 그 뒤로는 전혀 공격이 없었다. 10분이 지나자 상황은 완전히 끝났다."

독일 공군이 승리를 목전에 둔 그 상황에서 왜 후퇴를 해야만 했는지는 전혀 추측되는 바가 없었다. 그러나 우리는 그 이유를 안다.

전쟁이 끝난 후 영국 전쟁 당시 전투 사령부 총사령관이었던 공군 대장 다우딩Dowding 경은 다음과 같은 의미 심장한 말을 남겼다.

"전쟁의 와중에서도 우리는 엄청나게 많은 외적인 지원이 들어오고 있다는 것을 날마다 느낄 수 있었다. 전쟁이 끝나자 우리에게 찾아온 느낌은 이런 것이었다. 특별한 하나님의 개입이 있어서, 의당 일어났어야 할 사건의 흐름을 돌려 놓으셨다는 느낌이었다."

주께서 하라시는 기도를 하라

전 세계적으로 기도의 싸움이 필요하다.
"오, 주님…우리는 이 싸움이 승리로 끝날 것이라는 사실을 믿습니다."

1941년 1월, 영국에 끊임없이 이어지는 폭격으로 인해 대학은 기도에 더욱 힘썼다. 기도는 사태가 고비에 이를 때까지 계속되었다.

1월 20일 모임에서 리즈는 이렇게 말했다.

"나는 그간 우리 나라 전체보다는 우리가 사는 이 지역을 위해서 더 많이 기도했습니다. 그런데 이제는 하나님이 그것을 바꾸려 하신다는 것을 오늘 더욱 강하게 느낍니다. 그분은 나에게 '만일 공습이 계속된다면, 나는 너희 나라가 안전할 것이라고 보장할 수 없다. 그러니 어서 나라를 위하여 기도하라.'고 말씀하십니다. 그래서 나는 이렇게 말씀드렸습니다. '곧 다시 모여 주님을 의뢰하고자 하오니 그때까지 우리를 보호하여 주옵소서.'"

기도하는 가운데 열흘이 지났다. 1월 28일자 일지에는 "주님이 이

나라를 지켜 주실 것을 믿게 되었다.”고 쓰여 있다. 이에 이어 그들은 참으로 놀라운 간구를 하게 된다. “주님, 적이 지중해로 방향을 바꾸게 해 주옵소서.” 히틀러의 관심을 다른 방향으로 돌림으로써 영국에 대한 압력을 경감시키려 했던 것이다. 불과 두 달 후인 4월 6일, 히틀러는 유고슬라비아와 그리스를 향하여 전쟁을 선포했다. 이어 크레테와 북아프리카에도 침공이 가해졌다. 이런 새 상황이 벌어지자 적은 영국을 공격하는 일에서 손을 뗄 수밖에 없었다. 그 바람에 영국은 당면한 위기를 넘기게 되었다.

그 다음 기도는 더욱더 굉장한 것이었다. 히틀러는 단 한마디의 경고도 없이 방향을 완전히 돌려 러시아를 침공했다. 하나님이 개입하셔서 도와주기만을 기다리고 있던 연합군측에서 볼 때는 이 사건이 바로 기회였다. 세상 신문들은 세상의 속담들을 가지고 이 일에 관해 떠들었다. “신神은 먼저 미치게 한 뒤에 멸망시킨다.”사람들은 히틀러의 결정을 ‘나치 최후의 날’을 주시기 위한 위대하신 신의 섭리로 해석했다.

러시아 침공은 1941년 6월 22일 새벽 4시에 시작되었다. 그러나 이로부터 7주 전인 5월 2일, 하나님은 리즈에게 러시아에 대하여 말씀하시기 시작하셨고, 그래서 그날 그는 이렇게 말했다.

“우리는 전쟁이 끝나기를 간절히 바라고 있지만 하나님은 이렇게 말씀하시는 것 같습니다. ‘내가 심판을 내리기를 원하는 나라가 하나 더 있다. 바로 공산 러시아이다.’”

그리고 그 다음날에도 이렇게 말했다.

“자꾸만 러시아가 떠오릅니다. 스탈린과 그의 추종자들이 이 심판을 피하는 것이 옳은 일이겠습니까? 만일 하나님께서 우리더러 선택하라고 하신다면, 비록 모든 면에서 손실이 있다 하더라도 우리는 의당 전쟁을 연장해 주시기를 원하지 않겠습니까?”

또한 이런 말도 했다.

"설사 앞으로 전쟁이 5년이나 연장된다 하더라도 우리는 하나님께 러시아와 일본이 힘을 잃게 해 달라고 기도합니다. 주님이 독일의 방향을 러시아로 틀어 놓을 수 없겠습니까? 만일 하나님이 지금 러시아를 손보시지 않는다면, 조만간 또다시 전쟁을 일으키셔야만 할 것입니다. 하나님께서 이 공산주의자들을 전혀 다른 방법을 사용하사 손보실 것이 아니라면, 시간이 아무리 오래 걸린다 할지라도 지금 러시아에 전쟁이 일어나도록 하셔야만 한다고 나는 생각합니다."

이때부터 이 문제는 대학의 주요 기도 제목이 되었다.

"주님, 러시아에 전쟁을 내리시사 공산주의를 징책해 주옵소서."

그로부터 6주 후 러시아가 전쟁에 휘말리게 되었다. 그러나 얼마 안 있어 전혀 다른 위험 상황이 찾아왔다. 전쟁이 일어나자 러시아는 불과 몇 주 만에 완전 붕괴 상황에 직면하게 되었던 것이다. 독일 침략군들이 물밀듯이 러시아로 쏟아져 들어가자 자유 세계는 러시아 군대가 점점 붕괴되어 가는 모습을 불안한 심정으로 지켜보고 있었다.

나치는 전진을 거듭하여 드디어 모스크바를 눈앞에 두었다. 때는 겨울이었다. 사람들은 이 전투를 저 유명한 나폴레옹의 러시아 침공에 견주었다. 히틀러는 나폴레옹이 실패한 일을 자기가 성공해 보이겠노라고 장담했다. 그는 그때와 똑같이 겨울에 모스크바를 마주 대하고 있었다. 과연 그는 성공할 수 있을까? 긴장이 팽팽하던 그 당시만 해도 그가 성공하지 못할 것이라고 믿은 사람이 과연 누가 있었겠는가?

리즈 여사는 1941년 10월 19일 주일 이른 아침에 있었던 일을 이렇게 들려준다. 리즈는 모스크바가 함락됐는지를 알아보기 위해 아래층에 내려가 7시 뉴스를 듣겠다고 말했다. 상황은 언제라도 그 반대의 뉴스가 전해질 것만 같은 쪽으로 진전되어 있었다. 그로부터 몇 분 후 주님께서 리즈에게 이렇게 말씀하셨다.

"모스크바가 꼭 함락되어야 할 필요가 있겠느냐? 이제 너는 모스크바의 구원과 나치의 후퇴를 위하여 기도하고 또 그렇게 믿으라."

12년 동안 이 대학의 스태프 멤버로 일했던 케네스 사이몬즈Kenneth Symonds 박사는 그 주일 아침에 있었던 모임에 대해 이렇게 얘기한다.

"학장님의 그날 메시지는 이렇게 시작되었다. 주께서 그날 아침 자기에게 처음 들려주신 말씀은 '모스크바가 함락되지 않도록 기도하라.'는 말씀이었던 것이다. 당시만 해도 모스크바의 함락이 거의 기정 사실화되어 있었기 때문에, 그것은 전혀 불가능한 일처럼 보였다. 그러나 우리의 힘으로는 그 기도가 매우 하기 힘든 것이었지만 성령은 우리에게 그 기도를 하게 하셨다. 마치 성령이 우리 대신 기도하시는 것 같았다. 우리는 그날 밤 늦은 모임 시간 때까지 온종일 그 기도를 드렸다.

성령이 학장님을 통하여 강력하게 역사하셔서 우리는 하나님이 그 기도를 응답하신다는 확신을 갖게 되었다. 주님은 우리로 하여금 러시아의 겨울 속에서 나치가 완전히 전복되어 자취를 감추게 되도록 기도하게 하셨다. 우리의 믿음은 점점 강해졌다. 그때 주님이 우리에게 주셨던 그 승리의 기쁨은 영원히 잊지 못할 것이다."

그 이튿날 다음과 같은 뉴스가 전해졌다. 러시아는 전력을 가다듬고 있으며 모스크바 일부 지역에는 폭설이 내리고 있다는 것이었다. 나흘 후 모임에서 리즈는 이렇게 말했다.

"이제 나는 말합니다. '그히틀러는 러시아의 눈발 속에서 겨울을 나게 되리니 이는 여호와의 말씀이니라.'

우리는 이 이야기의 종말을 다 잘 알고 있다. 모스크바는 함락되지 않았다. 괴링은 후에 이 불운의 겨울을 회고하면서, 나치군의 3백만 꽃다운 목숨이 그 눈 속에서 스러져 갔다고 진술했다. 빅토르 크라브첸코

Victor Kravchenko는 그의 책 「나는 자유를 선택했다 I Choose Freedom」에서 이렇게 말했다.

"당시 독일은 힘들이지 않고 모스크바를 전복할 수 있었다. … 그들이 왜 그냥 돌아섰는가는 오직 독일인 자신들만이 풀 수 있는 역사의 미스터리다."

약속의 땅을 지키신다

이제 하나님은 대학의 기도를 다시 다른 방향으로 바꾸기 시작하셨다. 나치는 유고슬라비아와 그리스로 진격하고 있었고 이미 크레테를 장악했다. 북아프리카에서는 롬멜과 이탈리아군의 위협이 날로 더해 갔다. 상황이 이러한지라 주님은 이들로 하여금 팔레스타인 땅을 위하여 집중적으로 기도하게 하셨다.

이것이야말로 대학이 가장 부담을 안고 기도한 제목 가운데 하나였다. 그도 그럴 것이 오래전 하나님은 이들에게, 이것은 단지 유럽 전쟁이 아니라 이 전쟁을 통하여 '하나님의 굳게 선 모략과 예정을 좇아' 유대인들이 팔레스타인으로 돌아오게 하시고, 복음이 만민에게 증거되게 하시며, 그리하여 마침내 주께서 다시 오실 것이라고 말씀해 주셨던 것이다. 그래서 이제 팔레스타인에 침략의 위험이 다가올 것 같자 그분은 바로 이들의 기도를 그 방향으로 바꾸셨던 것이다. 리즈는 이렇게 말했다.

"나는 적이 팔레스타인과 시리아와 이라크만큼은 절대로 손대지 못할 것이라고 확신합니다."

가장 커다란 위험이 임박한 지역은 북아프리카였다. 롬멜과 독일군

기갑사단들이 나타나자 이집트는 중대한 위협에 직면했다. 만약 이집트가 무너지면 팔레스타인으로 가는 문이 활짝 열리게 되는 셈이다. 그 암울했던 시절 역시 지금도 기억에 생생하다. 롬멜은 영국군을 뒤에서 몰아붙여서 급기야는 알렉산드리아의 관문들을 두드리기 일보 직전까지 갔다.

1942년 7월 4일 리즈는 이렇게 말했다.

"하나님이 개입하사 팔레스타인 땅이 반드시 보호되어야만 합니다. 주께서 재림을 약속하신 땅이기 때문입니다. 만일 나에게 선택권이 있다면 나는 하나님께 이렇게 말씀드리겠습니다. '내게 있는 것은 다 취하실지라도 팔레스타인만은 지켜 주옵소서.' 우리는 오늘 하나님께 이렇게 기도하고 싶습니다. '이집트가 멸망해야 될 특별한 이유가 없다면 알렉산드리아가 다치지 않게 해 주시고 롬멜이 그냥 후퇴하게 해 주시옵소서.' 나는 오늘 알렉산드리아를 위하여 기도할 때 마치 스완시가 공격당하고 있는 것처럼 기도하고 싶습니다."

그날은 토요일이었다. 토요일 오후에는 보통 기도 모임이 없었다. 그러나 그날은 온 대학이 모여 기도로 그 오후를 보냈다. 그들은 알렉산드리아의 구원과 북아프리카의 정세 전환을 위하여 하나님께 기도했다. 기도의 짐은 무거운 것이었지만 기도 안에는 놀라운 자유가 있었다. 그날 저녁 모임에서 리즈는 이렇게 말했다.

"오늘 저녁 우리가 드린 이 기도는 성령으로부터 난 기도입니까? 과연 적이 알렉산드리아를 손대지 않겠습니까? 여러분 모두는 적과 싸우는 그간의 모든 기도에서 참으로 중요한 부분들을 담당했습니다. 그 기도가 적을 지중해로 내려가게 했고 러시아로 방향을 바꾸게 했으며 모스크바에서는 패배하게 했습니다. 우리가 오늘 드린 기도도 성령으로부터 난 기도입니까? 만일 그렇다면 우리는 적이 알렉산드리아를 건드리지 못할 것을 확신할 수 있습니다. 사람들은 뉴스를 듣고서야 알게 되겠지만 우리는 확신할 수 있는 것입니다."

그리고 7월 5일에는 이렇게 말했다.

"내가 알고 싶은 것은 이것입니다. 팔레스타인을 위한 중보 기도가 하나님 보시기에 합당하냐는 것입니다. 만일 그렇다면 우리에게는 하나님께 적이 알렉산드리아를 건드리지 못하게 해달라고 구할 수 있는 권리가 있습니다. 모스크바 이후 우리에게 첫 번째 찾아온 시험의 제목이 바로 알렉산드리아입니다."

그날 밤 리즈와 대학은 승리를 확신할 수 있게 되었다. 그는 이렇게 말했다.

"나는 하나님이 이집트의 멸망을 허락하실 수도 있다고 생각했습니다. 그러나 이제는 적이 이집트를 결코 취할 수 없으리라는 것을 압니다. 알렉산드리아도 카이로도 절대 무너지지 않을 것입니다."

모임이 끝날 때쯤 해서 그는 이렇게 선포했다.

"오늘 나는 밑바닥까지 온통 휘저어지는 것 같습니다. 나 자신이 마치 모래밭을 쟁기질하는 사람처럼 느껴졌습니다. 그러나 이제는 완전히 정복했습니다. 이제는 답이 손에 잡힙니다. 얼마든지 원하는 대로할 수 있습니다. 손에 쥐고 흔들 수도 있습니다."

그들이 특별 기도 모임을 가졌던 그 토요일에 북아프리카에서는 아주 중대한 사건들이 벌어졌다. 그들은 이것을 다음주 뉴스를 통해 알게되었다. 그 주말을 넘기면서 엘 알라메인EL Alamein에서 정세가 완전히 뒤바뀌어 알렉산드리아는 안전해졌다. 당시 제8군에 물 공급 책임을 맡았던 레이너P. W. Rainer 소령은 그의 책 「전쟁터로 연결된 송수관 Pipe Line to Battle」에서, 알렉산드리아 전투와 관련된 아주 놀라운 결정적인 사건을 들려준다. 이 이야기는 크리스천 상인商人 지도자 협회의 기관지에

도 그대로 인용되었다. 1944년 4월호

　팔레스타인이 안전하게 되자 대학의 기도의 관심은 다시 러시아 전투로 되돌아갔다. 남쪽의 위험은 끝났지만, 모스크바 공격에 실패한 독일군이 러시아 남부를 통하여 동쪽으로 압력을 가하면서 스탈린그라드 현재 볼고그라드 로 접근해 오고 있었다. 그들은 이제 카프카스 산맥 근처에까지 다가왔다. 일단 이 산맥이 뚫리기만 하면 북쪽으로부터 팔레스타인으로 들어가는 문이 활짝 열리는 셈이다. 사이먼즈 박사는 이렇게 말했다.

　"나치는 이미 스탈린그라드의 방어진을 뚫고 들어와 그 도시 외곽 여기저기에서 접전을 벌이고 있었다. 그때 참으로 뜻밖에도 학장님은 우리에게 이렇게 말했다. 성령께서 지금 자기에게 스탈린그라드가 함락되지 않을 것을 위하여 기도하도록 촉구하고 계시다는 것이었다. 스탈린그라드는 카프카스로 들어가는 관문으로 이어지고 카프카스는 다시 팔레스타인으로 이어지기 때문이었다.

　적은 이 땅을 차지하기 위해서 두 가지 시도를 한 셈이었다. 맨 처음에는 크레테를 통해서 들어오려고 했다. 그러나 성령은 이들에게 나치 침략군이 러시아로 행로를 바꾸게 해달라고 기도하게 하셨다. 그들이 두 번째로 택한 길은 북아프리카였다. 그러나 이들의 믿음의 기도에 대한 응답으로 하나님이 개입하사 엘 알라메인에서의 그 일이 있었다. 이번 스탈린그라드를 위한 기도는 지금까지의 어떤 기도보다도 어렵게 느껴졌다. 우리는 꼬박 두 주 동안을 씨름했다. 성령은 학장님을 통하여 이 기도가 당신께로서 나온 것임을 계속 말씀하셨고, 모스크바의 경우와 마찬가지로 이번에도 일이 성공적으로 끝나기 위해서는 우리에게 기도의 책임이 있다고 말씀하셨다.

　우리의 부르짖음에도 불구하고 적은 진격을 계속하여 끝내 도시의 절반이 적의 손에 들어갔다. 한 집에서 그 다음 집으로 이어지며 계속된 그 시가전은 아마도 2차 세계대전 전체를 통틀어 가장 필사적인 전투였을 것이다. 일이 그럴수록 성령 안에서의 싸움도 그만큼 결사적인 것이 되었다. 뉴스의 내용은 점점 암울해져 가고 있었다. 그러나 인간의 모든 이성과는 정반대로 믿음은 점점 강해져 갔다.

결국 적이 우리 앞에서 물러나는 것을 우리는 믿음의 눈으로 볼 수 있었다. 그와 동시에 실제 전선에서도 전세는 뒤바뀌었다. 세상이 다 놀랄 일이 벌어졌다. 나치 군대가 다시 한 번 완전히 박살이 나고 사기가 땅에 떨어져서 쫓겨났던 것이다. 이것은 성령이 이루신 또 하나의 놀라운 승리였다."

영국, 알렉산드리아, 모스크바, 그리고 스탈린그라드. 이 네 곳을 위한 위대한 기도의 격전이 끝나고 난 지 몇 개월 후, 전쟁 문제 해설가인 풀러 J. R. C. Fuller 장군의 글이 언론에 발표되었다.

이 글은 대학의 커다란 관심을 끌었다. 그는 그 글을 통하여 나치의 당면한 몰락에 대한 네 가지 이유를 제시했다. 그는 그것을 히틀러의 4대 실책이라고 불렀다. 실책 1은 영국을 침공할 기회를 놓쳐 버린 것이다. 실책 2는 이집트와 알렉산드리아 공격에 실패한 것이다. 실책 3, "러시아 정벌은 100퍼센트 모스크바의 함락 여부에 달려 있었다. 그런데도 그는 다른 목표 지점으로 그냥 돌아섰다."그의 마지막 실수는 스탈린그라드를 대대적으로 침공했다는 점이다.

🍃 하나님이 앞서 가신다

대학은 집중적인 특별 기도의 기간을 정해 놓고 기도했던 적이 두 번 있다. 한 번은 이탈리아를 위해서 기도했고, 또 한 번은 'D-데이'를 놓고 기도했다. 이탈리아 전쟁에서 위험했던 지역은 살레르노 Salerno 였다. 영국군은 1943년 9월에 그곳에 상륙했다. 몇몇 전략적인 고지들을 점령하여, 로마로 진공하기 위해 남쪽에서 올라오는 아군의 공격로를 열어 주기 위해서였다. 사이먼즈 박사는 이렇게 말한다.

"이들이 살레르노에 상륙했던 날과 그 후속 사건은 잊혀지지 않고 남아 있을 것이다. 그날 강당에서 우리는 처음으로 저녁 기도 모임을 가졌다. 그리고 밤 9시 45분에 더웹 퍼에서 다시 한 번 모였다. 학장님은 처음부터 비장한 어조로 말했다. 목소리는 메시지가 갖고 있는 무게로 인하여 시종 떨리고 있어서 거의 알아듣기 어려울 정도였다. 그는 이렇게 말했다.

'저녁 모임이 끝나고 이 모임이 시작되기 전까지의 시간 동안 주님은 살레르노에 대하여 나에게 기도의 부담을 주셨습니다. 우리 나라 병사들이 지금 말할 수 없는 어려움 가운데 있으리라고 생각됩니다. 주님은 또한 만일 우리가 끝까지 기도하지 않는다면 그들은 고지를 점령당할 수도 있는 위험한 상황에 처해 있다고 말씀하셨습니다.'

하나님의 두려우심이 우리를 휘감고 있었다. 너무나 급작스럽게 온 말씀이었기 때문이다. 라디오에서도 아직 공식적인 뉴스가 나오지 않았다. 우리는 누구보다도 먼저 미리 기뻐할 수 있었다. 드디어 이탈리아가 파시스트와 나치 독재 정권으로부터 해방되려고 하는 지점에 와 있음을 알고 있었기 때문이다. 오래전부터 우리는 하나님께서 개입해 주실 것을 위해 간절히 기도하고 있었다.

성령께서 우리를 사로잡으사 갑자기 우리 기도 가운데 역사하셨다. 우리는 하나님께서 이미 우리 기도를 들으셨고 응답하셨다는 사실을 믿고 이미 기뻐하며 찬양했다. 우리는 더 이상 기도할 수 없었다. 하나님이 이미 이탈리아에 기적적인 개입을 하셨다는 사실을 성령께서 우리 마음 가득히 증거하고 계셨기 때문이다. 승리는 정말 대단한 것이었다. 일어나 찬양을 부르면서 시계를 보니 밤 11시를 가리키고 있었다.

자정 뉴스를 들으려고 기다렸다. 아나운서는 좀 전에 학장님이 우리에게 얘기했던 그 내용을 하나도 어김없이 그대로 얘기했다. 기적이 일어나지 않았더라면 아군은 아침이 되기 전에 교두보를 상실하고 말 그런 위험에 처해 있었다는 것이다.

이것을 통해 우리는 성령의 인도하심을 더욱더 실감할 수 있었으며, 승리는 우리 것이라는 사실을 그 어느 때보다도 더욱 확신할 수 있었다. 이튿날 아침 뉴스는 더욱 희망적이었다. 그러나 우리는 전선에서 전해져 오는 신문 보도가 나오기를 간절히 기다렸다. 우리는 절망하지 않았다. 목요일 아침, 드디어 조간 신문에 '살레르노의 기적'이라는 대문짝만한 글자가 첫 페이지를 장식했다."

최후 승리는 우리의 것이다

전쟁에 관한 마지막 큰 기도의 전투에 대해서는 제2전선 전투가 개시되려 하고 있었기 때문 다시 리즈 자신의 말을 인용하기로 한다. 1944년 4월 6일, 이날은 'D-데이'를 두 달 남겨 둔 날이었다. 그는 모임에서 이렇게 말했다.

"제2전선 전투에 투입될 젊은이들이 걱정됩니다. 젊은 병사들의 손실을 최소 규모로 줄이면서 싸움을 치러 낼 수 있겠습니까? 하나님이 모스크바와 스탈린그라드와 알렉산드리아와 우리 나라에 개입하셨다면, 제2전선 전투에도 개입하사 우리로 후퇴할 필요가 없게끔 하시지

3부 성령의 일꾼으로 충성하는 삶

않겠습니까? 하나님께서 임하사 우리 젊은 병사들과 함께 싸워 주실 것을 구합시다. 우리에겐 그렇게 할 수 있는 권리가 얼마든지 있습니다. 왜냐하면 우리측 지도자들이 이 전쟁의 결과로 원하는 것은 오직 대서양 헌장1941년 미국 루즈벨트 대통령과 영국 처칠 수상이 결정한 '미영 공동 선언'-역주과 네 가지 자유1941년 미국 루즈벨트 대통령이 선언한 언론과 표현의 자유, 예배의 자유, 결핍으로부터의 자유, 두려움으로부터의 자유를 말함-역주뿐이기 때문입니다. 우리는 스탈린그라드에서도 승리를 얻었듯이 여기서도 승리를 얻을 수 있습니다. 하나님은 우리측 병사들 편입니다. 오늘 밤 내게는 승리 외에는 아무것도 보이지 않습니다."

한 달 후5월 7일에 그는 이렇게 말했다.

"내가 이 말을 하고 있는 지금 이 순간에도 5백만 우리 병사들이 제2전선을 마주 대하고 있습니다. 미국에서 온 이 젊은이들은 침공 작전을 위하여 우리 나라에서 대기하고 있습니다. 이 가운데 수많은 사람들이 목숨을 잃을 것입니다. 프랑스는 베르덩Verdun에서 1백만 명이 목숨을 잃었습니다. 나는 전선에 나가 싸우도록 부름받지는 않았습니다. 그러나 나는 그들을 도울 수 있는 또 다른 길을 알고 있습니다.

만일 내가 그 일을 하지 않는다면 그들 대신 내가 목숨을 잃게 되는 것이 마땅합니다. 그들은 죽음을 직면하고 있습니다. 죽음에 직면해 본 적이 있는 사람은 그것이 얼마나 심각한 상황인지 압니다. 게다가 그들이 죽음에 직면하고 있는 것은 바로 여러분과 나를 위해서입니다. 만일 우리가 그들을 위해 고생하는 것보다 그들이 우리를 위하여 고생하는 것이 더 많다면, 그것은 한평생 우리의 부끄러움이 될 것입니다.

혹 다음주에 제2전선에서 전투가 발발한다 해도 우리에게는 능히 개입하실 수 있는 하나님이 계십니다. 뉴욕 주지사 듀이Dewey는 만일 전쟁이 터지면 뉴욕 주는 전체가 기도에 들어갈 것이라고 말했습니다.

한 가지 마음에 걸리는 것은 독일도 개신교 국가이고 우리 나라도 개신교 국가라는 사실입니다. 그러나 우리가 싸우는 것은 독일이라는 나라가 아니라 나치 정권입니다. 우리는 하나님이 우리 편임을 믿습니다. 그분은 이렇게 말씀하십니다.

'헌장이 채택되고 세계에 자유가 찾아올 때까지는 나는 절대 칼을 칼집에 꽂지 않을 것이다.'"

다른 모임 시간에 하나님은 대학에 다음과 같은 확신을 주셨다. 'D-데이'가 되면 당신께서 친히 우리측 병사들을 앞서 가 싸우실 것이며, 절대 후퇴하지 않게 해 주시겠다고 하셨다. 그때 그 모임에 있었던 한 사람은 이런 기록을 남겼다.

"우리는 믿음이 너무 뜨거웠다. 승리는 우리 것이었다. 그 기도의 짐을 다 지고 났을 때 구원의 기쁨이 너무 커서 나는 내 방으로 달려가 무릎을 꿇고서 한없이 눈물을 흘렸다. 그것은 엄청난 긴장 상태에서 완전히 벗어났을 때 찾아오는 기쁨의 눈물이었다. 마치 모든 제2전선을 안전하게 보호하여 실제로 승리를 확보했을 때와 같은 그런 기쁨이었다."

6월 6일, 드디어 제2전선 전투가 시작되었다. 리즈는 아이젠하워 장군이 내린 공격 개시 명령을 기쁜 마음으로 받아들였다. 아이젠하워 장군은 이렇게 말했다.

"세계 도처에 있는, 자유를 사랑하는 사람들의 희망과 기도가 여러분과 함께 진격할 것입니다. … 이 위대하고도 고귀한 과업에 우리 모두 전능하신 하나님의 축복을 간구합시다."

영국 국왕 역시 전국 방송 연설을 통해 영국인이 기도하고 헌신할 것을 엄숙히 촉구하였다.

"이 위대한 십자군이 전투에 임함에 있어서 이제 전국적으로, 아니 어쩌면 전 세계적으로 기도의 싸움이 필요합니다. 각자 자기 몫을 담당할 수 없을 만큼 바쁜 사람은 우리 중에 아무도 없을 것입니다."

모임에서 리즈는 이렇게 말했다.

"만일 기도의 날이 선포된다면 그날이 바로 승리의 날이고, 하나님을 움직이는 날이 될 것입니다."

그는 마침 기도할 때, 당시 이미 노르망디에 상륙해 있던 아군 공격 부대를 생각하면서 이렇게 기도했다.

"주께서 전에 덩케르크에 개입하시지 않으셨더라면 우리는 단 한 사람도 지금 이 자리에 있을 수 없습니다. 이제도 우리에게 기도의 부담을 주시고 우리 마음이 안일해지지 않도록 해 주시옵소서. 만약 히틀러가 이겼더라면 기독교와 문명과 자유는 다 사라져 버렸을 것입니다. 오 주님, 우리 병사들을 보호하시고 지켜 주옵소서. 마치 우리가 전선에 나가 있는 병사들인 것처럼 그렇게 기도하게 해 주시옵소서. 우리는 이 싸움이 승리로 끝날 것이라는 사실을 믿습니다."

마지막으로 7월 8일에 그는 이렇게 말했다.

"아군이 노르망디를 침공했던 그 밤과 비교할 수 있는 것은 아무것도 없을 것입니다. 우리는 하나님이 우리 병사들을 앞서 가실 것이며 이번에는 덩케르크의 경우와는 양상이 다르게 될 것이라고 말했습니다. 「데일리 텔레그라프Daily Telegraph」의 보고에 따르면 유독 그날 밤만 유-보트독일의 잠수함-역주가 해협을 순찰하지 않았습니다. 아군이 노르망디에 잠입해 들어간 일은 실로 상상을 초월하는 것이었습니다. 군함 4천 척과 비행기 1만1천 대가 들어갔는데도 가는 도중 단 한 번도 적 군함이나 전투기를 만난 적이 없었던 것입니다.

하나님은 이렇게 말씀하셨습니다. '내가 절대 앞서 갈 것이고 너희는 절대 후퇴하지 않을 것이다.' 지금 설교하는 이 순간에도 격전은 계속되고 있지만, 나는 상황은 전복되지 않으리라고 하신 하나님의 약속을 다시 주장합니다."

　6년여에 걸친 기도의 최종 결실은 1945년 6월에 찾아왔다. 샌프란시스코에서 국제 연합이 결성되었던 것이다. 국제 연합의 바탕이 되고 있는 최종적 세계 평화에 대한 희망은 결코 헛된 희망이 아니다. 왜냐하면 대학이 했던 기도들, 즉 복음이 만민에게 전파될 것을 위한 기도, 유대인들의 팔레스타인 귀환을 위한 기도 등이 언제나 예수님의 영광 중 재림이라고 하는 한 가지 위대한 목표를 바라보며 드려진 기도였으며, 그 기도들이 이루어지면 마침내 '땅 위에 평화'가 이루어질 것이기 때문이었다. 요컨대 이것은 세계가 다시 복음에 문을 열어 만민이 이 세대에 복음을 듣게 될 것을 위해 기도한, 6년 간의 간구에 대한 응답이었다.

Rees Howells

왕께서 친히 일어서서
당신을 맞으시리라

잠시 떠나는 우리 가슴에는 기쁨과 소망… 주를 사랑하는 자
영원한 이별 모르리.

전쟁이 끝나자 외국 선교사들과의 교제의 끈이 다시 새롭게 연결
되었다. 대학은 언제나 전 세계의 신실한 그리스도의 종들과 더
불어 교제를 나누어 왔다. 해를 거듭할수록 학생들은 여러 다양한 기관
들로 나가 일하게 되었고, 많은 선교회들이 대학을 통하여 재정적 후원
을 받았다.

많은 선교회의 지도자들과 멤버들이 대학을 방문했는데, 설립 당시
부터 하나님은 리즈에게 어떤 선교사가 이곳을 방문하더라도 절대로
빈 손으로 보내서는 안 된다고 하셨다. 이제 대학이 전쟁을 위한 기도
의 부담을 벗어 버리게 되자 주께서는 이들에게 선교지의 필요를 다시
금 새롭게 보여 주셨다. 1947년에는 매년 열리는 만민 수련회와 모든
선교지를 위한 학생들 훈련 과정이 다시 시작되었다.

리즈 개인의 마음에도 특별한 부담이 있었다. 그것은 만민에게 복음을 증거하는 데 필요한 재정, 온 땅에 나가 있는 하나님의 종들을 후원하는 데 마음놓고 쓸 수 있는 재정에 대한 부담이었다. 이 부담은 1950년 1월 15일 주일까지 한 번도 그를 떠나지 않았다. 그날 밤 9시 모임에서 그는 모세의 시와 다윗의 시를 읽은 다음 이렇게 말했다.

"내 안에 있는 모든 것이 하나님을 찬양하고 있습니다. 내 안의 성령께서 하나님께 이렇게 말씀하시고 계십니다. '나는 당신께서 내게 하라고 주신 일을 다 이루었습니다.' 만민이 복음을 듣게 될 것이고, 이 비전을 위한 재정은 채워지게 될 것이며, 만왕의 왕은 다시 오실 것입니다."

그는 하나님이 약속하신 돈 10만 파운드를 주실 것을 확신했으며, 그 돈을 주시면 다시 그분의 일을 위해 내놓을 참이었다. 그리고는 하나님이 그것을 백 배로 축사하시사 만민을 위한 지상 명령을 성취해 주실 것을 주장할 생각이었다.

대학의 무리는 이날 모임이 재정에 대한 승리의 모임 이상이라는 사실을 그때는 잘 몰랐다. 그것은 주님의 한 중보 기도자의 이 땅에서의 전투가 완성되는 시간이기도 했다. 그 역시 대학의 모든 다른 사람들과 마찬가지로 재림에 대한 신앙이 있었으며, 그리스도를 통하여 이미 죽음을 정복했음에도 불구하고 그분이 다시 오시는 위대한 날과 빌립보서 3장 21절이 성취되는 날을 늘 기다렸다.

그러나 마지막 중보 기도의 사명을 끝마친 후 그는 승리에 가득 찬 모습으로 하나님의 뜻을 받아들였다. 그로부터 한 달 뒤 그는 주님을 얼굴과 얼굴로 대하여 보는 날을 맞이했다.

마지막 순간까지 그와 함께 있었던 사이먼즈 박사의 이야기다.

"그의 주요 사역은 언제나 중보 기도였다. 그는 나에게 종종 이렇게 말했다. 이제 자기는 영광의 본향으로 가기를 더 원하며 이후의 일은 하나님이 부르시는 '여호수아'에게 남겨주고 싶다는 것이었다. 그는 하나님의 손안에서 언제나 신실했으며, 하나님은 그런 그를 사용하여 기초를 놓으셨다. 그리고 그것은 그의 영원한 기쁨이었다.

2월 7일 화요일, 학교 병원의 간호 부장인 마가렛 라잇 Margaret Wright 양은 학장님 생각이 갑자기 나서 저녁 모임 후 상태를 점검해 보러 그의 방으로 갔다. 가 보니 그는 놀랍게도 방 안을 천천히 거닐면서 찬양을 부르고 있었다.

만민 중에 뛰어나신 아름다우신 주님
기쁘게 맞이하리

영원하신 만왕의 왕
내 영혼을 구원하신 아름다우신 주님

저 구름과 어둠 위에 빛의 나라 보이네
바람은 늘 향기롭고 햇빛 항상 밝은 곳
무수히 많은 별들도 온전한 평화 누리네

곤고한 이 심령에 놀라운 기쁨 주시니
거룩하신 주의 기업 누릴 소망 있도다
안식의 땅 찾는 심령 영원히 축복해 주시네

잠시 떠나는 우리 가슴에는 기쁨과 소망
주를 사랑하는 자 영원한 이별 모르리
이렇게 떠난 후에는 축복의 연합 있으리

다음날 저녁인 2월 8일, 모임이 끝날 때쯤 그의 모습은 정말 영광으로 변형된 모습 같았다. 온 무리는 서서 '요단강 건너 주와 함께 있으리'를 불렀다.

그는 찬양을 부르는 동안 손수건을 꺼내 흔들고 있었는데, 어떤 사람들은 그의 얼굴이 스데반의 얼굴, 곧 천사의 얼굴을 생각나게 했다고들 얘기했다. 그것은 마치 그가 하늘에 계신 주님과 또 먼저 가 있는 성도들을 반갑게 인사로 맞이하는 모습처럼 보였다. 이것이 그가 이 땅에서 참석한 마지막 모임이었다.

반 시간도 못 되어 누가 나를 부르러 왔다. 얼른 달려가 보니 그는 침대 위에 엎드려 심한 심장 발작을 일으키고 있었다. 그가 약을 사용할 것에 동의하여 나는 깜짝 놀랐다. 얼핏 그가 자신의 회복을 기대하지 않고 있다는 예감이 들었다. 만일 그가 회복을 기대했다면 순전히 믿음으로만 해결하는 쪽을 선택했을 것이기 때문이다.

그리고 그는 이렇게 말했다.

'주님이시다 … 주님이시다 … 나는 지금 주님의 뜻 한가운데에 있다 … 모든 것이 이루어졌다 … 주님이시다.'

그가 본향으로 가기까지 이후 나흘 동안, 혹시라도 의식이 돌아오는 듯싶으면 그는 오직 선교사들의 이름이나 특히 노만 그럽 선교사와 존 토마스 선교사 혹은 자기가 간절히 기도하고 있는 가까운 친구들의 이름만 불렀다. 어떤 때는 주님의 모든 비전이 다 이루어질 것을 믿는다고 말할 때도 있었다.

그가 마지막으로 말한 것은 2월 12일 주일, 잠시 의식이 돌아와 있던 그 순간이었다. 그는 나를 알아보더니 나직이 속삭이는 목소리로 이렇게 말했다.

'승리 … 할렐루야!'

그의 이 땅의 순례 여정의 마지막 순간은 2월 13일 월요일 오전 10시였다. 우리는 그의 침대를 빙 둘러 무릎을 꿇고 앉았다. 주님의 놀라운 임재가 깊이 깊이 느껴졌다. 우리는 나직이 기도했다.

'주님의 뜻이 이루어지기를 원하옵나이다.'

그는 우리 주님이시요 구주이신 예수 그리스도의 고귀한 종으로 살다 갔다. 우리는 우리 또한 그의 뒤를 이어 부끄럽지 않은 삶을 살게 해 달라고 주님께 기도했다."